El Regreso a la Armonía

Juan Carlos Martino

El Regreso a la Armonía,
Versión 1,
Libro 2 de la Serie,
Hechos,
La Manifestación de Dios Tal Como Sucedió,
primera versión publicada del original registrado en la Librería del Congreso de los Estados Unidos bajo el mismo título y número de registro,
Hechos,
La Manifestación de Dios Tal Como Sucedió,
TXu001236143/2005-06-10.

Otros libros de la Serie,
Hechos,
La Manifestación de Dios Tal Como Sucedió,
Libro 1, *¿Qué Le Sucedió a Juan?,*
Libro 3, *El Proyecto de Dios y Juan.*

Printed by CreateSpace.

Fotografía de la portada,
Amanecer en Melbourne, Florida, USA, 29 de Diciembre de 2014 a las 6:07 AM, tomada por Juan Carlos Martino.

Diseño de la portada por el autor.

DEDICATORIA

A quienes comienzan a reconocer que somos partes inseparables del Origen Absoluto, Dios, el proceso existencial consciente de sí mismo del que provenimos, en el que estamos inmersos, y con el que interactuamos continuamente aunque todavía no entiendan nuestra extraordinaria relación que está a la disposición y alcance de todos.

CONTENIDO

AGRADECIMIENTO

A Dios

Por haberme estimulado a reconocerme Quién Soy primero, y a re-crearme luego, para alcanzar a visualizar la mejor versión de mí mismo en la eternidad; por mostrarme el camino de realización de esa versión; y por guiarme y acompañarme en él.

¿Puedo entender lo que ocurrió?

Este libro describe mis interpretaciones de los hechos ocurridos narrados en el Libro 1, *¿Qué le Sucedió a Juan?*

Las interpretaciones que ahora comparto con ustedes las alcancé por un proceso de interacción con Dios, con el universo o cosmos, como reconozcan a nuestro Origen, el proceso existencial consciente de sí mismo del que provenimos y en el que nos hallamos inmersos, con el que interactuamos constante, permanentemente, inconsciente y conscientemente.

Comparto una extraordinaria, muy diferente experiencia humana, y muy precisamente *fuera de este mundo*.

El proceso de interacción íntima con nuestro Origen es de lo que realmente trata este libro, una interacción que fue inicialmente inconsciente en mí; es el proceso del que surgieron las interpretaciones a los hechos ocurridos en mi experiencia cosmológica para algunos, con Dios para mí, en Junio, Julio y Agosto de 2001, una vez que comienzo a interactuar conscientemente con Dios.

La interacción íntima con Dios, con el proceso existencial consciente de sí mismo, es el medio por el que se accede a la estructura de Consciencia Universal, de Dios; es el medio por el que se nos abren *"Las Puertas del Cielo"*.

No hay nada que no podamos entender si estamos dispuestos a hacer lo que hay que hacer para ello: interactuar con nuestra fuente. Para eso debemos tener una actitud mental abierta, libre de las limitaciones racionales prevalentes y los prejuicios culturales que plagan a la civilización de la especie humana en la Tierra. **Las limitaciones racionales y los prejuicios culturales generan el temor por el que nos inhibimos de continuar nuestra evolución hacia donde se espera que lleguemos y para lo que todo ya ha sido dispuesto ¡por el mismo proceso del que provenimos!**

Me refiero con frecuencia a nuestro Origen en forma completa, como *Dios, proceso existencial consciente de sí mismo, Consciencia Universal*, con el propósito de estimular al lector a buscar la Verdad por sí mismo, no tomar ninguna interpretación fuera de sí mismo sino la que alcance por sí mismo, por sus sentimientos íntimos, acerca de nuestro Origen absoluto o Dios. Y no importa cómo le llamemos a nuestro Origen, pues es siempre el único proceso existencial consciente de sí mismo del que provenimos, ni tampoco importa por ahora el mecanismo por el que provenimos, Creación o evolución; es el proceso del que somos parte inseparable todas las manifestaciones de vida, del que somos cada uno de los seres humanos una individualización a su imagen y semejanza.

Aunque obviamente primitiva al principio, mi interacción consciente con Dios comienza luego de Su estimulación acerca de la *Armonía* el 18 de Agosto de 2001. *Armonía es el Principio Existencial* que da lugar a las Leyes Universales, y por el que se rige el proceso existencial, universal, y las interacciones entre él y sus manifestaciones temporales que resultan en la consciencia de sí mismo del proceso.

A partir de mi reconocimiento de la estimulación de *Armonía* se inician mis reflexiones preparatorias para llevar a cabo la re-creación de mí mismo frente a esa estimulación, y luego tomo el proceso de revisión e interpretación de los hechos ocurridos a partir de aquella noche casi dos meses antes, en Junio, en la que sin saberlo abrí *"las Puertas del Cielo"* para mí.

Esta participación incluye algunos comentarios y muy breves secciones indicadas **Para Ciencia y Teología,** con el fin de estimular a aquellos lectores con interés en esas áreas racionales de búsqueda de la Verdad acerca de nuestro Origen y de la relación energética íntima que nos une inseparable, eternamente con Él. Estos comentarios y secciones pueden ser salteados por quienes solo desean revisar el proceso de interacción con Dios y cómo fueron surgiendo las interpretaciones. Con el mismo propósito se incluye una breve descripción de los elementos de información más significativos del *Modelo Cosmológico Consolidado* en la Referencia (1) del Apéndice II. A este modelo es al que "evolucionó" la colección de *super conocimientos* recibidos a partir del 19 de Junio de 2001 cuando me reconocí frente a la *eternidad*. La "evolución" de mi entendimiento fue el resultado inevitable de la interacción con Dios, Fuente Eterna de los *super conocimientos y las Orientaciones Primordiales*.

Hacia el final del libro tenemos una sección, Analogías, que nos introduce en algunos elementos de información que no estamos acostumbrados a usar en relación a nuestra estructura energética trinitaria y el arreglo de las dos identidades, *primordial* y *temporal*, del proceso SER HUMANO. Este proceso es el que se establece y se sustenta en, y por nuestra trinidad *alma-mente-cuerpo*. Sugiero darle una ojeada preliminar al libro, detenerse en la sección Analogías, y luego comenzar a leerlo. Muchas secciones pueden leerse separadamente aunque siguen la secuencia cronológica de los hechos ocurridos.

Con el fin de enfatizar en algunos aspectos y, o conceptos descriptos por palabras, hago uso de separaciones en palabras que usualmente no la tienen pero la permiten, como re-creación (volver a crear) para no confundirla con recreación (entretenimiento), y para acentuar el concepto en otros casos como re-definir (la fe, creencia), re-distribución (energética) y re-ajuste (del arreglo de identidad temporal, cultural).

Doy gracias a Dios, una vez más, y a ustedes por esta oportunidad para compartir mi más grande experiencia.

Introducción

Armonía

y el estado natural del ser humano

La felicidad, el estado de sentirse bien, es la experiencia del estado natural del ser humano, que se alcanza sólo por su vivencia y desarrollo en armonía con el proceso existencial del que proviene, en el que se halla inmerso y con el que interactúa permanente, incesantemente, aunque no sea consciente de ello.

Armonía es el Principio Absoluto del proceso existencial consciente de sí mismo, que genera las Leyes Universales y rige las interacciones entre todos los componentes del proceso existencial por las que se sustenta su reconocimiento de sí mismo.

« *Armonía* »

Se imprimió en mi mente aquella mañana del 18 de Agosto de 2001 frente a la telaraña, y de inmediato se hizo la luz, la consciencia, el entendimiento en mi mente, en mi estructura de identidad consciente de sí misma, en el *arreglo de relaciones causas y efectos que establecen* y definen mi identidad temporal, cultural, como ser humano. Podemos revisar la estructura trinitaria del proceso SER HUMANO que se reconoce a sí mismo para ver qué es realmente cada componente *alma, mente y cuerpo,* y cómo se establece la estructura de identidad en nuestro arreglo trinitario en tres dimensiones energéticas. Referencia (1), Apéndice II.

Como ejemplo simple, una *relación de causa y efecto* es la relación que tiene lugar en un objeto sobre el que actúa una fuerza. La fuerza es la causa, y el movimiento del objeto es el efecto. Cuando sobre el objeto, o el arreglo material, actúa una combinación infinita de fuerzas, habrá una combinación de efectos característicos de ese objeto. Esa combinación define, identifica al objeto frente al universo de posibilidades que actúan sobre él. *Esa combinación de relaciones de causas y efectos es la identidad del objeto, del arreglo material.* A otro nivel de complejidad, la identidad del arreglo SER HUMANO es la estructura de relaciones causas y efectos que le define, que le identifica, y que además, interactuando con el resto del universo, ¡se hace consciente de sí mismo! En el ser humano actúan las fuerzas naturales en todo el espectro existencial, y las excitaciones desde otras especies y la nuestra. Las excitaciones no son sino otra clase de fuerzas, más complejas, pero siguen siendo fuerzas en el sentido que estimulan una reacción del arreglo SER HUMANO. Las excitaciones provienen de todo el espectro existencial y no solo desde el material que alcanzamos con los sentidos.

Aquella mañana frente a la telaraña,
frente al extraordinario diseño natural y arreglo energético de la misma,
la experiencia que tuve fue una *iluminación de consciencia*, una epifanía, un "salto" de reconocimiento de una realidad existencial fuera de nuestro dominio material que no requiere de un proceso racional consciente. Simplemente, la mente se "abre" a una realidad en otra dimensión existencial, a otra estructura de relaciones de causa y efecto en el dominio primordial, espiritual, que excita al arreglo que establece y define a la identidad temporal, cultural, del ser humano que experimenta la epifanía. No obstante, a pesar de la *iluminación de consciencia*, de reconocimiento primordial, el entendimiento de este reconocimiento y su descripción en nuestro lenguaje requieren de un proceso racional conforme a nuestras referencias de desarrollo del proceso racional. La consciencia tiene tres niveles, o tres rangos: reconocimiento, entendimiento en el entorno inmediato, y entendimiento del entorno en otra dimensión energética fuera del dominio material, en el dominio que no se alcanza por nuestros sentidos materiales sino con la mente. La razón por la que no se entiende este proceso es porque no se ha prestado atención a la estructura trinitaria del ser humano que es, a su vez, un sub-espectro de la estructura trinitaria del proceso universal. Los tres niveles de consciencia que se reconocen por la ciencia médica son *sub-consciente, consciente, y super-consciente*, pero no relacionan la mente con el alma como tratan de entender la interacción entre la mente y el cuerpo. Hay una interacción, siempre, por la que se hace posible la consciencia, entre el alma, la mente y el cuerpo; el alma, que es un componente real, energético, del ser humano, es parte real de la estructura de proceso consciente de sí mismo del universo, de Dios. El alma en el ser humano es una interfase entre el arreglo biológico del ser humano y el arreglo de consciencia universal. Este arreglo está al alcance inmediato de todos, no solo de la ciencia y la teología. Referencia (1).

Armonía es uno de esos conceptos primordiales cuyo reconocimiento precede al proceso racional, y sirve de referencia para el desarrollo de éste dando lugar a un principio que rige el proceso existencial, o, como veremos luego, dando lugar a un comportamiento universal al que todo lo que es, todo lo que existe, tiene que subordinarse.

[¿Cómo es posible que el _reconocimiento_ preceda al proceso racional? Porque el reconocimiento tiene lugar por comparación de imágenes a una _gran rapidez de proceso_[*] [por lo que no somos conscientes del proceso] y el _entendimiento_ es por establecimiento de relaciones causa y efecto a otra rapidez de proceso más lento. [*] En ciencia se dice: _a una constante de tiempo_].

Otro principio similar, derivado del concepto de la eternidad, es el _Principio de Conservación de la Energía_: _La energía no se crea ni se pierde, sólo se transforma (entonces, la energía es eterna)._

Si energía es eterna, el "contenedor" que la contiene, la Unidad Existencial, es cerrada, absolutamente, y todo lo que ocurre dentro de ella es "imperdible". Y si es consciente de sí mismo todo lo que ocurre dentro de ella, entonces hay un proceso que lo permite y al que todo lo que ocurre se subordina. Esta subordinación da lugar al _Principio de Armonía_ del que ahora podemos dar algunas ideas que nos ayuden a expandir lo que es de reconocimiento natural, como veremos enseguida, y dejamos los aspectos energéticos complejos para ser revisados en el material de referencia.

Armonía con Dios era lo que yo debía buscar cómo regresar, para luego entender todo lo ocurrido desde aquella noche en la que me reconociera frente a la eternidad, a un atributo de consciencia de Dios. En cierta manera, _Dios es la personificación de la eternidad_, luego, al buscar el mecanismo de la eternidad, yo estaba buscando, sin ser consciente de ello, el mecanismo de Dios, y Dios respondió, fiel a su promesa: **« Tú Me llamas y Yo respondo »**.

Hice el reconocimiento de _armonía_ espontáneamente.

La paz, el cese inmediato de toda perturbación en mí, en mi mente, en mi estructura de identidad, en el momento de experimentar la epifanía, o la realización o conscientización de la armonía, fue la indicación de que mi reconocimiento era correcto, era la Verdad, estaba de acuerdo con el propósito de la excitación primordial que causó la epifanía en mí.

Esa experiencia es, desde ese instante, mi Verdad; es mi referencia primordial, es la que debe guiar mi proceso racional para entender esa experiencia.

En el instante en que reconozco que esa experiencia del reconocimiento de armonía es mi referencia primordial, viene el nuevo reto: ¿qué define a una relación en armonía con Dios? Lo veremos.

Todo se inició con mi reconocimiento primordial frente a la eternidad, reconocimiento que excitó a la estructura de identidad temporal, cultural, que se hallaba lista para ir a otra dimensión de realidad existencial. Que yo estaba listo era indicado por el deseo de entender el mecanismo que hace eterno al universo.

Eternidad es un atributo de Dios.

Entiendo que Dios es Todo Lo Que Es, Todo Lo Que Existe, es la Unidad Existencial, es eterno... pero, "¿cómo entro yo, ahora, en esto de la armonía con Dios?", me pregunté. ¿Cómo entrar en armonía con Todo Lo Que Es, Todo Lo Que Existe? ¿Cómo entrar en armonía con la Unidad Existencial? ¿Cómo entrar en armonía con el universo, con todo el proceso existencial consciente de sí mismo?

Y, antes que nada, para poder responder a estas preguntas necesito saber,

¿Qué es armonía?, definida primordialmente.

Me lanzo a buscar la respuesta.

Recuerdo las orientaciones de Dios acerca de buscar y reconocer las analogías universales.

Pienso en ellas.

Voy a comenzar por lo que entiendo como armonía en nuestro dominio material.

Armonía es la característica de interacción entre las partes que conforman una unidad existencial, de manera que la asociación de las partes (de los individuos, en el caso de una asociación humana) se establezca y sustente, proveyendo los recursos necesarios para que cada parte (cada individuo) de la asociación mantenga su individualidad (y experimente la creación que desea), sin afectar a la de las demás. La unidad se sustenta por sus partes.

Armonía entre dos procesos energéticos, entre dos seres humanos, entre un ser humano y una asociación de seres humanos, o entre un ser humano y el universo, es simplemente la concertación de esfuerzos físicos y racionales, operaciones e interacciones, para alcanzar el resultado común deseado. La paz entre los seres humanos y sus asociaciones no es el objetivo sino el resultado que indica que el objetivo natural fundamental de las relaciones humanas ha sido alcanzado; objetivo que es garantizar el disfrute de los derechos naturales a todos y de proveer las mismas oportunidades a todos para realizarse conforme a sus individualizaciones. El propósito del universo, de Dios, es que el ser humano, su *individualización a Su imagen y semejanza*, alcance la consciencia a la que está esperado alcanzar: la consciencia de Dios, de la Realidad Absoluta, para lograr su realización en el proceso existencial.

Veamos las siguientes analogías de *armonía de una unidad existencial.*

Notemos que,

Armonía es una característica inherente a toda unidad existencial, y es por la que debe regirse toda asociación de partes existenciales para constituírse en una nueva unidad *sin que se pierdan las identidades, las individualidades de las partes.*

Tenemos un concierto musical.

Hay una banda musical.

Esta banda es ahora la unidad existencial bajo observación.

La banda tiene varios músicos. Cada músico es un elemento, una unidad de la banda, una unidad de la Unidad, o una subunidad de la Unidad. Cada músico toca su propio instrumento sin afectar a otro, de manera que todo sea armónico, que todo se relacione adecuadamente para conformar una pieza musical que agrade. *La relación entre sí por la que todos ejecutan sus instrumentos es armónica.* Hay armonía entre los músicos, y hay armonía entre las creaciones de cada uno, los sonidos, para conformar la música, la pieza musical de esa banda. Frente al público, *la banda es una nueva unidad que se define gracias a las individualidades de sus músicos que pueden realizarse a sí mismos individualmente y como asociación.*

Tenemos ahora un trozo de acero, una asociación de átomos de hierro y carbono. La unidad existencial es eso, un trozo de acero, definido por la asociación armónica entre los átomos de hierro y carbono. Si hay cambios de temperatura ambiente, de presión, o fuerzas sobre el trozo de acero, todo dentro de él interactúa para mantener la unidad, el trozo de acero. Cambiarán las rapideces de las órbitas de los electrones en los átomos de hierro que son diferentes a los de carbono, y cambiarán las presiones internas que son diferentes a las de la superficie, pero todo se conservará manteniendo la unidad (dentro de ciertos límites). Esa relación entre todos los componentes, átomos, es una *relación de armonía para definir la unidad "trozo de acero".* Frente a los demás metales el acero se "realiza" a sí mismo, exhibe características únicas como un nuevo material, gracias a la relación armónica entre todas sus partes componentes que no pierden sus identidades como átomos. Si algo cambia que afecte a la unidad, el cambio debe ser coordinadamente distribuído entre sus dos elementos diferentes, los componentes hierro y carbono, y el manto energético en el que se halla inmerso el acero, la atmósfera.

"Cuando hay armonía me siento bien".

Es lo que usualmente decimos.

Armonía es un concepto primordial que se entiende intuitivamente, que prácticamente no requiere de explicaciones racionales.

La belleza de una flor es la experiencia en el ser humano de la armonía entre los elementos que definen a la flor, de la armonía entre la distribución energética biológica, de átomos, moléculas, células, y el proceso de sus interacciones entre sí y con el medio ambiente, todo por lo cual es que se define la flor.

De la misma manera,

El estado de sentirse bien es la expresión de la armonía en el proceso racional SER HUMANO que se reconoce a sí mismo.

Podemos no entender energéticamente a la armonía, pero experimentamos armonía, en la paz. La experiencia contiene siempre la verdad que buscamos; pero, las interpretaciones racionales limitadas por sus referencias equivocadas por las que se rige el proceso racional y, o la influencia de las prácticas culturales, son las causas de las distorsiones de las interpretaciones de nuestras propias experiencias en la especie humana en la Tierra.

Como dijimos antes, la armonía es la característica de vinculación, de la asociación de elementos, y sus interacciones entre sí y con el medio energético en el que se hallan, para definir la unidad existencial dentro de ciertos límites, dentro de ciertos parámetros; en el caso del acero, mientras no se exceda temperatura, presión, o fuerzas actuantes sobre la asociación.

Notar que no solo tiene que ser armónica la interacción entre todos los componentes de la asociación, sino también armónica la interacción de ésta con el medio energético en el que ella se halla inmersa y que es el que realmente permite que tenga lugar esa asociación, esa nueva unidad existencial.

De igual manera se hace real el concepto de armonía primordial en el ser humano.

El ser humano es una colección extraordinaria de diversos átomos que interactúan en armonía entre ellos para definir a esa colección como ser humano; y en armonía todos ellos con el manto energético en el que se hallan inmersos, es decir, ¡en armonía con Dios!

El ser humano es parte inseparable del proceso existencial del que proviene, en el que se encuentra inmerso, con el que inter-

actúa permanentemente, y por lo tanto, también debe regirse por la armonía.

Armonía es la característica primordial de las interacciones entre todos los componentes que conforman la Unidad Existencial.

La característica primordial es que hay una relación inseparable, interdependiente, inevitable, inescapable, entre todos y cada uno de los elementos existenciales y sus re-distribuciones.

Armonía es el Principio Absoluto del proceso existencial consciente de sí mismo por el que cada componente alcanza su estado natural, que en el caso del ser humano es la felicidad, es el estado de sentirse bien siempre, es la experiencia del estado permanente en armonía con el proceso existencial. Referencia (1).

Cada parte del proceso existencial tiene funcionalmente una misión, una asignación única, particular, en la Unidad Existencial; es parte inseparable de la Unidad Existencial; sirve perfectamente al proceso sustentado por la Unidad Existencial que es perfecto gracias a la suma, a la integral de todas sus partes sin excepción. Sólo es perfecta la Unidad Existencial, y es perfecta la misión de cada parte de la asociación que la define.

Por ello es que,

Si el ser humano necesitara ser modificado genéticamente, entonces el proceso del que proviene, Dios, sería imperfecto. Si alguna duda abrigáramos acerca de la perfección del proceso existencial, podríamos preguntarnos: ¿es que acaso puede ser imperfecto un proceso consciente de sí mismo eternamente?

La suma de "imperfecciones" temporales hace a la Perfección Eterna.

La perfección eterna es matemáticamente expresada por la herramienta racional Transformada de Fourier que se emplea extensamente en ciencias.

Una vez que el ser humano está en armonía con el proceso existencial, en el que se halla inmerso y del que es parte insepa-

rable, puede acceder a otros niveles de consciencia del proceso del que proviene, con el que interactúa constantemente, y por el que se sustenta su desarrollo.

Para Ciencia y Teología.

Armonía es el origen de las Leyes Universales.

La eternidad de la presencia de lo que define la Unidad Existencial significa el cierre absoluto de ella, su inmutabilidad como Unidad Absoluta, no importa lo que ocurra dentro de ella. Una vez consciente de sí misma la Unidad Absoluta, no puede dejar de serlo, por lo que el proceso por el que se sustenta el reconocimiento consciente de sí misma es uno, y solo uno, que se basa en una interacción entre todo lo que conforma la Unidad Existencial. La característica de esa interacción es *armonía,* y ésta es el principio por el que todas sus partes deben interactuar en diferentes entornos espaciales y temporales dando lugar a las Leyes Universales. Referencia (1), *Introducción al Modelo Cosmológico Consolidado.*

Para Todos.

Independientemente de las consideraciones energéticas y sus relevancias para Ciencia y Teología, el ser humano busca entender lo necesario para ser feliz y disfrutar del poder de creación para hacer realidad sus experiencias de vida que desea. Entonces, regresando a la pregunta que dejamos pendiente,

¿Qué es nuestra armonía con Dios, con el proceso existencial del que provenimos?

Lo introduciremos en la sección correspondiente, luego de mis reflexiones iniciales, de Juan.

¡Fue Dios!

Exploración de la Experiencia Cosmológica, de la Primera Manifestación de Dios a Juan

En Julio de 2001 tuvo lugar el acontecimiento más extraordinario que jamás hubiera yo podido imaginar: abrir las puertas a la interacción consciente con el proceso existencial, ¡con Dios!, con la Consciencia de la Unidad Existencial, Todo Lo Que Es, Todo Lo Que Existe, que para muchos es el universo, el entorno energético de la Unidad Existencial que se alcanza desde la Tierra.

Si nos preguntamos si podemos entrar a la mente de Dios o del proceso universal consciente de sí mismo, y cómo hacerlo, es indicación de la limitación del desarrollo racional de nuestra especie, individual y colectivo, por el que alcanzamos la consciencia del proceso universal. Nuestra mente ya es parte inseparable de la mente de Dios, del proceso ORIGEN. Sólo necesitamos entender cómo se relacionan ambas mentes, y cómo se llevan a cabo sus interacciones por las que nosotros desarrollamos consciencia del proceso existencial. Comenzaremos por las interacciones.

Notas sobre nuestro español.

Las interacciones entre Norma, mi esposa, y yo, tienen lugar en castellano argentino, empleando el voseo típico de nuestro país de origen, que hace uso del pronombre *vos* en lugar de *tú* y las conjugaciones alternas particulares correspondientes del presente indicativo e imperativo de los verbos. Nuestra relación, iniciada y cultivada desde muy jóvenes, tuvo lugar en esta versión del español, por lo que es nuestra versión íntima.

Empleo las dos palabras *conciencia* y *consciencia*, para destacar con *conciencia* al aspecto moral del reconocimiento de sí mismo del ser humano y, o su estructura de referencia, de normas y reglas que rigen su comportamiento, mientras que con *consciencia* me refiero al *reconocimiento con entendimiento* del proceso existencial y sus manifestaciones, particularmente en el dominio energético primordial (o espiritual).

¡Dios lo hizo, con la luz!

¡Bendito seas, Espíritu de Vida!

- ¿Cómo se inició tan maravillosa manifestación, Juan Carlos? - me pregunta mi buen amigo Marcelo que siempre se dirige a mí por mi nombre completo.

Marcelo ha quedado maravillado por mi encuentro con Dios, por la acción de Dios que él, la primera vez que nos reunimos luego de mi experiencia, la reconoció y describió tal como la que ocurrió con Saul de Tarso, conocido luego como Pablo, el Apóstol de Jesús, quien en viaje de Jerusalén a Damasco recibió una descarga de fuerte luz, o un rayo, que le tumbó de su caballo y le dejó ciego por tres días.

- Hermano querido, hermano querido... Dios me tocó, Dios me marcó... ¿Te das cuenta? Tengo a Dios dentro de mí y llevo Su marca física en mi cabeza... ¡mira, mira! - le respondo una vez más, al mismo tiempo que me toco la cabeza indicando el sitio de la herida sufrida durante mi encuentro con Dios.

Tenemos un rato hablando luego de reunirnos otra vez ante su insistencia motivada por su genuino, alentador, refrescante interés por saber más de lo ocurrido el 4 de Julio. Marcelo se hizo mi hermano espiritual por su inespeculado reconocimiento de la acción de Dios en mí por la que siente una alegría casi infantil, limpia, contagiosa.

- Sí Juan Carlos, sí; yo sé, yo te creo. Yo veo claramente la acción de Dios el 4 de Julio, ¡bendito sea Dios que me ha dado a través de ti esta señal que yo tanto deseaba de Su Presencia! No lo he dudado desde el primer instante en que tú me contaste, pero... ¿cómo comenzó todo?, ¿qué hiciste tú para que Dios te tocara... para que Dios te hablara?

Luego de haber pasado un tiempo de reflexiones, después de la orientación de Dios acerca de la armonía, ya puedo ofrecer una versión de lo ocurrido que constituye la base sobre la que llevo a cabo mis interaciones con Dios para entender todo lo ocurrido.

- Yo leí ese artículo del universo que ya te comenté... acerca del fin del universo...

- Sí, sí, lo recuerdo; pero, ¿por qué dices tú que tiene que ver con Dios? ¿Dónde está la conexión? - me alienta mi buen amigo.

- No fue exactamente lo del universo sino la eternidad lo que empezó todo. Al rechazar yo que el universo fuera a morir, lo hice porque la vida es eterna, porque si no fuera así, entonces mi vida, la vida de todos, no tendría sentido, y por eso Dios fue dándome conocimientos, orientaciones... y... y pensamientos, para que yo pudiera entender el mecanismo que hace eterno al universo, aunque al principio no me di cuenta que era Dios a pesar de que yo sí sabía que no eran míos esos pensamientos. Dios es eterno, nosotros somos eternos, "yo soy eterno" es lo que le dije a Dios aquella noche... a pesar de que yo no sabía de dónde venía realmente esa pregunta *"Oh, ¿tú crees en la eternidad?"*. Yo no acepté la muerte del universo y me puse a buscar qué lo hace eterno... me puse a... a buscar el mecanismo de la eternidad. Pensé en cómo se originaría para hacerse eterno y algo hice mal. Sí, yo ya lo reconocí, algo hice mal y Dios me advirtió con esa experiencia del infierno. Luego... luego...

- Tranquilo hermanito, tranquilo - me dice Marcelo, y agrega - toma tu tiempo, no hay apuro.

- Es que recuerdo esa noche, y... bueno, sé que no estuve bien en eso de tratar de generar el universo para que sea eterno, hubo una equivocación allí que Dios quiere que yo entienda. Yo supe eso desde esa misma noche y creo que Dios confirmó en Su acción del 4 de Julio el que yo haya reconocido Su intervención de alguna manera esa noche del infierno... Sí, ya sé, ¿quién puede creer que Dios tenga que ver con esa experiencia del infierno?... yo sé, yo sé, pero es lo que siento, no puedo negarlo... es lo que siento.

- Entonces, lo del 4 de Julio es por tu reconocimiento de Dios... en la experiencia del infierno...

- Sí. Dios quiso advertirme de mi error en mis razonamientos, aunque todavía no sé por qué usó ese medio, esa experiencia... pero que algo tuvo que ver Dios con mi... mi... mi infierno, es claro por Su acción dos días después... Esa acción del 4 de Julio fue... fue ¡Su confirmación! No lo dudé en ningún instante, hermanito querido, no... nunca.

- Tú tienes una idea muy clara de la Manifestación de Dios, de Su acción del 4 de Julio, en la forma en que Él se presentó, en que todo ocurrió, y de Su presencia en la experiencia, en la "visión" como tú la llamas, del infierno dos días antes, todo lo cual es cierto, mi corazón me lo dice y me hace inmensamente feliz de que tú tengas la experiencia de Dios en ti mismo... ¿Te das cuenta?, ¡es la experiencia de Dios en ti mismo, Juan Carlos!

- Sí, mi hermano, ¿cómo no voy a darme cuenta? Yo he visto, he sentido a Dios en mí... ¿Cómo no voy a darme cuenta? Desde casi el instante en que "salí" del infierno es que supe de la intervención de Dios... desde que Dios mismo me sacó de eso, y luego me lo confirmó en Su acción con el sol el 4 de Julio... ¿Cómo no voy a dame cuenta de la acción de Dios al buscarle trepando hacia el sol, desnudo, ¡sín que nadie me viera! en esa intersección tan transitada de la ciudad? ¿Cómo no voy a darme cuenta del golpe de Dios? Sí, yo quiero saber cómo hizo lo del golpe, pero no dudo, ¡no dudo que fue Dios!

- Entonces, ¿por qué estás tan inquieto otra vez? ¿No me dijiste que Dios te dijo algo acerca de la armonía y que tus perturbaciones fueron por una desarmonía con Él?

- Sí, pero yo no sólo reconozco la Presencia de Dios... deseo, necesito entender todo... Quiero entender a Dios.

- Pero ya entiendes que fue Dios, que te hizo un regalo al darte la experiencia de Su presencia en tí, que te advirtió que algo

---

3

estaba mal con tus razonamientos al buscar crear algo que es increable porque es eterno...

- Sí, sí, mi hermano... pero necesito entender por qué Dios usó ese medio, la experiencia del infierno para advertirme... No, no. Yo sé que usó la experiencia para advertirme y ya lo reconocí, y es, como te dije, por querer crear el universo para que sea eterno, por asignarle inteligencia de creación a un puñado de energía, como dicen los científicos... Sí, eso lo sé, pero quiero saber por qué esa experiencia tan desvastadora... ¿por qué Dios no me lo dijo en vez de tener que pasar por eso? Hay algo más que Dios quiere que entienda a través de esa experiencia en particular... lo sé. ¿Qué es? ¿Por qué Dios no me habló esa noche tal como lo hizo dos días después? ¿Te das cuenta? Necesito entender, por algo hizo todo de estas dos maneras... por algo.

- Sí, Juan Carlos, sí; voy entendiendo lo que quieres decir...

- Bueno. Además... tengo miedo a veces...

- ¡No puedes tener miedo de Dios...!

- No, no de Dios, sino de no entender bien y regresar a esa experiencia del infierno para darme cuenta... Tengo miedo de no entender lo que se espera que entienda. No... no quiero equivocarme otra vez. Necesito entender por qué algo me perturbaba en la habitación mía y no fuera de ella. Si las perturbaciones eran por mi desarmonía con Dios, por mis pensamientos acerca de una creación, está bien, pero... pero ¿por qué dentro de mi habitación y no fuera de ella? Sí, tengo la Presencia de Dios, no puede pasar por mi mente ninguna duda de Su presencia, pero deseo entender todo lo ocurrido, todo acerca de Dios, de Su acción, y del universo también... de la eternidad. Deseo saber por qué, si tengo la Presencia de Dios, luzco como un demonio; "el hombre dice que tiene a Dios pero parece el demonio", como me dice Norma, y como yo mismo me veo desencajado a veces... a... a mi propio rostro cuando me miro en el espejo...

- Hermano querido, recuerda que los profetas del pasado eran considerados locos, eran evitados, rechazados, y... eliminados...

—
4

- No hermano, no es miedo a lo que hagan la razón por la que me pregunto esto, sino que yo quiero saber qué ocurre en uno, por qué este aspecto de alguien que es tocado por Dios, por qué este rostro a veces tan desencajado cuando en mi alma siento a Dios...

- ¿Qué dice Normita de todo esto? - pregunta ahora mi buen amigo, que se refiere a Norma siempre de una manera afectuosa, quizás motivado por mi mención del comentario de Norma acerca de mi deplorable aspecto en ciertos momentos.

- Ella no cree que fue algo de Dios... y a veces tiene miedo. Yo... yo sé que no puede entender lo que pasó, ni por qué yo actuaba como lo hacía, ni por qué tuve que dejar todo... Ella cree que yo sufrí algo emocional por el trabajo, por la carga de trabajo, porque mi hermano dejó de trabajar con nosotros... No... no sé cómo puede creer semejante tontería...

- Normita va a entender con el tiempo, ya verás. El Espíritu Santo va a actuar sobre ella, hermano mío, por su amor a tí, su esposo y padre de sus hijos que tanto ama... Ella ahora sufre mucho porque no entiende...

- Yo sé hermano, pero debería creerme... debería creerme...

- Normita no puede ahora. Ella no es la que ha tenido la acción de Dios... Ella tiene su corazón con Dios pero su razón es de este mundo... su vida está en este mundo, solo alcanza este mundo y Dios para ella es algo para después de la muerte... El hombre que tú eras para ella ya no es, Nuestro Señor te ha convertido, te ha transformado...

- Yo creo que la acción de Dios de alguna manera es para ella también, para que trabajemos juntos frente a Ella... - respondo, al mismo tiempo que, aunque movido por la gran fe de mi buen amigo y hermano espiritual, yo no me siento religioso sino algo mucho más allá... espiritual... infinito... fuera de este mundo... a pesar de que ahora busco entender cosas en la Biblia. No sé, aún me queda un gran camino por delante...

- Todo se arreglará Juan Carlos, todo se pondrá en su lugar...

—

5

Dios está ahora contigo y te guiará, y tú y Normita regresarán a la relación de siempre...

- Quisiera que Norma me creyera. Ahora es que necesito apoyo para poder dedicarme a entender todo. Necesito entender y... y por momentos me da miedo equivocarme... - insisto.

- Juan Carlos, toma tu tiempo. Dios te guiará hacia donde Él espera que tú vayas y tú estés dispuesto como me dices...

- ¿Cómo voy a ... - pero me detengo en mi pregunta al recordar lo que Dios me dijo,

« Sabrás ».

Sí, voy a ponerme a entender a Dios, y ¿qué mejor manera que provocar Su acción, ahora conscientemente por parte mía, en reciprocidad a Su respuesta a un reconocimiento primordial inicialmente inconsciente por parte mía? Yo hice un acto de FE inconsciente al reconocerme "soy eterno" sin dudar, sin especular, y demostrándolo al ponerme a buscar la eternidad, no en el mundo sino en lo que sentí dentro de mí, en lo que siento dentro de mí...

El Camino de

Regreso a la Armonía

Para regresar a la armonía con el proceso existencial consciente de sí mismo, con Dios, debo re-crearme, redefinirme frente a la Acción de Dios.

Mi re-creación por mí mismo tendrá lugar siguiendo las *Orientaciones Eternas* una vez interpretadas correctamente.

La interpretación correcta solo puede tener lugar en interacción directa, íntima, con Dios, con la Fuente de las *Orientaciones Eternas* que recibí desde que se abrieron las *"Puertas del Cielo"* para mí. Esta apertura fue en realidad una "sintonización" con el proceso existencial consciente de sí mismo, Dios, luego de una decisión primordial que tomé y a la que me propuse hacer realidad, sin ser consciente en ese momento de la interacción a la que yo estaba llamando y a la que el proceso existencial no dejaría de responder*: « Tú Me llamas y Yo respondo »*.

Antes que nada, debo situarme en el marco de la acción de Dios, que es mi experiencia de referencia, y entender el *Principio de la Armonía* por el que se rige el proceso existencial consciente de sí mismo, Dios, y las interacciones entre todas Sus manifestaciones temporales.

El Principio de Armonía permitirá, en el tiempo, resolver las dos mayores inquietudes racionales de la especie humana: científica una, *El Modelo Cosmológico Consolidado*, la estructura de la Unidad Existencial y el proceso de interacciones consciente de sí mismo que Ella sustenta, y teológica la otra, *La Estructura de la Trinidad Primordial* que el Cristianismo reconoce como *Padre, Hijo y Espíritu Santo*. La estructura energética de lo que llamamos Espíritu Santo, Espíritu de Vida, está a nuestro alcance.

Ahora continuaremos con el proceso de re-creación de mí mismo que me condujo a la armonía por la que pude acceder a otra dimensión de consciencia universal, de realidad existencial.

Las Reflexiones Iniciales

En la orientación de Dios « *Armonía* » frente a la telaraña, el 18 de Agosto de 2001, reconocí la raíz de la desvastadora experiencia que tuve en el infierno el 2 de Julio de 2001 y de las perturbaciones mentales posteriores a mi encuentro con Dios el 4 de Julio, dos días después.

Todo se debió a mi desarmonía con Dios.

Éste fue un reconocimiento espontáneo, primordial, que precedió a las especulaciones racionales a las que ese reconocimiento guió, sirvió de referencia del proceso racional, para alcanzar finalmente el *entendimiento del reconocimiento* primordial de *armonía*.

Reconocí la raíz de las perturbaciones, pero no entendía el mecanismo de afectación mental, para lo que antes que nada necesitaba entender la *armonía primordial*.

Entender la *armonía primordial* no fue un proceso simple, y me tomaría largo tiempo. Sin embargo, decidí que el entendimiento intuitivo, que alcancé poco después de recibida la orientación de Dios, me serviría de base para comenzar a interactuar con Dios y crecer luego en entendimiento por la interacción directa con Él, la Fuente de la orientación de *armonía*.

Buscar en la Fuente y no en el mundo, fue mi orientación fundamental. Reconocí que ése era el camino, y ése iba a ser el único camino para mí. Cuando busqué en la Biblia lo hice porque aún persistía la influencia cultural, hasta que Dios me hizo ver que me mantuviera en el marco de mi experiencia, no en las experiencias de otros, aunque sin ignorar jamás las otras experiencias.

Eso era algo que debía entender también.

Armonía en la Telaraña.

Inicialmente no presté atención a la razón por la que una telaraña me despertara a la consciencia de la armonía. Una imagen fue la que me condujo a mi consciencia de armonía, o mejor dicho, a la consciencia de la falta de armonía entre mi proceso racional y el proceso existencial, Dios.

Entender por qué ocurre esto requirió de un largo tiempo para entrar en la estructura de interacciones por la que se sustenta la consciencia universal. Una imagen excita la estructura de relaciones causa y efecto que se reconoce a sí misma (la estructura que define nuestra identidad) y nos permite visualizar un espectro fuera de nuestro arreglo de identidad *si la estructura de identidad está pulsando a una frecuencia armónica con la del proceso universal en el momento de ver la imagen. Esta "sintonización" es resultado de una decisión fundamental en armonía con el proceso existencial.* Referencia (1).

Nota para Ciencia y Teología.

Yo no podía saberlo en aquel momento por qué una telaraña es, en nuestro dominio temporal material de la existencia, una analogía de la estructura energética de la red primordial del manto energético universal espacio-tiempo de la Unidad Existencial, que sirve de "soporte" a las constelaciones de información cuyas interacciones definen al proceso existencial consciente de sí mismo, Dios. Esta red en el manto espacio-tiempo de nuestro universo, si consideramos a nuestro universo como la Unidad Existencial, es la red primordial a nivel absoluto (conformada por una distribución de sustancia primordial que soporta a sus asociaciones, las partículas primordiales y todas sus asociaciones siguientes y sus pulsaciones) a la que podemos llegar por medio del *Modelo Cosmológico Consolidado*. Referencia (1). Este Modelo no se completaría sino luego de un largo proceso de interacción con Dios, en los glaciares de las Montañas Rocosas en Colorado.

¿Por qué sentí miedo a la araña cuando al mismo tiempo reconocía la orientación de Dios en la telaraña?

¿No hay acaso exclusión entre amor y temor?

Debemos diferenciar entre miedo primordial y miedo cultural que se experimentan en dos niveles diferentes de la identidad del ser humano, en dos niveles diferentes de la estructura trinitaria *alma, mente y cuerpo*. El ser humano tiene dos identidades, una primordial, en el alma, con la que llega a esta manifestación de vida, y la identidad cultural, temporal, que desarrolla a instancias de la inducción, estimulación o afectación cultural, de la asociación de la especie a la que pertenece y bajo la que se educa.

Miedo primordial es un *sentimiento*; miedo cultural es una *emoción*. Necesitamos entender claramente la diferencia entre sentimientos y emociones que tienen lugar en diferentes niveles de la estructura energética trinitaria del ser humano. Referencia (1).

El miedo primordial es una *advertencia* de rechazo a lo que niega nuestra naturaleza, y de *precaución* antes de actuar frente a cualquier manifestación existencial de peligro. Esta advertencia la hace la identidad primordial, el alma, que reconociendo la situación presente, no armónica, o de peligro, *estimula a la identidad temporal para que reaccione* conforme a la advertencia de desarmonía o peligro. Por nuestro desarrollo es que luego "perdemos", inhibimos la capacidad de mantener esta interacción.

El miedo cultural es una emoción generada por las experiencias de las consecuencias de nuestras acciones, que se transmite generacionalmente, que luego, bajo ciertas circunstancias, *inhibe la reacción esperada de la identidad temporal, cultural, en armonía con el proceso existencial que la estimula a través del alma, o provoca otra reacción diferente en desarmonía, o deja de actuar*

13

como se espera. (Debemos tener en cuenta que dejar de actuar en armonía con la estimulación primordial es una acción en desarmonía con ella).

No tengo miedo a las arañas sino repulsión, que es diferente.
Traigo a mi mente el encuentro con la telaraña.

"Cuando veo la telaraña, "salta" a mi mente su asociación con una araña, y me detengo en seco; no obstante, me quedo a observar la telaraña. El miedo cultural nos inhibe; el miedo primordial no, solo es precaución. El miedo cultural nos lleva a eliminar la causa del miedo; el miedo primordial, a *"pasarle por arriba",* a dejarle tranquila y continuar con nuestro camino. Yo no quiero en ningún momento eliminar a la araña que veo que está en el centro de la telaraña; solo quiero evitar molestarla mientras observo su gran obra de ingeniería natural que me atrae tanto. Veo los hilos de la red, son en realidad unas hebras helicoidales; tienen atrapadas minúsculas gotas de agua que titilan a la luz del sol y por el suave movimiento producido por la brisa de la mañana. Observo luego a la araña y veo que ella se reubicó en el centro de su propia red para mirar hacia donde yo me encuentro, o al menos, eso creo que es por lo que se movió".

Mencionemos ahora algo sobre *amor y temor.*

Los sentimientos son aspectos energéticos reales del universo, del proceso existencial consciente de sí mismo, de Dios.

Energéticamente solo hay <u>una fuerza primordial</u>, y <u>dos direcciones de la misma</u>. La misma fuerza primordial desde la que se produce el proceso existencial, universal, es también la que induce y excita todas las interacciones conscientes de sí mismas, por lo que *amor y temor* son dos <u>fuerzas</u> primordiales en oposición que no se excluyen entre sí; son también dos *<u>sentimientos</u>* primordiales, dos <u>estados de pulsación</u> del proceso consciente de sí mismo cuyas combinaciones originan el lenguaje natural de base binaria. Dicho sea de paso, la combinación de las fuerzas primordiales originan las diferentes versiones que observan los científicos. Estamos en un espacio multidimensional de naturaleza binaria (binario significa dos componentes inseparables; en este caso del espacio universal son dos dominios energéticos inseparables, material y espiritual). Nosotros ya usamos un lenguaje binario de nuestra creación en los sistemas de información, lenguaje que permite procesar complejas estructuras de información.

¡Atención!

El *temor cultural* es una distorsión del *temor primordial*, y excluye al amor cuando por temor tratamos de eliminar lo que nos causa temor, en vez de eliminar las experiencias en nosotros mismos de nuestras propias versiones culturales, distorsionadas, del temor primordial. Veremos una de estas distorsiones luego, en la sección de Quema de Documentos.

Otro ejemplo.

Desarrollamos *miedo cultural a la muerte* por depender de la información existencial en nuestro dominio material para construir nuestra realidad aparente en este dominio; este miedo interfiere negativamente en nuestro desarrollo racional natural que necesita de la información que proviene del dominio primordial o espiritual.

Mi desarmonía racional.

Mis temores, inquietudes, nerviosismo, angustia, confusiones y desasosiegos hasta el encuentro con la telaraña eran manifestaciones de mi estado mental perturbado por una desarmonía racional frente a Dios, con la que me estaba conduciendo en la búsqueda del mecanismo por el que se "sustenta" la eternidad del Universo Absoluto, la *Casa de Dios*. En realidad, eternidad es el estado absoluto, intemporal, de la presencia de la fuente de todo lo que ocurre en nuestro universo, un entorno temporal del Universo Absoluto; no hay un proceso para sustentar, para resultar en la eternidad, sino que *el proceso que experimentamos en el universo es la consecuencia de la eternidad de la presencia de la fuente*. Hoy, la fuente eterna y el proceso de re-distribuciones energéticas y de re-creación de vida universal están a nuestro alcance. Referencia (1).

Había una razón particular por la que Dios, luego de mi reconocimiento íntimo frente a la eternidad, me hacía objeto de Su atención aparentemente preferencial frente a otros muchos seres humanos que han buscado, y buscan, el origen del universo, de nuestro universo, del entorno temporal de la Unidad Existencial que se alcanza desde la Tierra. Pero yo no sabría de ninguna razón particular sino hasta bastante tiempo después, muy recientemente.

Después de tres semanas del encuentro con Dios el 4 de Julio pude regresar a dormir a mi habitación, aunque todavía un tiempo más con el crucifijo pequeño de plata de Mariano enrollado en mi mano derecha cuando entraba a la cama.

Finalmente una noche decidí que no debía depender más del pequeño crucifijo de plata para dormirme. Lo dejé, aunque bastante aprehensivo la primera noche.

Varias semanas después regresé el crucifijo grande de hierro cromado a mi habitación, el que había sacado la noche del 5 de Julio y dejado en el cuarto de Omar porque yo no podía dormir con su presencia. Algo relacionado con la masa de metal me perturbaba. Y allí se quedaría, de regreso a nuestra habitación, de Norma y mía, hasta que Dios, otra vez y finalmente, actuara y pudiera hacerme entender lo que todavía yo no podía por mí mismo por la inducción cultural, que esa imagen, esa representación, no era compatible con mi "salto", con mi trascendencia a otra dimensión de consciencia, a otra dimensión de realidad existencial.

Entendería, luego de la Segunda Manifestación de Dios.

A los períodos de grata calma, que me permitían gran lucidez en mi proceso mental, le sucedían otros de inquietud, angustia,

---

16

cierto temor por no entender lo que tenía en mente en ese momento.

Todo era parte de un proceso de re-ajuste de mi identidad cultural, temporal, en armonía con mi identidad primordial, como sabría más adelante.

Interacción con Dios a través de la reflexión.

Desde el instante inicial reconocí que sólo por la interacción directa, íntima con Dios, iba a entender todo, y no buscando las interpretaciones en el mundo.

Con el tiempo entendería que creer en Dios no es suficiente para regresar al estado natural del ser humano.

El proceso de reflexión sobre las manifestaciones espirituales fue un extraordinario y lento proceso de transformación de mi identidad racional, buscando su armonía con el Espíritu de Vida al que el ser humano, una individualización del proceso existencial, debe "someterse", o seguir, en una total entrega incondicional para lograr precisamente la armonía, que requiere de un procesamiento coherente de toda la información existencial en ambos dominios, material y espiritual. Quienes se resisten a "seguir" incondicionalmente al Espíritu de Vida es por falta de consciencia, por la que creen que se les limita la libertad primordial inherente al ser humano, cuando en realidad ese seguimiento los lleva a la libertad primordial. Seguir al Espíritu de Vida no es exactamente lo que se enseña por las prácticas culturales. "Seguimiento incondicional" al Espíritu de Vida significa buscar establecer la interacción íntima libre de prejuicios, de preconcepciones culturales, partiendo de las *Orientaciones Eternas*.

Este proceso de reflexión, que fue y es la interacción con Dios dentro de mí, condujo a la re-creación de mí mismo frente a la

---

17

experiencia de Dios en mí. Mi experiencia con Dios es el nuevo marco de referencia frente al que debo reconocerme y definirme. "Es mi experiencia, y solo yo puedo saber lo que ocurrió y entender, y esto sólo será posible por la interacción directa íntima con la Fuente de la manifestación que me condujo a mi experencia", me dije permanentemente.

Fue un proceso primordial, absoluto, esencial, innegable, irrechazable e impostergable. La Verdad acerca de lo ocurrido, mejor dicho, el entendimiento de lo ocurrido, podría ser sólo alcanzado dentro de mí. La Verdad está escrita dentro nuestro, en la consciencia natural, primordial, en el alma, uno de los componentes de nuestra trinidad energética, la que a su vez se extiende a través de la mente universal, a la de Dios. El alma es la interfase entre el ser humano y Dios. Estamos energéticamente conectados en todo instante.

Fue un proceso angustioso. Tenía mucho miedo. Era un temor primordial, un "miedo de Dios", no por algún castigo sino porque me inhibía de interactuar con Él y de entender lo que había venido participándome por medio de los *super conocimientos*. Yo decía, aún influenciado por mi desarrollo de identidad temporal cultural, que había "ofendido" a Dios cuando en realidad era que había actuado en desarmonía entre lo que reconocía con el alma, mi identidad natural, y lo que procesaba en mi identidad cultural temporal usando otra referencia local cultural y no lo que ya había reconocido que era una referencia eterna. Inicialmente tenía miedo de equivocarme otra vez y volver a tener aquella tan desvastadora experiencia infernal, y luego tenía miedo de "perder" a Dios que me había tocado en nuestro encuentro del 4 de Julio.

Fue un proceso ansioso. Necesitaba encontrar las respuestas para poder ponerme nuevamente en marcha en mi vida. Sólo encontrando a Dios podría hacerlo, es decir, entendiéndole a Dios. Sin Dios no soy nada ni nadie. Dios es mi Origen Absoluto.

Fue un proceso doloroso. Iba reconociéndome frente a Dios en mi carácter falible. La fuente de mis fallas estaba dentro de mí, no en mis deseos sino en mis pensamientos en desarmonía con la Presencia de Dios en mí. Requirió determinación también para examinarme a mí mismo, sin excusarme sino buscando reconocer lo que me inhibía o limitaba para "subir" adecuadamente frente a Dios, Quien me orientaba, precisamente, para hacer emerger mi mejor versión de mí mismo detrás de mi identidad temporal, cultural. Mantenía presente la orientación de Dios « *Así no puedes subir* ». Tenía que rectificar, tenía que re-crearme frente a Dios a Quien ya no sólo yo reconocía sino que Le experimentaba dentro de mí.

Fue un proceso triste. Sentía que me había "perdido" la Gracia de Dios al otorgarme Él la vida, por haberme equivocado en mi "rumbo" racional en ella. A pesar de las extraordinarias orientaciones de Dios ¡yo seguía equivocándome en mis razonamientos! Deseaba encontrar el camino de la recuperación de Su gracia inherente a Su presencia, por la vía de la reparación. Yo sólo deseaba entender qué hacer para hacerlo. No me daba cuenta todavía de que ya lo estaba haciendo al buscar interactuar con Dios.

Por otra parte, fue un proceso no de esperanza sino de FE. Yo tenía la convicción que dentro de mí, reflexionando, encontraría a Dios y Sus respuestas que estaba buscando con tantas ansias. Dios respondió a mi acto de fe inconsciente; y no me dejaría si yo le buscaba actuando como Dios esperaba. Dios no abandona jamás a sus hijos; somos nosotros que le abandonamos a Él. Y por esto mismo, por esta FE por una parte, y mis emociones frente a todo lo ocurrido por otra, es que por momentos era un proceso muy confuso. Debía yo regresar a los mismos y muchos y diferentes tópicos sobre los que reflexionaba, conforme Dios iba dándome Sus orientaciones, Sus respuestas, conforme crecía mi actitud, mi entrega a Él.

19

No fue sino hasta que, siempre bajo Su guía, pude reconocer armonía como algo más que un simple concepto, y pude ponerme en marcha para comenzar verdaderamente a establecer ese concepto como parte inseparable de mi vida racional, a regirme por él para lograr la conscientización espiritual con la cuál regresar a Dios, a la Fuente de la Vida, desde ahora, desde la Tierra, simplemente por alcanzar la armonía entre ambos, lo que en religión se dice "por comunión de voluntades" aunque el significado primordial es mucho más extenso que la interpretación racional condicionada culturalmente.

Un largo proceso de reconocimiento y reflexión me daría la paz, indicación natural de ir encontrando la armonía con Dios, y me permitiría entender detalladamente el error que me condujo a esa experiencia de perturbación; me permitiría entender dónde estaba lo malo, en mis acciones racionales y en la incompatibilidad de ellas frente a lo que yo ya había reconocido, la eternidad, que no se demuestra sino por la que se vive. *Eternidad es la Verdad absoluta, indemostrable excepto viviendo por ella.*

Luego entendería por qué la presencia de Dios estuvo en aquella manifestación infernal terrible e indescriptible, experiencia rayana en la locura. Es que el hombre no puede asimilar fácilmente la re-creación a que da lugar la presencia del Espíritu de Vida, presencia de Dios; no, no puede, por su desarrollo racional limitado por la información existencial en un solo dominio de la existencia, y sólo por esta experiencia del infierno podría llegar a donde Dios sabía que yo ya estaba listo para "saltar", como revisaremos más adelante.

En el nivel del alma, la reflexión es la interacción con Dios dentro de nuestra trinidad energética.

¿Por qué pude avanzar y, si es que puedo decirlo así, "recuperarme" de la experiencia del 2 de Julio, la visión espiritual en la que fui "privado del Espíritu de Vida"?

Porque reconocí la presencia o la intervención de Dios en esa experiencia. Luego, Su misma presencia fue guiándome hasta hacerme consciente de ella. Ante mi reconocimiento, Dios, fiel a Su promesa, no me abandonó, y yo no Le "perdí", por mantenerme buscándole dentro de mí, en mis sentimientos y no en lo que el mundo dice.

A pesar del terror inicial, la angustia y el sufrimiento posterior a la experiencia, yo jamás negué que era una intervención de Dios. Siempre afirmé que Dios de alguna forma tenía que ver con ella, aunque al principio no pude definirla correctamente. Nunca dudé de Dios, jamás, ni por un instante. Mi terror inicial era por haber "ofendido" a Dios tan gravemente que fuera ése, el infierno o la locura, el destino que me aguardaba, y yo buscaba desesperadamente entender qué debía hacer para reparar las "ofensas" (desarmonías) en las que había incurrido frente a Dios. Aunque gran parte de esto no es cierto frente a Dios (no ofendemos a Dios, no va a castigarnos) es la actitud de saber que yo era el que estaba equivocado, mal, y que yo era el que tenía que hacer algo para regresar a Dios, y no que Dios lo hiciera por mí, lo que me mantuvo en "sintonía" con Dios. Yo pedía ayuda a Dios para entender cómo reparar lo que hubiera hecho, no que Dios reparara lo que yo hubiera hecho.

En ningún momento, jamás, se pasó por mi mente que esa experiencia del infierno era una manifestación demoníaca. Era absurdo, inconcebible, imposible para mí, aún en el estado que estaba, el pensarlo y mucho menos creer en esa posibilidad. Si lo menciono sólo es porque cualquier referencia a esa experiencia como algo del demonio es lo que escuchaba de Norma, mi esposa, quien obviamente estaba aterrada, a su vez, frente a lo que veía en mí; no podía entenderme y atribuía mi estado y comportamiento a algo de naturaleza demoníaca. Norma respondía allí, y entonces, conforme a lo aprendido desde el mundo.

No. Jamás pasó por mi mente que mi experiencia, mi "visión" del infierno fuera semejante tontería. Luego veremos por qué yo ya estaba respondiendo en la dirección que Dios esperaba, inclusive en este punto tan álgido y que luego encontraremos tan trascendental acerca de un demonio que nunca existió, excepto como nuestras creaciones de él. Existe el mal, las fuerzas del mal que se generan por distorsiones del proceso racional y que tienen existencia temporal. No, no existe el demonio como una creatura real que se opone a Dios.

El demonio, si existiera, ya lo razonaba en esos momentos, no iba a mostrarme el infierno. Seguro que no. Si algo haría, sería engañarme. En cambio, lo que fui mostrado es la Verdad, la presencia del Espíritu de Vida en mí, como en todas las manifestaciones de vida y los seres humanos obviamente, *al hacerme pasar por una experiencia ilusoria, aunque muy real entonces, de no tener Espíritu de Vida.*

La comunicación de Dios con el ser humano.

Dios se ha comunicado con el hombre a lo largo de nuestra historia de la presencia de la especie humana en la Tierra.

Dios quiere comunicarse con el hombre porque sabe que éste siempre necesita de Su guía; además, Dios es la consciencia del proceso del que proviene el ser humano, y el ser humano se halla en evolución hacia la dimensión de consciencia de Dios.

La dimensión de consciencia universal "Padre" orienta el desarrollo de la dimensión de consciencia "Hijo" siguiendo la referencia del Espíritu de Vida.
Referencia (1).

La guía de Dios está siempre, continua, permanentemente en

todo lo que existe, todo lo que es. Dios es el proceso existencial.

Dios estimula el desarrollo del arreglo energético que establece y define al ser humano desde el instante en que se produce la concepción, el arreglo energético inicial en este dominio material de la existencia de naturaleza binaria, material y espiritual.

Según sean las respuestas del hombre a las manifestaciones del Espíritu de Vida, Dios "evalúa" el desarrollo de consciencia espiritual del hombre, del nivel del reconocimiento de Dios por el ser humano, y de entendimiento de ese reconocimiento. Dios "evalúa" o supervisa para orientar al individuo que está listo en el proceso evolutivo de su arreglo energético que le establece y define como ser humano, listo para comunicarse con su Origen, con Dios. Este protocolo de interacción está a nuestro alcance. Referencia (2), Otros Libros, Apéndice II.

Cuando el ser humano está listo, comienza a reconocer la presencia de Dios, la intuye, y luego desarrolla esa intuición que no es sino el reconocimiento desde el alma; más adelante en el proceso, la identidad temporal, cultural, comienza a explorar lo que siente, lo que reconoce en el alma, y eventualmente acepta ese reconocimiento del alma como referencia para continuar su desarrollo a otra dimensión de consciencia, de la realidad existencial, y establece una interacción consciente con Dios, con el proceso existencial del que proviene, en el que se halla inmerso, y del que es parte inseparable. Este proceso es particular e íntimo entre cada ser humano y Dios, pero las *orientaciones primordiales* por las que se rige cada proceso individual son únicas para todos, sin excepción. Veremos insistentemente estas orientaciones.

Dios se ha comunicado con diversos hombres, en diversas civilizaciones, en diversas culturas, a lo largo de nuestra historia. Las respuestas del hombre han sido diversas. Era de esperar. Dios lo sabe, desde siempre, pero está siempre esperando por una, en todos y cada uno de nosotros, la que se produce conforme a Su plan, al proceso único, universal, de conscientización de las re-creaciones *a imagen y semejanza de Sí Mismo.*

Hay muchas formas en que Dios se comunica con el ser humano, continuamente, pero aún no reconocemos Sus diferentes medios de comunicación y por lo tanto "perdemos" Sus estimulaciones y orientaciones, por una parte; por otro lado, a veces hacemos algo que "provoca" una respuesta particular de Dios a lo que hacemos, y no reconocemos Su respuesta en Su acción porque aunque creamos en Dios, creemos en una versión racional limitada y condicionada culturalmente que nos impide reconocer realmente a Dios dentro nuestro, y eventualmente nos inhibe de conocerle en vez de creer. Una cosa es creer en Dios, y otra muy diferente es reconocerle íntimamente dentro nuestro, para que una vez reconocido podamos ponernos en camino de experimentar a Dios en nosotros mismos.

Hoy podemos entender la diferencia entre creer en Dios y reconocer a Dios, y además, el único protocolo de interacciones que, luego de reconocer Su presencia, nos conduce a conocer y experimentar a Dios. Este protocolo se basa en las *actitudes primordiales.* Referencia (2).

Como dijimos en el Libro 1,

Éste es el testimonio de interacciones entre dos dimensiones de consciencia universal, entre Dios y yo, Juan, primero, y luego, de un "conflicto" entre otras dos dimensiones de consciencia, la mía luego del "salto" o cruce a otra dimensión de la realidad existencial, y el mundo, representado por mi esposa, mi compañera de vida, a quien yo deseo ayudarle a dar el "salto", pero ella no quiere, no puede aceptar "el otro lado del mundo" porque yo traigo de allí una versión de Dios que es muy diferente de la que ella tiene y sacude su propia vida de una manera jamás esperada.

"Ir al Desierto"

En algún momento, bajo alguna circunstancia particular para cada uno, nuestra naturaleza se revelará en nuestra estructura energética trinitaria *[alma, mente y arreglo biológico]* que nos establece y define como proceso SER HUMANO consciente de sí mismo, nos hará saber Quiénes Somos, y cómo ponernos en camino de experimentar la mejor versión de nosotros mismos a la que podemos imaginar, crear, y aquélla a la que por diseño primordial, eterno, del proceso ORIGEN del que provenimos, se espera que todos hagamos realidad.

Cuando eso ocurra, querremos y necesitaremos dejar lo que nos impide hacer realidad esa versión. No se puede ir, actuar, contra Quiénes Somos o Quiénes deseamos experimentarnos.

Necesito mi espacio.

"Espacio mental", soledad, aislamiento, era lo que yo necesitaba, y lo único que pedía, para poder reconocer y hacerle frente a lo que me perturbaba después de mi experiencia desvastadora del 2 de Julio de 2001 y de algo extraño que experimentaba en mi cuarto (que si bien desaparecería temporalmente, no se resolvería definitivamente sino hasta Abril de 2002).

Usualmente un escritor busca apartarse de todo lo que pueda

distraerle del proyecto que tiene en mente, sobre el que desea escribir.

La necesidad o conveniencia de aislamiento del escritor es mayor mientras mayor sea la diferencia entre el ambiente de vida en el que normalmente se desenvuelve el escritor y el ambiente en el que se desarrolla lo que se propone escribir; y más aún si este último ambiente es ficticio y requiere de creación mental particular.

Lo entendemos, aceptamos y estimulamos en quienes deseamos que lleven a cabo sus proyectos, y en quienes como en el caso de nuestros niños, necesitan ese aislamiento cuando estudian y, o se preparan para actuar en este mundo.

Es natural.

El proceso SER HUMANO, al que generalmente nos referimos como la mente humana, es una esponja de información existencial; es sensible al entorno existencial y a todo lo que ocurre en él. Es así porque tiene que ser así, por naturaleza, por "diseño". *La consciencia del ser humano, no sólo es estimulada por el proceso existencial sino que depende del procesamiento de la información existencial. La mente no puede negarse a procesar lo que recibe, lo que la estimula.*

Si lo anterior se entiende, se acepta, se estimula,

¿por qué no es lo mismo hacia quién tiene una experiencia espiritual, hacia quién "salta" a otra dimensión de realidad existencial, a otro "ambiente" o dimensión de consciencia?

Una experiencia espiritual, una trascendencia a otra dimensión existencial, genera un *proceso transitorio de re-ajuste del arreglo de identidad temporal* frente a la realidad a la que acaba de pasar o asomarse. Precisamente, el aislamiento voluntario consciente del que "salta" a otra realidad existencial es para poder reflexionar sin ser distraído por las cosas inmediatas de este mundo, y poder llevar a cabo el proceso de re-ajuste que necesita para poder funcionar otra vez en este mundo, pero entonces con otra realidad diferente de aquélla por la que se desarrolló hasta el momento del "salto".

EL REGRESO A LA ARMONÍA

Cuando alguien desea conciliar experiencias en este entorno o dimensión de realidad en el que está, y en el ambiente social, cultural, al que pertenece, es una cosa; pero cuando hay que conciliar con una experiencia en otra dimensión de realidad diferente a la de este dominio temporal, es otra cosa muy diferente.

¿Puede alguien imaginar lo que ocurre en la trinidad energética que nos define como proceso SER HUMANO; entre el arreglo biológico, la mente y el alma o el "corazón" de quién trasciende a otra dimensión de consciencia universal?

En nuestro arreglo trinitario hay dos identidades en dos dimensiones diferentes de realidad existencial: la *identidad primordial*, en el alma, y la *identidad temporal*, cultural, que desarrollamos bajo la estimulación e influencia y, o inducción desde nuestros mayores. (Tenemos analogías simples de estas dos identidades en un arreglo trinitario, en la sección Analogías, al final del libro).

Luego del "salto", de la trascendencia a otra dimensión existencial, y durante el proceso transitorio de re-ajustes[*] que se pone en marcha en la estructura de identidad de la trinidad de la persona que ha "saltado", tienen lugar cambios físicos temporales, aspecto de "ido", y reacciones de "loco", incoherentes ante los ojos de los demás que no entienden lo que ocurre en la persona que pasa por este re-ajuste.

Obviamente, el mundo no conoce este proceso transitorio generado por las experiencias espirituales que ahora deseo participar por este medio.

[*]
Re-ajustes en los arreglos de relaciones causa y efecto de la *identidad temporal* en armonía con la *identidad primordial*.

Perturbaciones

Desarmonías del proceso racional

El origen de nuestra concepción racional y cultural de la batalla entre el Bien y el Mal.

Asociamos nuestras experiencias humanas esperadas y alcanzadas de alguna relación y comunicación con Dios, con el amor, el sentirnos bien, felicidad y todo lo bueno que esperamos de la vida: prosperidad, abundancia, éxito, paz, calma. Es natural. Al fin y al cabo es lo que Dios desea que experimentemos, y todo esto que deseamos alcanzar y, o mantener con nuestra relación con Dios es una de las dos únicas razones por las que Él es parte inseparable de nuestras vidas, aunque aún no reconozcamos Su presencia, e incluso lleguemos a negarla. La otra razón es para orientar nuestros desarrollos en el proceso existencial del que somos parte inseparable, en el que nos hallamos inmersos, y del que provenimos, para crecer en consciencia, en el entendimiento del proceso, de nuestra relación con él, y del propósito individual y colectivo de la especie humana en esta manifestación temporal en la Tierra.

Lo malo que nos ocurre (que experimentamos, en realidad) no proviene de Dios. Por definición Dios es el Bien.

No podríamos pensar que siendo Dios bueno por naturaleza, y orientándonos hacia el bien, hacia todo lo que nos hace sentir bien, algo malo pueda estar asociado con Dios.

Pero Dios es nuestro origen, no importa el que sea, por creación o por una evolución.

¿Cómo se relaciona el mal, lo que nos hace sentir mal en alguna circunstancia de vida o frente a los diversos eventos naturales, con Dios, con el proceso del que provenimos, y con nosotros, la especie humana, que somos el resultado o el propósito del proceso que nos origina, el resultado de Dios?

Puesto de otra manera, ¿cómo se relaciona Dios con el Bien y el Mal?

Lo malo es cuando experimentamos algún efecto sobre nosotros que nos desagrada, o nos hace sufrir, o sentir infelices. Pero lo malo sólo tiene lugar cuando hacemos algo que provoca un efecto que nos afecta. Es decir, malo es una experiencia de las consecuencias de nuestros actos que no están en armonía con el bien, con el estado natural del proceso existencial del que provenimos; malo es el efecto que se experimenta cuando lo que se hace no está en armonía con... ¡Dios!

Parecería, visto muy limitadamente, que Dios nos "castiga" al hacer algo mal, algo que está en desarmonía con Él, con el proceso existencial.

¿Cómo es posible?

El proceso existencial corrige, no castiga; y antes de corregir, estimula y orienta para que nosotros ejecutemos la corrección[(*)].

El proceso existencial solo puede tener lugar eternamente bajo un mecanismo único. Ese mecanismo es violable temporalmente, lo que genera efectos que nos indican que lo que hacemos no es compatible con el proceso eterno. Sentirnos mal, experimentar el efecto negativo, incompatible, es el medio energético del proceso para indicarle a una unidad del mismo, al ser humano, que debe rectificar. Es el medio que tiene Dios, que es la Identidad Consciente de Sí Misma del proceso existencial, para indicarnos a los seres humanos, *a Sus re-creaciones a imagen y semejanza*, que estamos tomando un camino de experimentación de la vida equivocado con respecto a lo que deseamos y, o esperamos. Sentirnos mal es el medio que tiene Dios, a un nivel de la consciencia del proceso existencial, del universo, en el que nosotros nos encontramos, para estimular nuestra corrección. Quién nos estimula es Dios mismo, a otro nivel, al que podemos ir para exceptuarnos de estas experiencias. Para ir a ese otro nivel, no necesitamos dejar la Tierra.

¿Queremos entender el proceso energético? ¿Queremos entender nuestra interacción con él a través del manto energético? ¿Queremos saber qué es la *mente* del proceso existencial? Podemos. La *mente* de Dios es la mente del proceso existencial, del universo, de la que nuestra mente es un sub-espectro.

Disponemos de información introductoria en las referencias.

Si no nos interesa entender el proceso energético, pero nos interesa entrar en armonía con Dios, con el proceso existencial o el universo (como creamos y, o le consideremos a nuestro origen, no tiene importancia ahora), para alcanzar o realizar las experiencias de vida que deseamos, contamos con la información para orientar nuestro proceso de armonización con Dios, e incluso para "sintonizarnos" con Él para establecer y cultivar una interacción consciente entre Dios y cada uno de nosotros, íntima, personalmente. Referencia (2).

Ahora bien.

Si el proceso existencial consciente de sí mismo, que es Dios, reacciona haciéndonos saber de nuestras desviaciones, equivocaciones, esas reacciones provienen de Dios, y es lo que experimentamos como consecuencias que nos afectan. Es decir, no es malo que Dios, la consciencia del proceso existencial, nos estimule con Sus reacciones de Su arreglo energético, sino cómo los experimentamos nosotros a nuestro nivel en nuestro arreglo energético. Nosotros, por una parte, las hemos definido como "malas" a esas experiencias, y por otra parte, el sufrimiento y la infelicidad son resultados de actitudes mentales que nosotros, generacionalmente, hemos venido cultivando y heredando.

Veamos una analogía.

Una bacteria de nuestro intestino vive feliz allí pues ése es su ambiente de experiencia de la vida. Nosotros estamos felices con su presencia pues es lo que nos permite, a su vez, digerir nuestros alimentos. Ambos trabajamos en armonía. La bacteria es parte del proceso existencial, es parte de Dios en nuestro cuerpo. Si en algún momento nosotros comemos algo que no es compatible con el "diseño" del cuerpo humano y afectamos la bacteria y ésta con su reacción provoca un desarreglo, una descompostura en nuestro vientre, no vamos a culpar a la bacteria ni a Dios, pues nosotros somos los que hemos comido lo indebido. El proceso existencial, por medio de la bacteria, de ese minúsculo ser viviente, sin consciencia y sin embargo un instrumento del proceso existencial, de Dios, nos advierte de nuestro error, ¿o no?

Ahora sí, podemos ir a las perturbaciones mentales.

Desarmonías del proceso racional.

Las perturbaciones mentales son en realidad experiencias de interacciones conflictivas en el ser humano, entre diferentes niveles de su arreglo de identidad temporal, cultural, que se reconoce a sí mismo. En otras palabras, las perturbaciones son experiencias de un proceso racional distorsionado en alguna medida con respecto a una referencia, a un estado natural.

Usualmente se define como *perturbaciones mentales* a las incongruencias del proceso racional, su desorganización, y las incoherencias en las reacciones emocionales.

Nerviosismo es inquietud, imposibilidad de estarse quieto; irritabilidad; reacción al miedo, la preocupación y, o impaciencia.

Ansiedad es la expectativa anticipada de daños o desgracias futuras que se acompaña de un sentimiento desagradable y, o síntomas de tensión. El daño que se anticipa puede ser interno o externo.

En mi caso, yo tenía un sentimiento indefinible, una imposibilidad de dormir en mi habitación cuyo origen desconocía, y eso realimentaba mi nerviosismo, inquietud. Asociaba ese sentimiento con mi equivocación racional y la experiencia del infierno. Mi ansiedad era por entender. No tenía miedo a morir, pero tenía miedo a pasar por la experiencia del infierno otra vez y por eso necesitaba entender.

Somos una unidad de proceso que controla permanentemente, tanto consciente como inconscientemente, su estado de sentirse bien. De manera que el proceso racional es observable y entendible como un proceso de interacciones, y un arreglo de control de esas interacciones con respecto a una referencia o un juego de ellas. Somos, todos y cada uno de los seres humanos, una individualización del proceso ORIGEN; somos una unidad de proceso SER HUMANO autocontrolable con referencias desde el proceso ORIGEN. Algunas de las referencias ya están, mientras que otras se reconocen, en nuestra identidad natural, primordial, en el *alma*. Referencia (1).

No hay tal cosa como disturbio mental, pues la *mente* es el ambiente energético en el que tiene lugar el *proceso racional*, el proceso de establecimiento de relaciones causa y efecto que define nuestra identidad temporal, cultural, con la información de vida que recibimos diariamente, y con la que está en la estructura de memoria.

Lo que se disturba es la identidad del ser humano, el arreglo de causas y efectos, porque no incorpora la información que se requiere para su desarrollo en armonía con el proceso existencial.

Veamos.

La información de vida proviene de dos dominios existenciales: el dominio material, el que alcanzamos a sensar con nuestros sentidos materiales *vista, oído, gusto, olfato y tacto*, y el dominio espiritual, o primordial (que se alcanza con el *sentido de percepción*) y al que a menudo nos referimos como el *dominio que alcanzamos con la mente*, por la falta de reconocimiento del sexto sentido.

La estructura de identidad de la trinidad del ser humano, estructura en tres dimensiones energéticas, se desarrolla con información desde los dos dominios de la existencia, y sin embargo, por limitaciones racionales y razones culturales, dejamos de lado a la que proviene del dominio espiritual porque ¡simplemente no la reconocemos!, no nos han enseñado a reconocerlas, y cuando lo hacemos sin re-ajustar la componente cultural de la identidad, la componente con la información de este dominio, experimentamos un disturbio en la estructura de identidad que definimos como perturbación mental cuando es una perturbación del arreglo de causas y efectos de la identidad o individualización del proceso SER HUMANO.

El mundo no conoce realmente el mecanismo de desarrollo de identidad del ser humano que solo puede tener lugar por las interacciones con otro nivel que le precede. Esto, a pesar de que llega con un reconocimiento primordial sobre cuya estructura construye la identidad temporal, cultural.

El mundo no puede saber del mecanismo de desarrollo de la identidad si no reconoce la interacción trinitaria que define al ser humano como proceso existencial a otra escala del universal. No puede saberlo si no reconoce que la estructura trinitaria *alma-mente-cuerpo* del ser humano tiene como entorno energético común con la estructura trinitaria de la *Identidad del Proceso Existencial Dios*, al manto energético, a la *mente del proceso existencial*. Es más, la mente del ser humano es un "canal", es un sub-espectro de la mente de Dios, de la mente del proceso existencial, del arreglo del manto energético universal consciente de sí mismo.

Por este desconocimiento del mundo es que las reacciones del proceso racional del ser humano en desarmonía con el proceso existencial del que es parte, y que se encuentra en proceso de "sintonización", de armonización con el existencial, se van a percibir todo lo contrario, como acciones del Mal, del demonio, de las fuerzas que "deliberadamente se oponen a Dios, al proceso existencial". Esas fuerzas del Mal, el demonio, no son otra cosa que distorsiones en nuestra estructura de identidad que nosotros mismos creamos por nuestras desviaciones, por nuestros errores por ignorancia, por falta de consciencia del proceso existencial.

El mundo no conoce el proceso de re-ajuste de identidad cultural frente al componente primordial, espiritual. En general, la medicina trata a estas reacciones como problemas biológicos, y con sustancias que no permiten que la re-distribución de la estructura de identidad ocurra naturalmente cuando el origen del disturbio es espiritual; y no se toma como espiritual porque las reacciones transitorias del individuo bajo ese proceso no pueden, culturalmente, asociarse con las interpretaciones racionales de Dios que prevalecen en nuestra civilización en la Tierra, en sus diferentes asociaciones de la especie humana.

Quién pasa por estas experiencias solo necesita de tiempo para la reflexión, para la interacción con Dios, pero el mundo no entiende y no acepta que no pueda trabajar de la misma manera que antes, que tenga otra realidad; luego, por ignorancia, reacciona torpemente contra el individuo que "salta" a otra dimensión de consciencia, a otra dimensión de realidad existencial.

¿Cómo saber que una perturbación tiene origen espiritual?

Escuchando al que pasa por ella, en los términos de la realidad existencial a la que pasa, no por los del mundo.

« Por los frutos reconoces al Árbol ».

Ya nos fue dicho, pero el mundo sigue sin reconocer el Árbol y solo sigue una versión limitada, condicionada, y en muchos casos distorsionada de tal manera que no solo inhibe el desarrollo natural del ser humano sino que distorsiona su arreglo biológico, y por lo tanto transfiere generacionalmente la distorsión. Del arreglo biológico depende el estado de vibración, de pulsación de la trinidad energética que define y sustenta el proceso SER HUMANO.

La distorsión de este proceso, hoy alcanzable científicamente, nos ha sido dicha hace miles de años por Dios, a Moisés, pero los interpretadores de turno transcribieron luego a su modo lo que a su vez Moisés mismo quizás no terminaba de entender, aunque de una cosa sí estuvo él absoluta, incuestionablemente seguro:

EL REGRESO A LA ARMONÍA

Era Dios Quién le hablaba, con Quién él, Moisés, interactuaba.

La participación que se hace a continuación en este libro ilustra este proceso por el que pasa el ser humano que "salta" a otra dimensión existencial, para quien se le abren las *"Puertas del Cielo"*, del universo, del proceso existencial consciente de sí mismo; y nos muestra el proceso de su "sintonización", de su armonización con el proceso existencial con el que comienza a interactuar, incluyendo la re-creación de sí mismo o de re-ajuste de su identidad temporal frente a la nueva realidad y la nueva referencia, ésa por la que se rige la nueva realidad; e ilustra la reacción del mundo que obviamente no puede entender. Estamos frente a un testimonio de gran valor para quienes quieran conocer el proceso transitorio que tiene lugar en el "iluminado", en el que se asoma a otro mundo, a otra realidad de la existencia.

El disturbio es un rechazo de una parte de la identidad a otra que la niega, que niega lo que le define. Es realmente un conflicto que nosotros creamos dentro de nuestra propia identidad que tiene lugar en una estructura en "capas de cebolla". Referencia (1). La desarmonía que nos afecta en el proceso racional, a su vez se expresa en acciones "irracionales, demenciales". La perturbación continuará hasta rectificar la situación que la produce. En mi caso fue una reacción muy fuerte que Dios permitió que se generara para que yo experimentara lo que es no tener Espíritu de Vida, o, para que reconozca la presencia del Espíritu de Vida a través de la experiencia de la "pérdida" de Él. Luego, cuando reconocí la procedencia de la experiencia y su relación con el Espíritu de Vida, éste me condujo hacia el entendimiento.

(*)
Dios es nuestro origen, es el proceso del que provenimos.
Por ahora no tiene importancia el mecanismo energético por el que llegamos a la Tierra, por creación o por evolución, o por ambas.

¿Por qué nos cuesta visualizar a Dios, ya sea como nuestro Creador o como orientador del desarrollo de la especie humana, como un proceso consciente de Sí mismo, si nosotros somos un proceso consciente de sí mismo sustentado por complejas interacciones que tienen lugar entre los componentes de nuestra estructura trinitaria en tres dimensiones energéticas: *alma, mente y cuerpo*? Un proceso consciente no puede provenir de otro que no lo sea. Lo veremos más adelante.

Si una parte del proceso se desvía, el proceso, que es cerrado, realimentado, actúa para corregir toda y cualquier desviación, pero tiene una componente en adelanto que indica, orienta, para que no ocurra la desviación. Este mecanismo es absolutamente conocido por la ciencia, y Dios mismo nos lo ha indicado para preveer y evitar desviaciones desarrollándonos por las *actitudes primordiales*. Referencia (2).

Para la Ciencia.

El ambiente energético mental primordial no puede ser perturbado.

Puede saltearse esta sección, si no se desea entrar en detalles por los que solo se persigue motivar a quienes tienen inquietudes por la exploración energética del proceso racional consciente de sí mismo, con una aproximación diferente a la que prevalece en el mundo.

El proceso racional de la Unidad Existencial, Universo Absoluto, tiene lugar en el manto energético a un nivel de referencia que no puede ser afectado por los cambios en otras dimensiones que se sustentan en el nivel de referencia. En otras palabras, el ambiente energético del manto universal que llamamos *mente* es la componente "portadora" de una estructura de modulación en el que tiene lugar y se define el proceso consciente de sí mismo. Esa componente portadora no es una señal de una frecuencia dada sino una estructura de modulación inmutable, eterna, que sirve de referencia absoluta a todas las re-distribuciones que tienen lugar en la Unidad Existencial.

La perturbación "mental" es una desarmonía dentro de la identidad temporal, cultural, por tomar una referencia para el proceso racional y actuar diferente. En otras palabras (particularmente en el caso por el que pasé yo), cuando tomamos como referencia a la identidad primordial, natural, el alma, y lo que luego se usa realmente es otra referencia en conflicto natural entre ellas, se genera un proceso distorsionado cuya experiencia es la *emoción de disturbio racional.* El alma no puede negarse a sí misma, si dejando que se la tome como referencia, luego permite que se concluya en un error. En cambio, al creer en Dios y no actuar por lo que se cree, las consecuencias (las experiencias de sufrimientos e infelicidades) son también estímulos para rectificar, aunque todavía no nos damos cuenta; pero no son tan extremas esas consecuencias en el arreglo de la identidad temporal como mi experiencia del infierno, porque el Dios en el que se cree, casi sin excepción ahora en el mundo, no es el Dios Único sino una versión "fabricada" racional, culturalmente. En cambio, la *eternidad es un atributo absoluto de Dios Único,* como luego veremos, y <u>al ser tomada como referencia para el proceso SER HUMANO no puede dejar que éste concluya en un error</u>. ¿Por qué? Porque la Verdad no puede negarse a sí misma. Eternidad es la Verdad Absoluta de la existencia, y es la referencia para el desarrollo de la consciencia de sí mismo del proceso racional en todos y cada uno de los seres humanos que son las re-creaciones del proceso ORIGEN. Quién entiende de control de proceso lo entiende a esta escala también. Además, para que ocurra una interacción consciente entre Dios, el proceso existencial, y el individuo, éste debe estar listo para tal interacción, como también veremos más adelante.

Veamos una analogía simple.

Energéticamente son fácilmente entendibles los efectos causados por querer llevar adelante un proceso energético cambiando las referencias del proceso durante su ejecución. Por ejemplo, si tenemos un controlador de temperatura de una habitación que contiene el algoritmo de control para controlar la temperatura al valor deseado, digamos 20 grados centígrados, y para lo cual debemos colocar como punto de ajuste, como referencia del proceso del controlador, una señal que represente cuando se alcanzan los 20 grados en la habitación y detenga el proceso, y lo reactive cada vez que se desvíe de ese valor deseado, ¿qué esperamos que resulte si en vez de poner la referencia correspondiente a 20 grados le ponemos otra que corresponde a 27 grados? No esperaríamos tener la temperatura deseada de 20 grados en la habitación, ¿verdad? De igual manera para el caso de nuestra experiencia frente a la eternidad. Si reconocemos que el universo es eterno, entonces no tiene origen, para lo cual no hay que razonar nada; pero, insistimos en razonar, en buscar un modelo que contradice la eternidad. Luego, la *eternidad, que es un componente de la consciencia de la referencia, la identidad primordial eterna de la trinidad humana*, va a "rebelarse" frente a la contradicción, estimulando al nivel del proceso racional que define a la identidad temporal, y si ésta no responde e insiste, es obvia la perturbación que va a originar en ella, en la identidad temporal; si ésta todavía no se da cuenta, una manifestación como la que tuve el 2 de Julio de 2001 va a estimular una revisión que no dejará ninguna duda. Podemos seguir detalladamente el PROCESO SER HUMANO desde el punto de vista de sistema de control de proceso en un arreglo trinitario. Referencia (1).

Quema de mis Documentos

Estaba con mi grupo de trabajo en el vecindario de Greatwood en Sugar Land, Texas, el 3 de Julio de 2001, al día siguiente de mi desvastadora experiencia en el infierno, cuando un trabajador de una construcción vecina se acercó y me preguntó si yo tenía cerillos para encender su cigarillo. Debido al estado de perturbación mental en que me encontraba, interpreté ese evento simple pero imprevisto, inesperado, como una señal de Dios. Fue una señal falsa. Las señales falsas son las que provienen del mundo, del dominio material, temporal, y no del dominio espiritual *dentro nuestro*. Decimos *dentro nuestro* porque un arreglo particular dentro de nuestra estructura biológica trinitaria es lo que nos permite acceder a la consciencia universal en la que estamos inmersos y de la que provienen las señales espirituales. Fui yo mismo, mi identidad temporal, cultural, afectada, la que generó la falsa señal, al tomar la pregunta inesperada como una señal de Dios. Fue mi raciocinio fuera de armonía con Dios que permitió que una parte de la estructura de identidad cultural actuara. El disturbio ocasiona una fragmentación de la identidad temporal cultural, y eventualmente una parte de ella puede actuar independientemente. Esto es algo que la ciencia médica conoce por experiencia, aunque no el mecanismo. Fue por mi falta de consciencia que actué quemando lo que no era necesario; nunca fue requerido por Dios, por el proceso existencial, que, dicho sea de paso, jamás exige nada sino que sugiere, y lo que sugiere es para ir hacia la armonía con Dios. La consciencia, entendimiento, se alcanza por

---

una estructura de identidad sólida, en armonía sus dos componentes, primordial y temporal. No era mi caso en ese momento, por lo que tomé a un evento inusual como una señal espiritual que no era.

« Rectifica, no destruyas ».

No eran los escritos lo que estaba mal. Eran las especulaciones racionales en desarmonía con mi reconocimiento primordial lo que estaba mal, y la identidad primordial excitaba a la temporal para que rectificara.

Este aspecto se revisa en detalle más adelante; no obstante, adelantamos ahora este comentario breve, para enfatizar las desviaciones a las que nos conducimos por tomar ciertas interpretaciones equivocadas, limitadas racionalmente, condicionadas culturalmente, de las manifestaciones primordiales por las que nos llegan las orientaciones eternas que provienen de Dios.

La identidad del ser humano es parte de la mente universal, y toma información a través de ella desde otros niveles de la consciencia colectiva de la especie en la Tierra, y esto depende del estado de pulsación de la estructura de identidad. En otras palabras, bajo un estado particular de hipersensibilización de la estructura de identidad humana, ésta puede acceder a información que no está en su memoria sino en la consciencia colectiva de la especie humana en la Tierra. En el *Modelo Cosmológico Consolidado* se presenta la estructura trinitaria *alma-mente-cuerpo* y sus interacciones en el arreglo biológico del ser humano por las que puede acceder a la estructura trinitaria de la consciencia universal. Referencia (1).

La ignorancia (falta de consciencia del proceso existencial) y el temor se realimentan en la estructura de proceso racional inherente al arreglo energético, biológico, del ser humano, inhibiendo el desarrollo de entendimiento. La consciencia, entendimiento del

—

individuo, se desarrolla por sus interacciones con otros individuos y con la consciencia colectiva de la especie en la Tierra. El temor del individuo, por su dependencia de la consciencia colectiva por la que se ha definido su identidad propia, le impide cuestionar las referencias por las que se define su identidad; es como negarse a sí misma ella, la identidad, si cuestiona sus referencias. Para entender esto hay que revisar la estructura de control de desarrollo de la identidad del ser humano. Si la consciencia colectiva no incorpora adecuadamente la información primordial, espiritual, entonces no puede "saltar" a otro nivel de consciencia, no puede crecer a otra dimensión de realidad existencial, y por lo tanto tampoco pueden crecer, "saltar" los individuos que se desarrollan dependiendo del mundo, de la consciencia colectiva.

Mi mente tomó de la estructura de consciencia colectiva las experiencias del pasado en las que grupos culturales, por sus temores que realimentaban sus ignorancias, faltas de consciencia, quemaron y destruyeron lo que se oponía a sus versiones limitadas y, o condicionadas de la Verdad. La estructura de consciencia, sea individual o colectiva, no reside en el cuerpo humano sino en la intermodulación del manto energético universal en el que estamos inmersos.

Dios quería que yo pasara conscientemente ahora por esta experiencia como parte del proceso de mi re-creación para completar el "salto" a otra dimensión de consciencia del proceso existencial.

Más aún.

Dios quería que por mi intermedio nos asomemos, no a las acciones equivocadas de quemar, suprimir, destruir lo que no entendemos, acciones que ya reconocemos como equivocadas, sino a la raíz de esas equivocaciones: las distorsiones en el proceso de desarrollo de nuestra consciencia por no incorporar la información existencial desde el dominio primordial, espiritual, en la estructura de identidad individual y colectiva de la especie humana.

—

**La consciencia de Dios se desarrolla por la interacción direc-
ta íntima, personal, con Dios, y no de otra manera.**

La interacción íntima consciente con Dios se inicia por lo que se
reconoce, por FE, no por lo que se cree, aunque a veces Dios
responde a lo que se cree, pero es porque lo que se cree está en
armonía con la Verdad y no con una interpretación condicionada
por el temor. Si *sabemos* que Dios actuará, es FE, Dios actuará.
Si creemos, *esperamos* que lo haga, es fe, tal vez no lo hará. No
se "provoca" la acción de Dios a través de una expectativa ni tampoco por el temor cultural. La decisión fundamental para causar
una respuesta consciente de Dios es a través de la decisión del
individuo de hacerse libre de toda interferencia del mundo, libre
de la consciencia colectiva de la especie humana en la Tierra. La
consciencia colectiva de la especie humana presente en la Tierra
está desarrollada fundamentalmente por información existencial
limitada al dominio material, o por la vivencia ignorando las estimulaciones primordiales o en desarmonía con ellas.

Armonía

entre Dios y el ser humano

¿Qué es armonía con Dios, con el proceso existencial del que provenimos?

Entendí armonía como la característica de las interacciones por la que todos los componentes interactuantes establecen y definen una unidad existencial, una unidad energética. Pero entender armonía primero en una unidad de proceso consciente de sí mismo, y luego entre dos procesos conscientes de sí mismos cuando los procesos están en diferentes dimensiones existenciales, fue algo más complicado a pesar de que el concepto fundamental es, siempre, la característica de las interacciones de modo tal de mantener la unidad existencial que se define por las interacciones frente a los cambios en el resto del universo, manteniendo también las individualidades de cada proceso involucrado. Nosotros los seres humanos somos unidades de proceso que interactuamos en base a la información existencial que recibimos con nuestros sentidos. Obviamente, en nuestro entorno material hay límites para las interacciones sensoriales en este dominio, por lo que será necesario pasar a otro entorno de la estructura de consciencia universal para continuar el proceso de conscientización, de entendimiento del proceso existencial que tiene lugar en los dos dominios del mismo, material y primordial o espiritual. Los límites son impuestos por el alcance de los sentidos materiales, pero no para la mente pues nuestra mente es parte de la *mente universal*.

La mente recibe la información existencial en el dominio fuera de los cinco sentidos humanos: *vista, olfato, gusto, oído y tacto.* Hay otro sentido, el de la *percepción*, pero ciencia y teología no conocen cómo funciona, a pesar de su simplicidad conceptual.

Ya no tengo perturbaciones, pero paso por algunos períodos de desasosiego y angustia pues deseo entrar en armonía con Dios y aún no sé cómo aplicar lo que entiendo de armonía a mi relación con Dios, con el proceso universal. Quiero regresar a mi paz total y recomenzar mi proceso de conscientización, de entendimiento de todo lo ocurrido, de mi relación con Dios y de Sus acciones tan particulares para conmigo. Quiero entender todo. Quiero regresar al mecanismo de la eternidad; ya he entendido que Dios no me limita en lo que puedo alcanzar sino que mis perturbaciones eran por la desarmonía, por aproximarme incorrectamente a la Verdad. Dios no me castigaba por nada sino que me estimulaba a que yo reconociera mi error. Pero, ¿por qué no me dijo, en vez de hacerme pasar o permitir que pasara por la experiencia del infierno? Deseo entender esto también. ¿Por qué deseo saber? ¡Porque deseo entender a Dios!, al proceso del que sé que soy parte inseparable. ¿Cómo no podría interesarme el proceso del que vengo y con el que puedo interactuar tal como ya me ha mostrado Dios mismo? No puedo negarme a mí mismo. Es algo que siento a un nivel muy profundo dentro de mí, más allá de cualquier consideración racional. Soy eterno y deseo entender el mecanismo que me hace eterno, y a veces temo que mi desarmonía no me permita entender y eso me desasosiega, me angustia por ratos.

"De acuerdo", me digo a mí mismo.

Entablo un diálogo conmigo mismo. Sí, me gustaba hacerlo entonces, y sigue gustándome toda vez que tengo que considerar aspectos no convencionales desde el punto de vista energético o teológico.

"¿A Quién deseo entender?".

"A Dios".

"Entonces interactúa con Dios, no con el mundo. El mundo no tiene las respuestas que tú necesitas".

"¿Cómo voy a interactuar con Dios? Dios me tocó, me habló, sí, pero... ¿cómo llamo a Dios ahora?".

"Uhm... no sé. Comencemos con buscar entender todo lo que provino de Dios, todo lo que yo sé que provino de Dios, no lo que otros crean o me digan. Buscando entender a Dios se me hace que es el camino para entrar, para regresar a la armonía...".

"¿Es eso...".

"¡Eso es, eso es! Cuando me definí frente a la eternidad me definí frente a un aspecto de Dios, a un atributo de Dios. Dios es eterno, y yo también lo soy, luego... ¡entramos en contacto por decidir por algo en común a nivel primordial! Eso me abrió las 'Puertas del Cielo', las puertas al Conocimiento, a aquel río, flujo de orientaciones, los *super conocimientos*. Eso fue".

"Buscando a Dios en Dios mismo es lo que debo hacer otra vez, ahora conscientemente. Eso me conducirá a la armonía".

"Voy a buscar la armonía buscando entender a Dios".

"Pero... y otra vez, ¿por dónde comenzar?".

"Voy a hacer un resumen que me ayude a ordenar los hechos, voy a buscar entender cada aspecto de los eventos junto a Dios para provocar la respuesta de Dios, y... y ¡las orientaciones de Dios!...".

"¿Qué hay acerca de las orientaciones de Dios?".

"¡Dios me dio Sus orientaciones para entrar en armonía con Él!".

"Entonces, voy a entrar en armonía con Dios a través de Sus orientaciones, ¿no?".

"¿Cómo lo sabes?".

"¿Para qué otra cosa me daría Dios Sus orientaciones si ya Él me había estimulado a hacerme consciente de mi desarmonía?".

"Para regresar a la armonía. Para eso me las dió, para guiar-

---

me hacia Él. ¿Para qué me daría Dios algo si no es para mi beneficio en relación con Él? Dios es mi Origen, y en este caso particular, lo que hizo fue para orientar mi regreso a la armonía, para rectificar la desviación de la que me hizo, precisamente, consciente".

"Si yo reconozco que Dios es mi Origen, entonces es mi *río* de energía, de conocimientos; luego, me dejo llevar por el *río.* No voy a seguir al mundo sino a Dios. Al fin y al cabo, ahora me doy cuenta, por hacerme libre del mundo es que se me abrieron *las 'Puertas del Cielo',* cuando decidí buscar el mecanismo de la eternidad en el universo, en Dios, y no en las interpretaciones racionales que dieron origen a aquel artículo del Time".

El propósito de Dios en contactarnos es estimular el paso a otra dimensión de la consciencia universal, de Su propia consciencia, a través del proceso racional en armonía con el Suyo. *A Su estimulación siguen Sus orientaciones eternas.* Por ello es que tenía que entender qué es la armonía con Dios para luego interpretar las *Orientaciones Eternas* por las que me conduciría de regreso a la armonía natural entre el proceso ORIGEN, Dios, y el proceso SER HUMANO, yo en este caso, Juan, que es un sub-espectro, una individualización del proceso ORIGEN, del proceso universal o existencial.

Voy a buscar las interpretaciones de cada evento ocurrido en mi experiencia con Dios, y los aspectos de los mismos. Mi decisión me conducirá hacia la interacción consciente con Dios. Mi pensamiento está en armonía intencional, está en fase, como dicen los científicos, está en la misma dirección, hacia el mismo propósito que el de Dios, que es mostrarse a Sí mismo en mí, que comenzó en mí con el deseo de entenderle a través de un atributo de Dios, la eternidad. "Voy a buscar la Verdad en Tí, mi Dios, no en el mundo", le digo constantemente.

Armonía con Dios es la vivencia y desarrollo por las Orientaciones Eternas.

Armonía con Dios es armonía con el proceso existencial del que somos Sus individualizaciones, Sus re-creaciones a Su imagen y semejanza, en otra escala energética y complejidad de proceso.

Estar en armonía con el proceso existencial es estar en "fase", estar de acuerdo con el propósito del proceso existencial en sus re-creaciones de sí mismo, los seres humanos; propósito que es experimentar el poder de creación inherente y disfrutar el proceso existencial que incluye llegar a experimentar a Dios en sí mismo.

Las *Orientaciones Eternas* son válidas para todos, sin excepción, y de ninguna manera limitan ni condicionan la individualidad de cada ser humano, sino por el contrario, las hace a cada una única y especial en el proceso de conscientización que depende de las interacciones entre todas las infinitas individualizaciones de la Unidad Existencial. Esta interacción entre Dios, que es el nivel *Padre* de la consciencia universal, y la especie humana, que es el nivel *Hijo* de la consciencia universal, está a nuestra disposición y alcance. Referencia (1).

El desarrollo del ser humano por las *Orientaciones Eternas* es lo que nos conduce a la armonía con nuestro Origen Absoluto, por las que nos liberamos de las experiencias de sufrimiento e infelicidades que plagan a la especie humana en la Tierra desde su emergencia en este planeta, y por las que podemos alcanzar el estado que nos permite pasar, trascender, "saltar" a otra dimensión de la realidad existencial, a otra dimensión de consciencia del proceso universal.

De Regreso al Trabajo

Enfrentando al mundo luego de mi "salto" a otra dimensión existencial

Deseo trabajar y también deseo entender todo lo ocurrido, por qué ocurrió mi encuentro con Dios, ahora en detalle, y completar la re-creación de mí mismo frente a la extraordinaria experiencia que me condujo a otra realidad existencial. Dios me ha llevado a otra dimensión existencial. Pude experimentarlo durante nuestra "caminata por la eternidad" antes de nuestro encuentro en la Luz, el 4 de Julio. Deseo saber por qué el énfasis con Abraham en los pensamientos antes de nuestro encuentro.

Estoy calmo en el sentido que nada me afecta en mi funciona-miento consciente ahora, excepto que tengo que administrar dos deseos que demandan su propio tiempo: uno es trabajar para re-integrarme a este mundo con mi nueva percepción de la realidad existencial, y otro es tener mi espacio mental para crecer en mi nueva realidad existencial que difiere de la del mundo. No va a re-sultar nada fácil satisfacer ambos deseos frente a un mundo que demanda nuestra entrega casi total por las múltiples necesidades creadas para sostener un desarrollo que no está en armonía con el proceso existencial.

Finalmente comienzo a hacerlo, teniendo mi mente en las re-flexiones y pensamientos en lo ocurrido, en todo momento, aunque también me doy cuenta de que este arreglo mental mío afecta fuertemente a Norma.

- Si yo fuera tocada por Dios yo no dejaría de trabajar y de prestarte atención cuando estás conmigo. No, no lo haría como vos lo hacés ahora conmigo, que parecés siempre perdido... sí, y vaya saber dónde - me dice Norma muy molesta por mi dedicación a mis pensamientos que advierte pues llevo siempre una libreta para anotar lo que viene a mi mente y considero que proviene de Dios.

- Norma, vos no sabés lo que pasa dentro de uno. Creéme que no se puede saber lo que ocurre cuando Dios lo toca a uno, sino hasta que se experimenta. No se piensa de la misma manera que antes.. no, no. Uno ya no es el mismo, no puede ser el mismo... Yo me intereso por vos, ¿cómo no habría de interesarme? Quiero regresar al trabajo, me las arreglo para atender todo... ¿acaso no lo ves?, pero también tengo que terminar de entender... Necesito entender - le respondo una vez más, todavía quedamente.

- Yo no conozco a nadie en el mundo que haga esto porque lo haya tocado Dios - y agrega con molestia por mi pasividad - ¡miráte!, sos otro hombre, vos... ¡vos no sos mi marido!, ya no sos el hombre con el que me casé. Ya... ya no tenés vida, no tenés... no tenés ambiciones... ¿qué es eso?

No. Norma no puede saber qué ocurre dentro de mí. El mundo tampoco sabe de esto. No puede saber lo que ocurre dentro de uno, ni por qué ocurre, y es ahora lo que precisamente quiero saber y entender. No puedo tener esta experiencia con Dios y no buscar entenderla. ¿Cómo explicar lo que uno "ve", que reconoce y experimenta al "cruzar" a otra dimensión existencial? ¿Cómo puedo convencer a Norma de que sí tiene que ver con Dios, que fue Dios con Quién me encontré el 4 de Julio pasado? ¿Por qué no puede creerme?

De pronto me siento muy mal por cuestionar dentro de mí el que Norma no me crea. Ella no puede creerme.

...

Si yo mismo hubiera sido testigo de una acción similar a la mía en ella, yo tampoco lo habría creído sin haber tenido yo mi experiencia. Uno no puede creer en algo mientras lo que se le pida que crea no es por lo que se define. Si hemos sido enseñados a creer en un Dios cuya acción es de amor, paz, felicidad, resolución de los problemas a través de Su intervención de alguna manera, no podremos aceptar que una acción que origine tanto sufrimiento a alguien, en este caso a Norma, sea una cosa de Dios. No se acepta que, creyendo en Dios, en la interpretación o versión que se cultive en la sociedad a la que pertenecemos, podamos estar "equivocados de Dios", o mejor dicho, que el Dios que hemos aceptado sea una interpretación limitada, y que por lo tanto nuestra relación con Dios... ¡pudiera ser distorsionada! No obstante, la verdadera relación con Dios, con el Dios Único, Absoluto, sólo tiene lugar por un reconocimiento íntimo y no por aceptación de las interpretaciones o versiones de otros. A Dios se le reconoce en el corazón, en la esencia de cada uno, que es donde Él está presente estimulándonos el reconocimiento dentro nuestro; reconocimiento que casi no puede tener lugar ya, porque el mundo no deja que tenga lugar por sus fuertes inducciones sobre nuestra identidad durante nuestra niñez y que luego no podemos revisar, no nos atrevemos a hacerlo.

¿Cómo va a creerme Norma cuando yo actuaba como un demonio para ella? Yo era el que "destruía" todo por mis reacciones frente al encuentro con Dios. "¿Eso es Dios?", me repite cada vez que digo que fue Dios a Quién encontré el 4 de Julio. No, Norma no puede conciliar lo que yo digo con lo que ella experimentaba después de lo ocurrido a mí, cuando yo tenía que dejar todo para regresar a la calma y entender. A pesar de que me duele, sé que ella no puede aceptar lo que digo, que está contra todo lo que cree, y peor aún, está contra su dedicación a trabajar por lo que cree, y para lo que vive. Y más aún, cuando Norma pidió ayuda, aún su propia familia, se la negaron. Obviamente, pues el mundo no está preparado para estas experiencias.

"Sí, es cosa del demonio, no de Dios", insiste Norma en otra oportunidad que trato nuevamente de abrir un camino para que me crea, y agrega, "a vos no te importó nada, no sólo dejar todo sino lo que yo sufría al ver que todo se derrumbaba, y a vos... ¡ni un pelo se te movía!, al contrario, insistías en que tenías que dejar todo porque tenías que entender a tu Dios... y a mí, ¿qué? Y ahora la seguís con que tenés que entender... ¿entender qué? ¡Al demonio no se le entiende!, se le saca pa' fuera, ¿oíste?".

Sí, es verdad, no se me movía un pelo... aparentemente, pues por dentro yo sentía su sufrimiento, pero no por las consecuencias de perder el negocio. No, no pensaba en el negocio. No podía trabajar, ni podía acompañar a Norma cuando estaba perturbado por algo que yo no sabía, por mi desarmonía con Dios. Me comportaba agresivamente cuando no era dejado solo. Necesitaba estar solo. Pedía estar solo, nada más, porque necesitaba calmarme, y luego ponerme a entender. Entender era mandatorio para mí en ese momento, y sigue siendo una inquietud ahora. Mi identidad temporal estaba bajo un proceso primordial más allá de toda comprensión racional bajo las referencias por las que se maneja el mundo.

Sí, ya sé que Norma no podía entender mi comportamiento tan extraño, según la idea del mundo, para alguien que recibe a Dios. Pero, yo tampoco podía hacer nada en aquellos momentos. Y hoy tampoco puede Norma entender que ya de regreso a mi trabajo yo siga con mi "cosa" de Dios y "dejo de hacer lo que tengo que hacer como hombre para regresar a nuestra relación como antes, como Dios manda de verdad", como me dice.

No. El mundo, y mucho menos Norma, podía saber lo que ocurría dentro de mí, luego de mi encuentro con Dios, como parte del proceso transitorio de reajuste de mi identidad temporal. Norma interpretaba que yo, deliberadamente, buscaba terminar con todo, arruinar todo; mis palabras eran mal interpretadas y usadas contra mí, o tal vez yo no sabía explicar adecuadamente lo que me ocurría. La familia y los amigos, excepto uno, re-alimentaba su interpretación de los hechos conforme a lo que usualmente se cree en la sociedad, en el mundo, influyendo en lo que Norma observaba de mí, y vivía junto a mí, por lo que se hacía incuestionable para todos que yo estaba "perdido" de verdad; y quienes aceptaban en alguna medida mi descripción de la experiencia con Dios, lo hacían porque no conocieron de mis reacciones durante el período transitorio y solo estaban aceptando mi estado final, espiritual, que ya no estaba tan en conflicto con sus mundos. Es lo que ocurre realmente con las versiones que nos llegan de otras experiencias en el pasado, las que no incluyen los efectos iniciales transitorios en quienes experimentaron la acción de Dios, ni en quienes le rodearon en el momento.

[Sin embargo, yo iba a ayudar a Norma, pero para ello tenía que entender yo primero. Dejé todo para calmarme. Me calmé y entonces pude regresar al trabajo. Comencé a entender la nueva realidad y no quise, ya no podría, regresar a otra dimensión limitada, condicionada, de realidad en la que vive nuestro mundo. Yo no quise dejar este mundo, no quise renunciar a él, sino posponer todo lo que me gusta de él, y todo lo que luego descubriera, hasta que terminara de entender. Y ahora, una vez que he terminado mi búsqueda, deseo crear un camino para ambos, para Norma y para mí, cada uno en su mundo pero apoyándonos mutuamente a realizarnos en cada mundo, sin interferirnos mutuamente, y creciendo por nuestra relación entre nosotros y por la de cada uno en su mundo. Es lo que sentía en aquellos días, y es lo que siento hoy, una vez que entiendo lo que ocurrió].

...

Sí, me siento mal cuestionando que Norma no me crea.

"Entonces, ¿cuándo va a creer Norma?", me pregunto.

« *Cuando esté lista* ».

De alguna manera ahora intuyo que no es cuestión de creer sino de saber, de tener fe.

« *No, no es fe sino FE* ».

Entiendo que tengo que revisar nuestras definiciones.

¿Qué es creer, tener fe?

¿Qué diferencia hay entre fe y FE?

Yo siento que hay una diferencia pero no sé cómo explicarla. La siento profundamente, en el alma, diría yo, pero no sé cómo explicarla por mi... ¿identidad temporal? se me ocurre pensar. ¿Qué hago?

« Ve a la Fuente ».

¿El diccionario?

« No. Ve a la Fuente ».

¡Oh! Te refieres a ir a Tí, a Dios.

...

Entonces, fui a buscar en el diccionario de nuestra lengua a las palabras que son las interpretaciones de los conceptos primordiales, y luego, junto a Dios, en interacciones con Él y mi experiencia de Su acción en mí, fui buscando las revisiones que necesitaba para entender las diferencias entre esas y otras palabras que fueron surgiendo durante mi búsqueda.

La revisión no era nada simple.

El significado de las palabras tiene que ver con el nivel de la estructura del proceso racional al que se aplican (saber, por tener información; conocer, por experiencia; consciencia, reconocimiento en el alma, identidad primordial; consciencia, entendimiento en la identidad temporal, cultural), o donde se origina el concepto o idea para la que se buscó una palabra para identificarla luego. El proceso racional es para establecer la relación causa y efecto de un fenómeno existencial; es una especulación, una comparación y, o arreglos entre elementos de información; es la respuesta, en una dimensión energética, a las excitaciones recibidas desde el universo o los seres humanos, y desde Dios a través del alma, en otra dimensión energética. El proceso tiene una referencia, *lo que cree o lo que sabe*, en niveles diferentes de la estructura de identidad. Creer, tener fe, tiene lugar en la identidad temporal del proceso racional, mientras que FE tiene lugar en la identidad primordial, en el alma, y la identidad temporal la acepta y emplea como una referencia en su nivel, para procesar información desde el mundo y en relación con él. Puede verse este intercambio en la estructura trinitaria del ser humano en la referencia (1).

Debemos trabajar con nosotros mismos si queremos que las palabras transmitan lo que sentimos. Pero no siempre dedicamos el tiempo que se requiere. Por una parte, asumimos que el mundo ya lo sabe, "no todo el mundo puede estar equivocado" es lo que se nos dice, erróneamente pues por algo tenemos los males del mundo; y por otra parte, el mundo no nos deja mucho tiempo si hemos decidido seguirle en lugar de seguir a nuestro corazón.

Debemos tener cuidado cuando queremos decir *expectativa o esperanza* y usamos incorrectamente la palabra *fe* en esos casos; y cuando decimos que *tenemos fe* en lugar de decir que *creemos o aceptamos*.

Creemos cuando *aceptamos* la palabra de alguien. "Creo (acepto) lo que me dices". Ocurre en la identidad temporal, cultural.

Creemos cuando *esperamos* que algo ocurra conforme a la información que tenemos o a las experiencias pasadas. "Si hay mucha humedad creo (espero) que va a llover".

Tener fe es confianza total en otro, y creer en algo espiritual; pero también se usa como *expectativa espiritual* basándose en lo que otro dice, no en el reconocimiento íntimo individual que ocurre en la identidad primordial, y por eso se diferencia aquí como tener FE, tener conocimiento primordial.

Tenemos FE cuando *sabemos, reconocemos primordialmente*, es decir, algo del dominio primordial, espiritual; y cuando pensamos, decidimos y actuamos por eso que *sabemos* o *reconocemos* del dominio primordial, es que hacemos un acto de FE.

Tenemos FE en la identidad primordial, en el nivel del alma.

Hacemos acto de FE en la identidad temporal, cultural.

Tenemos fe de lo que otros dicen; tenemos FE de lo que reconocemos primordialmente por nosotros mismos.

Finalmente, nunca serán suficientes las palabras para expresar lo que sentimos en el nivel primordial de nuestro ser.

...

"¿Cuándo estamos listos?", me pregunto ahora, y agrego, "¿qué me hizo estar listo a mí?". Después de todo, yo no sabía nada de estas cosas hasta que comenzaron a ocurrir. Yo siempre creí en Dios y en las cosas que la iglesia enseña, aunque no sentí que debía seguir sus ritos. Entonces, ¿qué me hizo estar listo si nunca fui religioso, ni siquiera ahora?

Estamos listos cuando, aún sin saberlo, comenzamos a practicar una vivencia por nosotros mismos, no por el mundo; cuando buscamos expandir nuestra experiencia de vida sin limitarnos por lo hecho ni por las pertenencias materiales, con una actitud abierta a explorar la vida sin prejuicios ni preconcepciones que nos limiten, actitud que nos permite que cuando llegue una estimulación primordial la reconozcamos y la hagamos nuestra referencia para nuestro desarrollo racional porque hemos abierto la mente a experiencias nuevas, a otras dimensiones de realidad existencial aunque no seamos inicialmente conscientes de ello. Pero Dios observa y realimenta lo que está en armonía con Él, con el proceso existencial, mientras deja que ocurra lo que no está en armonía, pues es parte del proceso de conscientización a través de consecuencias que se ponen en marcha por esas acciones en desarmonía.

Dios, proceso existencial, realimenta ahora el proceso iniciado con mi reconocimiento en armonía con Él.

Las decisiones fundamentales del proceso SER HUMANO cambian el estado de vibración, de pulsación de la trinidad humana, y permiten la "sintonización" con el proceso ORIGEN por la que tiene lugar la realimentación.

Dios me transformó, o mejor dicho, proveyó las herramientas en el proceso existencial para que ocurra aquéllo para lo que yo ya estaba listo. Nosotros iniciamos la transformación, para la que Dios tiene dispuesto desde siempre todo lo que se requiere para que ella tenga lugar pues... ¡estamos inmersos en Dios, en el proceso existencial!

Sí, soy un "hombre transformado", como dice Norma, y yo lo reconozco. Pero mi transformación es para completar mi "salto" a una nueva dimensión de realidad existencial. Norma sufre por mi cambio, pero yo no puedo renunciar a él. Tengo que buscar luego una manera de estimularla a ella, a iniciar un cambio al que se resiste solo por la ignorancia, la falta de consciencia realimentada por el temor cultural, por la dependencia a una versión cultural de Dios y a una realidad aparente basada solo en la información de este dominio material. Ella cree que "mi Dios" la priva de lo bueno de la vida porque yo he tomado la decisión de entender primero, y para ello yo renuncio temporalmente a todo lo que me impida dedicarme a entender. ¿Por qué habría de renunciar a la vida cuando he sido mostrado la Vida? No obstante, entiendo el rechazo de Norma a mi actitud de "encerrarme" en mi nueva realidad para poder aprender a interactuar con Dios. Yo necesito este aislamiento, que por otra parte ya no me impide trabajar. "¿Y cuánto... cuánto tiempo vas a estar así, eh?", me preguntó Norma. "No... no lo sé", le respondí, y en verdad no lo sabía. Y no lo sé todavía. Ya no me importa más el tiempo, pero sé que una vez que termine mi transformación, mi re-creación de mí mismo, tendré una visión acerca de mi funcionamiento en este mundo bajo la nueva realidad a la que me he introducido, a la que he "saltado".

"Ya no tenés ambiciones", me repitió Norma en varias ocasiones, tratando de "despertarme", de regresarme a este mundo.

"¿Es que hay algo mejor que interactuar con Dios para entenderle y entender nuestra vivencia en otra dimensión existencial?", me respondía a mí mismo.

Dios me había anunciado algo de esto, de pasar a otra realidad existencial, que no entendí entonces. Fue cuando puso la analogía del pez en mi mente, en la que el pez se atrevió a asomarse fuera del agua y vio otro universo fuera del agua.

Luego, Dios me confirmó y dio lugar al inicio de mi transformación con aquel "golpe" en mi cabeza el 4 de Julio pasado, durante nuestro encuentro. ¿Qué fue lo que realmente hizo Dios que pro-

---

56

dujo esa herida, esa "marca" en mi cabeza? Dios lo hizo, sí, pero ¿cómo lo hizo?

[Más adelante Dios volvería a insistir en esto, en el "salto", en el "cruce" a otra dimensión de consciencia, cuando me diría como en la experiencia de Noé,

« ¡Llegaste a la Tierra!

Pasaste por el agua. Fuiste subido del agua »,

que veremos en la *Segunda Manifestación de Dios a Juan*].

¡No Puedo Ocultar a Dios!

« La Verdad no puede ser ocultada ».

Estamos en una media mañana de la última semana de Septiembre de 2001.

Aún hace calor, pero ya no está tan húmedo como en los meses del verano.

El trabajo de corte de grama se ha puesto bastante más liviano. El césped ya no crece tan rápido ni tan espeso. Algunos jardines desprenden mucho polvo al cortar, debido a la sequía; casi no llueve excepto unas esporádicas cortas lluvias sin gran efecto, aunque eso sí, aplacan un poco el polvo.

Estamos trabajando bajo nuestro programa regular. Hemos sumado algunos nuevos clientes que compensan por los pocos que cancelaron nuestros servicios a causa de nuestros retrasos después del 4 de Julio; tenemos mecánico de reparación de máquinas en el taller, y todo el sistema computarizado de base de clientes y facturación está operando normalmente luego de que yo pudiera rehacer la base de datos después del "colapso" de la computadora, o de lo que fuera que ocurrió con ella aquella noche del 2 de Julio.

Mi actitud en el trabajo, aunque eficiente, no es la misma que antes de Junio pasado.

Deseando entender todo lo ocurrido voy escribiendo todas mis reflexiones con tanto detalle como puedo, ahora sin temor puesto que ya entendí cuál era la razón de mis perturbaciones, las que cesaron luego de mi encuentro con la telaraña y la orientación de « *armonía* ». Aún tengo desasosiegos por ratos, pero advierto que son resultado de mi gran deseo de entender y dedicar más tiempo a interactuar con Dios a través de mis reflexiones. Luego me digo a mí mismo que todo va bien, y me calmo. Tengo que entender todo lo que ocurrió junto a Dios; sí, junto a Dios. Tengo a Dios conmigo. Yo no puedo ocultar a Dios, no puedo, no puedo. Si bien a veces estoy inquieto por alcanzar todas las respuestas que deseo, por otra parte me siento agraciado por la acción de Dios, y precisamente eso me impulsa más a tratar de entender todo, para mí y para todos. Yo deseo compartir la experiencia de Dios en mí. Yo deseo compartir lo que Dios me mostró, aunque esto es algo para lo que también debo prepararme.

- ¿Acaso vos negarías a Dios si tuvieras la certeza de que Dios de alguna manera te tocó, y entró en vos, y sentís que te estimula a entender, por alguna razón? - le pregunté a un familiar como "respuesta" cuando me preguntó por qué tenía yo tanto interés en entender lo que había pasado, si todo ya había pasado, en vez de retomar todo como antes, bien pendiente del trabajo y de seguir desarrollando aquellos proyectos de los que alguna vez le había hablado tanto y con desbordante entusiasmo.

- No, más vale que no. Si yo estuviera seguro de que Dios me habla no podría dejar de escucharle... no. ¿Cómo voy a ignorar a Dios? - responde, sin darse cuenta, sin ser consciente que expresa una gran certeza acerca de que cuando es Dios Quién le habla no puede dejar de reconocerle, y *el reconocimiento tiene lugar antes de pensar nada, antes de razonar nada sobre lo que escucha, antes de entender nada*. Es decir, entender es una reacción racional pensada *luego de reconocer la Presencia de Dios*. Si uno se pregunta si fue Dios es porque no está listo para reconocerle. No se puede dejar de reconocer a Dios cuando actúa sobre nuestra trinidad para "despertarnos" en respuesta a un acto de FE que Le indica que estamos listos. Hay un fenómeno de resonancia primordial en nuestra trinidad. Reconoce a Dios el alma, y ésta no va a dejar de reconocer a Dios nunca, jamás, pues se negaría a sí misma y eso no puede hacer. La interacción entre alma y Dios frente al acto de FE de la identidad temporal, cultural, genera la resonancia de la trinidad del que recibe la acción de Dios.

Pero no seguí profundizando en esto con él y sólo le dije que no se puede, tampoco, dejar de compartir a Dios una vez que se Le tiene dentro de sí, una vez que uno es consciente de Su presencia dentro de sí mismo. Además, no seguí porque quería entender más yo mismo antes de lanzarme a alguna acción de participación que no fuera así, espontánea, cuando se presentaba la oportunidad en el curso del trabajo o de nuestros encuentros en los ratos libres. En casa yo continúo leyendo la Biblia, para luego reflexionar mientras trabajo, para entender mejor todo frente a mi propia experiencia. Obviamente, los recuentos de la Biblia no la escribieron quienes tuvieron la experiencia de Dios en sí mismos, excepto algunas pocas excepciones. Dicho sea de paso, sigo encontrando algo trabajoso leer la Biblia, a pesar de que ya tengo mi versión en español, la que Omar me envió desde Denver.

"Si tú tienes esta experiencia con Dios, ¿por qué no tomas la Biblia y sales a hablar de ella?", me estimulaba un conocido que creía y me escuchaba con cierta atención todo lo que yo le contaba de mi encuentro con Dios cada vez que nos veíamos.

No. No siento que eso sea lo que debo hacer. Lo que siento es que debo entender antes, y lo que hago ahora, contando todo lo que ocurrió, es, en parte, una forma de no perderme detalles que voy anotando para cuando pueda escribir todo finalmente, la experiencia y la explicación. Siento que es una experiencia para todos, no solo para mí.

Estoy debajo de un árbol esperando porque mis trabajadores terminen de guardar sus máquinas y traigan palas y hachas, pues hay que sacar una raíz bastante grande de un árbol muy viejo y obviamente voluminoso en su tiempo, a juzgar por esta raíz enfrente mío, que fue cortado hace ya algún tiempo por el dueño de casa y que ahora quiere la esquina ocupada por el tronco para preparar un cantero de flores para el mes siguiente o Noviembre, pero en todo caso antes de Navidad.

Vienen los muchachos con las hachas y palas. Es un trabajo pesado, pero para ellos es también una interrupción en la rutina de corte.

Les indico cómo creo que es la mejor manera de hacer el trabajo ya que las raíces se extienden por un largo trecho en varias direcciones radiales; algunas de las raíces van hacia la cerca de la casa con la vecina y habrá que cortarlas junto a la cerca para que no molesten en el cantero que hay que hacer más adelante.

De regreso debajo del árbol, me pongo a juguetear con los rayos del sol que se cuelan entre sus hojas y llegan a mis ojos.

Recuerdo ahora el fino rayo de luz de sol entrando por mis ojos el 4 de Julio. El fino rayo, que atravesó el crucifijo de plata en mi mano, se destacaba sobre la luz enceguecedora del sol. Sí, recuerdo que entró en mí y fue un golpe que sentí dentro de todo mi cuerpo, y luego aquella gran fuerza que me arrastró a gran velocidad hasta cuando sentí un duro golpe en la cabeza, abrí mis ojos, o recuperé la visión, y me vi allí, desnudo y jadeando.

Decido ir a ver el sitio de mi encuentro con Dios, no está lejos de aquí, aprovechando que los muchachos tienen trabajo para un buen rato.

Les digo a los muchachos que voy a hacer un estimado por un trabajo para podar unos árboles y arbustos en una casa cercana.

- No se demore don Juan. Ya vamos a ir al lonche (almuerzo) luego de terminar aquí, ya, en un ratito - me dice uno de ellos a pesar de que ese ratito es como dos horas, tal vez algo menos si abren espacio en las raíces de abajo y las cortan con la sierra de cadena vieja que usamos para estos casos.

Advierto que además expresa el recuerdo del 4 de Julio cuando los dejé solos y me fui al encuentro con la Luz, con Dios.

- Descuiden, regreso pronto... en una media hora.

Me alejo tratando de apurar un poco mis pasos y dar otra impresión diferente a la del 4 de Julio cuando los dejé y me fui caminando cabizbajo y lentamente.

Llego al sitio.

A poco de bajar de la camioneta que estacioné casi al frente de la cerca de barras de metal que ese día quería trepar para alcanzar el sol, siento un cosquilleo recorrer todo mi cuerpo, entrando por los pies y llenando mi cuerpo; sí, esa es la sensación real que tengo, que algo me llena. Siento que Dios me "recorre" el cuerpo, todo, y me inunda.

De alguna forma el cuerpo reacciona hoy, en esta mañana de Septiembre, a este recuerdo del encuentro con Dios el 4 de Julio en el mismo sitio de ocurrencia del evento.

["Fué tu imaginación", me diría alguien un tiempo después.

No importa. Si así fuese, el pensar en el encuentro con Dios en ese momento provocó una grata reacción en el cuerpo, ¡en todo mi arreglo biológico!, que respondió de esa manera tan particular a ese recuerdo. Una vez más, es la experiencia lo que cuenta.

Algo se me estaba diciendo en este momento, que luego entendí y pude describir con algún detalle, acerca de la experiencia de Dios en el ser humano, en todos y cada uno, permanente y diariamente, en los *sentimientos* y las *emociones*. Referencia (1)].

Mientras el cosquilleo se disipa luego de haber recorrido todo mi cuerpo, me acerco a los arbustos. Todavía hay señales de los que rompí ese día al tratar de abrirme paso entre ellos para alcanzar la cerca y trepar a ella.

Llego a la cerca. Tomo las barras. Miro al cielo. El sol está en otra posición ahora. Cierro los ojos. Recuerdo el rayo de luz de aquel día... y el "golpe".

Me alejo buscando la mancha de sangre en el concreto.

Veo una mancha oscura pequeña. Me arrodillo. La toco para ver si es "mi mancha" u otra, de aceite o grasa. Arrodillado, giro mi cuerpo. No, no hay otra mancha en un gran espacio alrededor del sitio de mi "aterrizaje" desde la cerca ese día. La toco nuevamente. No es grasa ni aceite. Parece como si el concreto fuera de ese color... carmín ceniciento, pues veo algunos puntos brillantes dispersos en la mancha que me dan la impresión de ser granos de cuarzo de roca, de la arena del concreto.

"En mi 'marca' ", me digo a mí mismo.

Me pongo de pie y miro alrededor.

El bullicio del tráfico en esta esquina es notable, como siempre, pero el 4 de Julio todo ocurrió de modo que, o no hubiera tráfico alguno en ese preciso momento, o yo no fuera visible para los demás. Que allí ocurrió mi encuentro con Dios, con la Luz, no cabe ninguna duda, no en mí, tampoco en Norma y Carlos quienes fueron los que recuperaron mis cosas dejadas allí: mi ropa, documentos, audífono, lentes.

Después de un rato, regreso a buscar a los muchachos.

Cuando llego, me parece ver un intercambio de miradas entre ellos. Estoy convencido de que esperarían que vuelva a dejarlos solos.

Terminan de extraer el tronco y nos vamos a almorzar.

Continúo escribiendo, cada día más tranquilo, confiado por haber entendido la raíz de mis perturbaciones, y entendido mi equivocación con respecto al origen del universo en mi deseo de "crearlo" de modo que fuera eterno... ¡cuando yo ya había reconocido que lo era y por lo tanto no podía ser creado!

Voy entendiendo el concepto primordial de eternidad.

Voy entendiendo el concepto del presente eterno o la realidad absoluta, las ilusiones o realidades aparentes del pasado, y nuestra "creación" del futuro que en realidad es la elección de nuestro futuro de entre infinitas opciones disponibles ya existentes en el universo (al que todavía yo le consideraba como la Unidad Existencial y no como parte de ella).

Voy entendiendo cómo la vida, la información de vida, se transfiere de una parte a otra del universo (luego entendería de un universo a otro). Lo que nosotros recibimos por la red energética espacio-tiempo proviene de nuestro futuro que no hemos entendido aún, que a su vez es el pasado de otro universo. La red espacio-tiempo es el manto energético en el que estamos inmersos. Todo se transfiere a través de una intermodulación de sus ondas, de un "mezclado" de ondas tal como en los instrumentos de música de una orquesta para producir música, sonido agradable, y como en las señales de la radio y televisión que son moduladas sobre una onda a la que se le llama *portadora*, para generar información entendible y transferible de un punto a otro del planeta.

Nos comunicamos mejor Norma y yo, pero sigo siendo impaciente cuando me disputa la naturaleza de mi experiencia antes y durante el 4 de Julio.

- Dios no te va a decir que dejés el trabajo como vos lo hiciste, ¿eh? Dios no te va a decir que tirés por la borda el esfuerzo y el sacrificio de todos, no solo el tuyo...

- No, no. Yo lo dejé porque tenía que alejarme de lo que me perturbaba. Tenía que alejarme para poder calmarme y entender ... encontrar la causa de la perturbación - le respondo.

- Sí, pero vos me dijiste que tenías que dejar todo cuando nos preparábamos para ir a la casa de Mariano.

- Sí, sí. Yo sentía que tenía que hacer eso, que no iba a necesitar nada especial... era como otra voluntad manejando la mía... que decidía por mí...

- ¿Ves? ¿Ves?... ¡Eso no es de Dios!

- Sí, y no. Yo estaba interactuando con Dios con mi alma, con esa identidad a la que le llamamos "corazón" cuando decimos "te lo digo con el corazón", nuestra esencia, pero mi identidad racional, mi... mi... ¿cómo decírtelo?... yo, mi "yo" de todos los días, estaba perturbado, confundido por su desarmonía con el alma, con Dios. Dios me sacaba por un tiempo de este ambiente para poder recobrar mi calma racional, mi calma mental. Por supuesto, yo no me daba cuenta de por qué ocurría todo eso, pero yo seguía a algo más fuerte que yo, más fuerte que mi identidad diaria... Yo no podía dejar de hacer lo que hacía... Necesitaba quitarme lo que no me dejaba estar tranquilo... y solo atinaba a hacer lo que de alguna manera sentía que era lo que tenía que hacer para eso...

Norma me interrumpe, segura de lo que ella también siente en relación a todo lo que ha pasado.

- ¡Pero nos afectabas a todos. Nos obligabas a dejar todo, a... a perder todo!

- Nada ocurrió. Dios sabía que nada malo iba a pasar...

- ¿Y el sufrimiento mío? ¿Qué?, ¿no cuenta? Yo dejaba todo, todo, y a vos no se te movía ni un pelo. Dejé todo. Dejé mi perrito (Chester) en casa de Mariano, siendo que tanto lo quiero y lo cuido, le preparo su comidita, me hace tantas fiestas cuando me ve ... y hasta perdí a Pipo, que lo dejé volar para que no sufriera por verme llorar a mí... ¿Eso quería Dios? ¿Eso es de Dios, eh? Yo tengo entendido que Dios es amor, es disfrutar de todas las cosas juntos, en familia, trabajando como debe ser... pero no eso. Eso fue el terror para mí, y vos después me hablás del terror de tu infierno y de que Dios te sacó de ahí, y que sé yo cuánto más. ¿Dios no hace nada para sacarme a mí de ese terror?, para borrarme el terror de esos días, mi terror... ¡mi terror!, ¡el mío! no el tuyo... vos ido, dejando el trabajo de todos, botando todas las cosas. No, no mijito, Dios no hace eso, no hace eso... - Norma se interrumpe por sus lágrimas.

Me duele intensamente el dolor de Norma, pero no sé explicar todavía en palabras lo que sé en mi corazón. Yo lo sé, pero tengo que aprender a explicarlo, y para eso también necesito tiempo.

...

Norma es una mujer noble, sana, simple en sus pensamientos y muy limpia en ellos, y ahora expresa un gran sufrimiento por todo lo que tuvo que pasar por mi experiencia que no entiende. No es su culpa no entender, es resultado de la consciencia colectiva, o mejor dicho, de la falta de consciencia o de entendimiento colectivo de la sociedad, la civilización de la Tierra toda en realidad, acerca de Dios y de nuestra relación con Él. Es la consecuencia que tenemos que "pagar", que heredamos de nuestros mayores, tal como Dios le dijo a Moisés,

"La falta de los padres (la falta de consciencia, de entendimiento) se pasarán a los hijos hasta la cuarta generación (hasta innumerables siguientes generaciones)",

advirtiéndonos a través de él, Moisés, de las consecuencias de no hacernos libres de la esclavitud de la ignorancia y el temor.

Dios ya le había dicho a Moisés,

"Yo Soy, Dios, Tu Señor (Guía), Quién te liberará de la esclavitud (del temor y la ignorancia)".

Y luego también Jesús nos lo dijo, aunque lo escribieron como,

"Deja todo y sígueme",

queriendo Jesús decirle, al joven rico que buscaba la perfección, que dejara todo lo que le apartaba de la Verdad que buscaba, la perfección de Dios, y le siguiera a él, a las orientaciones eternas que él como mensajero de Dios, de la Verdad, traía para orientarnos hacia nuestra relación con Dios en general, y a la perfección que el joven rico decía buscar.

No entendieron entonces a Jesús, y seguimos sin entender.

...

Le digo a Norma que ya voy a saber explicarle lo que ocurrió, que me tenga paciencia y que confíe en mí, pero se le hace difícil confiar en mí luego de lo que ella presenció y por lo que pasó. No la culpo, pero me duele lo que nos cuesta a todos ir hacia la armonía con Dios.

"No va a ser nada fácil el camino que hay por delante", me digo a mí mismo, pero no voy a renunciar a Dios, ¿no?

Sigo participando mi experiencia con Dios en el curso de mi trabajo, y en algunos ratos libres, si me buscan para ello. Fuera de esos momentos quiero reflexionar sobre mi propia experiencia y comparar con lo que leo en la Biblia.

Con el tiempo, estas interacciones con tan diferentes personas serán de un gran valor para entender mejor nuestra aproximación actual a Dios, de la especie humana en la Tierra a Dios, a través de la revisión de la interpretación limitada, y en ciertos casos distorsionada por las prácticas culturales, que se tiene de Él, y entender el temor que no se reconoce como tal, que nos impide revisar nuestras interpretaciones y las referencias que usamos para llegar a ellas.

[Hay algo fundamental que luego entendería. No es necesario tener un gran desarrollo intelectual para establecer una relación íntima, particular, personal con Dios, aunque sí necesitamos desarrollo intelectual para *entender*, para desarrollar, a su vez, la *consciencia* de la relación. Una cosa es *reconocer* a Dios, para lo que ya traemos en el arreglo biológico lo que se requiere para eso, y otra es *entender*, para lo que se requiere, precisamente, el desarrollo intelectual. *Reconocemos* a Dios con el alma, que ya traemos obviamente, y *entendemos* con la mente, por el desarrollo voluntario de nuestra capacidad racional inherente al arreglo biológico. Pero, para que el desarrollo intelectual genere consciencia primordial, ese desarrollo intelectual tiene que hacerse siguiendo las *Orientaciones Eternas*. Gran desarrollo intelectual no necesariamente nos conduce a la consciencia primordial, al entendimiento del proceso existencial, si se omite la información del dominio primordial, espiritual. El proceso existencial tiene lugar en dos dominios energéticos inseparables que establecen y definen la Unidad Existencial: los *dominios material y primordial, o espiritual,* en el que se halla inmerso el material. La Unidad Existencial es de naturaleza binaria, es decir, dos componentes inseparables, dos dominios energéticos inseparables definen la Unidad. Podemos introducirnos en la extraordinaria estructura de naturaleza binaria que sustenta el proceso existencial consciente de sí mismo, Dios, en la configuración y flujo de la información del proceso de control de nuestro desarrollo intelectual en este dominio material, y en el desarrollo de nuestra consciencia primordial que solo tiene lugar *por nuestra propia voluntad* una vez que se alcanza un nivel dado. Referencia (1)].

La actitud de los trabajadores sigue siendo de asombro.

Cuando les participo partes de los hechos, una y otra vez, no hacen comentarios, solo me escuchan sin decirme nada. Los muchachos de Norma le comentan algo, tal vez porque yo no estoy con ellos, y casi invariablemente es para aconsejarle que me cuide de las "cosas malas".

Nuestro mecánico, un muchacho joven, sí me escucha, con la boca abierta, dejando de limpiar las máquinas, pero asombrado por oír cosas que no estamos acostumbrados en nuestra sociedad a ser testigos, o porque desmerecemos las que se nos participan ya que "ésas no son cosas que pasen de verdad". Pero luego, esos que no creen en las experiencias íntimas de algunos con Dios que ocurren hoy, en el presente, van a las iglesias y dicen que creen en unos escritos u otros, o incluso ¡esperan por acciones de Dios en sí mismos! No, no es nada fácil reconocer la Verdad acerca de Dios cuando se nos ha enseñado a buscarla en las interpretaciones de otros, en lugar de buscar la Verdad en la experiencia de Dios en todos y cada uno de nosotros ¡que tienen lugar a diario!, en los sentimientos y las emociones. Referencia 2.

Les participo a algunos familiares y amigos muy próximos.

- ¿Qué dices? ¿Qué Dios te *tocó*? - y se quedan mirándome seguros de que algo anda mal conmigo, que tuve un sueño, una ilusión, o una insolación.

Creemos en Dios, tenemos una vaga idea de Dios que nos ha sido enseñada por quienes se erigen a sí mismos como eruditos, unos cuantos, y en interpretadores de Su palabra y entendedores de Su voluntad, otros; pero,

"¿Por qué no podemos creer en que Dios lo 'toca' a uno, que Dios 'entra' en uno, que le da la consciencia de Su presencia en nosotros?", me pregunto.

Es como si se creyera seriamente que estas cosas les ocurren a otros, pero no a nosotros ni a nadie inmediatamente cerca, y por ello, cuando alguien cercano a nosotros clama haber sido tocado por Dios, no sabemos manejar el "caso". Percibimos muy diferente el tener un encuentro con Dios a ser tocado por Dios, porque estamos acostumbrados por la inducción cultural, por las enseñanzas, que Dios es inmaterial, espiritual; luego, sí, es posible tener un encuentro mental con Él, pero ser tocado implica algo material y eso no puede ser conforme a nuestra interpretación racional y cultural de Dios. Pero, sepan que Dios es todo, material e inmaterial. Para entender todo esto yo tuve que revisar aspectos que ni la ciencia ni la teología hacen, tal como el origen real de la energía. Ahora *tenemos acceso al origen real de la energía*, que infunde temor a quienes advierten que si Dios es energía, el decir que tenemos acceso al origen de la energía es como decir que tenemos acceso al origen de Dios. Para muchos esto suena como una blasfemia, y una gran contradicción[*] frente a la eternidad de Dios. El temor es realmente lo que nos impide acercarnos a Dios, entenderle, no importa qué tanto sea lo que creamos de Dios ni qué tanto practiquemos nuestros ritos, nuestras aproximaciones culturales a Dios.

[*] Ya resolveremos esta aparente contradicción, al reconocer la naturaleza real de lo que hoy definimos como energía. Referencia (1).

Sólo por temor no podemos entrar en una interacción íntima consciente con Dios.

Un amigo sí creyó, sin dudar un instante, en la Presencia y toque de Dios en mi encuentro del 4 de Julio, y en su similaridad con Pablo, Saul de Tarso, el Apóstol de Jesús, que reconoció de inmediato y me hizo a mí mismo consciente de esa similaridad. Este amigo es Marcelo, mi querido hermano en Dios.

Otros creerían, pero la reacción de Marcelo fue especial.

Marcelo no cabía en sí por el júbilo que lo embargaba cuando escuchaba mi relato por primera vez, y no escatimaba esfuerzos en demostrar lo que sentía en su corazón, pues sentía que estaba recibiendo, a través de la experiencia de Dios en mí, la respuesta de su propio pedido a Dios para que le mostrara Su acción, del Espíritu de Vida, en otro. Yo, su amigo, era ese otro en quién él, en ese momento, estaba viendo la acción de Dios.

[Yo no escucharía de nadie más, hasta el momento de escribir estas líneas en Junio de 2015, nada más cercano a lo que experimenté el 4 de Julio de 2001 tal como Marcelo me hizo saber que reconocía desde su corazón].

- Really? (¿Verdad?) - me preguntó muy asombrado un cliente, agregando (traduzco) - ¿Por qué no me dijiste eso la primera vez que me lo contaste, en lugar de decirme que fue un accidente?

- No sabía hacerlo - respondí, recordándole que la primera vez que le dije había sido solo un par de días después del encuentro con Dios. Era verdad. No supe inicialmente, quizás influenciado en parte por la reacción de quienes me encontraron, la policía, al decirles yo que vivía en la *Casa de Dios*, y en parte por la actitud de mi propia familia.

Llevo a unos familiares de Argentina, que están en Texas de visita por unas semanas, a recorrer todo el camino de la Manifestación de Dios del 4 de Julio; *el camino por el que Dios me mostró la eternidad*, como a veces me refiero a él.

Quiero hacerlo. Necesito hacerlo.

En esta mañana de un tranquilo domingo les relato todo cuanto puedo lo sucedido entonces, e incluso les hablo sobre el artículo de la revista Time que estimuló mi pronunciamiento de FE.

Uno de ellos no cree en la Manifestación de Dios. No cree en Dios.

Todavía guarda él un gran resentimiento por la muerte injusta de su madre cuando era un niño, un muchachito joven. Quedaron, él y su hermano menor, junto a su padre que aparentemente no les guió en la dirección que su madre deseaba en vida, de estudios y mejor preparación. Fue forzado a trabajar para ganar dinero para su manutención y privado del cariño al que estaba acostumbrado junto su madre. Sufrió mucho aquella pérdida tan temprana y eso le hizo cerrarse en su posición frente a Dios. Le reprocha a Dios su acción injusta, "si es que de verdad Dios existe", es lo que dice.

Le expliqué lo mejor que pude, dentro del breve tiempo que me concedió para eso, que las cosas en la vida, aún con la Presencia de Dios, no siempre ocurren como nosotros queremos, como las deseamos y las entendemos. Hay otras razones muy profundas, cuya explicación requiere de más tiempo y reflexión.

Le hice ver que si él "vio" injusto a Dios porque permitió aquel evento triste de su vida, debe verlo a Dios en el hecho de que él, pese a su juventud y sin apoyo aparente, no optó por mal camino, ni por malas compañías, ni por beber. No, todo lo contrario. Se hizo hombre de bien y formó una familia con su trabajo, duro y honesto, sin escatimar sacrificios y dedicación. Allí es que está Dios, que no le dejó perderse. ¿No puede verlo, acaso?

Obviamente, no le convencí. No pronuncia una palabra, nada, pero su mirada me lo dice. No insisto. Regresamos a casa.

Recuerdo cuando visité a nuestro abogado por otras razones y le conté mi experiencia con Dios. Para él, yo había tenido una clara experiencia cosmológica y corría el riesgo de derivar mi "caso" hacia esquizofrenia si no era atendido por un médico adecuada y prontamente, y si no aceptaba dejar de trabajar. Por supuesto que él no tiene ninguna autoridad para decir eso, pero me mostró que personas intelectualmente preparadas no están más dispuestas a aceptar las experiencias cosmológicas, espirituales, sino como perturbaciones mentales. La ignorancia (falta de consciencia del proceso existencial) y el temor se realimentan en la estructura de proceso racional, inhibiendo en el ser humano el desarrollo del entendimiento de manifestaciones a las que niega; y las niega porque no puede aceptar algo que no se le ha enseñado desde niño y que debería constituir una referencia en el nivel elemental de la estructura de proceso racional. Se nos habla de Dios, pero no vivimos el Dios en Quién creemos, que aceptamos como guía.

Dios es amor incondicional pero no vivimos por amor incondicional. Dios no discrimina, pero lo hacemos. Referencia (2).

"Entonces, ¿es esta realimentación un círculo vicioso que no podemos romper, abrir?", me preguntan al respecto.

"Sí podemos, si decidimos hacerlo y hacemos lo que sea para ejecutar la decisión", es la respuesta.

Debemos atrevernos a pensar que aquello que negamos sea cierto, y ver qué tan lejos nos conducen nuestras bases para refutar que sea cierto. Normalmente nos negamos a revisar lo que creemos y que pueda estar equivocado ¡simplemente porque no tenemos argumentos para sustentar lo que afirmamos creer!, y no nos atrevemos a cuestionar lo que se nos ha enseñado a creer porque se nos ha enseñado también a depender de las intepretaciones de otros y nos descalificamos a nosotros mismos sin razón. También nos inhibimos por temor, por depender de los líderes científicos o teológicos, y no "escuchar" a nuestros propios sentimientos. Nosotros tenemos la verdad dentro nuestro, pero nos han enseñado a depender de otros.

Desafortunadamente, si no estamos listos no tendremos interés en buscar la verdad en nuestros sentimientos, y simplemente nos negaremos a revisar por nosotros mismos lo que tomamos como cierto, nos excusaremos por no tener tiempo, o temeremos ir contra lo que se acepta colectivamente como cierto. Si tenemos miedo de hacernos libres seguiremos esclavos de la ignorancia, y la ignorancia seguirá realimentando el temor.

Un día vamos a hacer un trabajo especial a una casa grande muy bella, con un extenso jardín adelante y atrás.

Esta casa va a ser mostrada a potenciales compradores a la mañana siguiente y quien nos contrató, una agente de bienes raíces, quiere tener la mejor presentación posible, por lo que hemos revisado muy cuidadosamente todo lo que desea que se haga en los jardines. Cortar la grama, podar los arbustos y árboles, limpiar los canteros, sacar toda la hierba, marcarlos a punta de pala, y plantar una buena cantidad de flores.

Es un trabajo grande, por lo que hoy tengo un gran grupo de gente trabajando aquí: mi grupo, un trabajador del grupo de Norma, y otro trabajador extra.

No sé quién sea dueño de esta imponente, vistosa casa.

Dando vueltas alrededor de ella, revisando el trabajo y cuidando que no se rompan las cabezas del sistema de riego automático con las máquinas de cortar grama, de repente sale de la casa un señor.

- Are you the man in charge? (¿Está usted a cargo?) - me pregunta.

- Yes, sir. I am - y agrego (traduzco) - soy Juan, el dueño.

- Hi Juan. I'm Mr. S.

El señor me pide que trabajemos más tarde cerca de un ventanal porque su esposa está enferma y necesita descansar hasta más tarde.

Le digo que por supuesto no hay ningún problema en mover la gente a otra parte, ya que hay bastante trabajo para hacer en todo el día y el cambio no va a afectarnos.

Re-distribuyo el trabajo.

Al rato estoy caminando por la calle adoquinada, enfrente de la casa. Me llama mucho la atención ver este arreglo en esta urbanización, nunca había estado en otra así aquí en Texas, y me llama la atención que son adoquines de varios colores, lo que le da un aspecto mucho más atractivo y alegre a esta parte de la urbanización.

- ...¡Juan! - escucho a mi espalda.

- Oh! I'm sorry Mr. S. (¡Oh! Lo siento señor S.) - respondo, agregando - no le escuché, estaba distraído.

- Quería agradecerle su gentileza en mover su gente - me dice.

- No ha sido nada, señor S. - le respondo.

- ¿Está usted en algún problema? - me pregunta de pronto.

- Oh, no, no... - me atropello a responder algo sorprendido, y antes de que yo pueda agregar nada más me dice,

---

73

- Es que estaba observándolo desde mi casa... que estaba caminando de un lado al otro por la calle y pensé que tal vez algo le preocupaba...

- No, no, nada de eso. Gracias - y ya estaba por dejar la cosa ahí mismo cuando siento el impulso de contarle mi experiencia.

- Bueno, en realidad estaba pensando, meditando sobre una experiencia que tuve con Dios el 4 de Julio pasado, no muy lejos de aquí, en la esquina de Austin Parkway y el boulevard Sweetwater...

- Oh! Would you like to tell me about it? (¡Oh! ¿Te gustaría hablarme de eso?) - me invitó, para mi gran y grata sorpresa.

- Seguro. Es lo que realmente me agrada, Mr. S.

Y le conté por un largo rato.

Mr. S me escuchó detenidamente, alentándome a seguir cuando yo me detuve una vez porque creí que su silencio era, como en otros casos con otra gente, falta de interés y resignación a escuchar por amabilidad, y quise darle la oportunidad de terminar si él lo deseaba.

- Juan, ¿puedo pedirte un favor? - me pregunta cuando terminé.

- Por supuesto Mr. S. - le respondo preguntándome yo mismo que sería lo que querría pedirme luego de contarle mi experiencia.

- Pues, verás - me dijo.

Y ahora se explicó Mr. S.

Su esposa está enferma de cáncer terminal, está muy próxima de la fecha límite que le ha sido dada por el médico, y por eso están vendiendo la casa. Van a mudarse a otro sitio más pequeño y cerca del hospital. Ahora, lo que le gustaría es que yo le hable a la esposa de mi experiencia con Dios. Él cree en lo que le digo, y me dice que está seguro que su esposa se sentirá bien escuchándome también.

- Por supuesto que me gustaría hacerlo - le digo mientras comienzo a caminar hacia la casa.

- No, no. Yo voy a pedirle a mi esposa que venga a verte aquí - me detiene tomándome suavemente por el brazo, y agrega - espérala dentro de tu camioneta.

Mientras espero, agradezco a Dios por esta oportunidad para compartirle y pido por Su ayuda para hacerlo de la mejor manera posible.

Al cabo de un rato, veo salir de la casa a la señora, muy delgadita, vistiendo un vestido gris claro muy bonito abotonado al frente y que ahora parece quedarle algo grande. El señor S. la ayuda a bajar los escalones del frente y luego se retira hasta el umbral de la puerta de entrada, de espalda, sin dejar de observar a su esposa que se dirige hacia mí.

A paso muy lento la señora se va acercando. Es bastante mayor que yo, aunque no sé decir por cuánto más pues tiene el cabello muy blanco y muy ralo, quizás por efecto de quimioterapia. Se la ve muy pálida, apagada.

Intento bajarme para ayudarla, pero a través de la ventanilla opuesta a mí la señora me detiene diciéndome que no hace falta, que realmente desea hacerlo por sí misma.

Abre la puerta del lado del acompañante, me saluda, y comienza a entrar.

Aunque con cierto esfuerzo termina de entrar, se acomoda, me dice que le agradaría escuchar mi encuentro con Dios, y me agradece por aceptar hacerlo.

Le digo que yo soy quién le agradece a ella por escucharme, por permitirme compartir mi experiencia con ella.

Le cuento mi experiencia.

La señora me escucha un largo rato, y cuando termino, baja la cabeza y se queda, no sé si pensando o rezando. La dejo así por unos segundos cuando de repente me pregunta qué pienso de la muerte ya que Dios me dio nueva vida, como le dije.

- Mrs. S., es muy fácil decir lo que voy a decirle cuando uno no es el que está en su caso, pero debe creerme cuando le digo que no hay absolutamente nada por lo que usted deba temer.

—

75

Le tomé sus manos.

Le dije que nada va a ocurrirle, no hay lo que pensamos que es la muerte. Es simplemente pasar a otra manifestación de vida, y que Dios, estando presente en nosotros como le dije que Él mismo me hizo saber el 4 de Julio, no va abandonarle cuando pase a otra manifestación. Debe creerlo, no debe temer nada pues nada le pasará. Usted verá a Dios, sentirá la Presencia de Dios a lo largo de todo el camino por el que va a pasar. No estará nunca sola. Dios va a estar junto a usted. Dios ya está en usted desde ahora, desde siempre.

La señora toma ella ahora mis manos y me dice que ella cree, "I believe you", que me cree lo que le digo, y agrega, "thank you, thank you Juan, from the bottom of my heart" (gracias, gracias Juan, desde el fondo de mi corazón), luego suelta mis manos, se extiende toda hacia mí, y me abraza.

Pese a su frágil aspecto, puedo sentir la fortaleza que Mrs. S. pone en su abrazo con sus delgados brazos.

Casi suelto mis lágrimas en este momento, lágrimas que desde hace rato que vengo deseando derramar para aliviar lo que he venido sintiendo todo este tiempo, y ahora, no sé por qué, me retengo de hacerlo.

Mrs. S. desprende su abrazo, se desliza por el asiento hacia la puerta, y la abre.

La señora comienza a bajar cuando su esposo llega a paso apurado para ayudarla a regresar a la casa. Mr. S. había estado todo el tiempo muy pendiente de su esposa.

- Gracias, gracias Juan - me agradece ahora Mr. S. antes de cerrar la puerta.

Los veo alejarse y siento una mezcla de pena por ambos frente a la circunstancia por la que están pasando, y una cierta alegría por otra parte, por haber compartido con ellos mi experiencia con Dios y lo que yo mismo entendí acerca de la muerte, que no hay tal cosa como eso. La señora se alejó algo mejor, visible en su aspecto facial, que cuando llegó.

Recordé claramente el pensamiento recibido la noche del 5 de Julio acerca de que la muerte no es sino una interfase a otra manifestación de vida.

Estamos en la gasolinera donde regularmente tomamos el descanso de mediodía para almorzar cuando trabajamos en los alrededores de esta área de nuestros servicios. Estoy descansando con los ojos cerrados escuchando la música de la radio.

De repente, cortan para pasar un reporte sobre los trabajos y la búsqueda de desaparecidos que se están llevando a cabo en los restos de las torres gemelas de Nueva York, las que fueron destruídas en el atentado terrorista del pasado día 11 de este mes, Septiembre.

Ahora no puedo evitar llorar.

No sé en realidad por qué lloro, pero siento como si de repente se hubiera abierto una válvula dentro de mí, y ahora me encuentro descargando las fuertes emociones que han estado retenidas por tanto tiempo, o las consecuencias de esas emociones pasadas.

Norma llega a mi camioneta y me ve llorar.

- ¿Estás triste por lo que pasó en Nueva York? - me pregunta tomándome de la mano. No puedo responderle de inmediato y ella insiste tal vez creyendo que no quiero hablar, pero es que no puedo hablar, y en voz entrecortada le digo que no puedo hablar.

Finalmente le digo que en parte sí, por quienes se arrojaron al vacío y por los que se quemaron vivos, y también por todo lo que hemos venido pasando ella y yo desde que ocurriera mi experiencia en el "infierno".

Creo que la alusión en el informativo a lo sucedido en Nueva York como el "infierno" de las torres gemelas abrió la válvula de descarga que yo venía necesitando.

Allí, dentro de la camioneta, nos quedamos Norma y yo tomándonos las manos por un largo rato hasta que es la hora de salir para continuar con nuestros trabajos.

....

Recuerdo el día 11 de Septiembre.

Estábamos trabajando, yo en la camioneta escuchando la radio mientras escribía algo, cuando de repente, era poco más de las nueve de la mañana, escucho algo acerca de las torres gemelas en Nueva York, que habían sido derribadas por dos aviones.

"¿Qué?... ¿Derribadas por dos aviones?", me pregunté a mí mismo. ¿Qué... qué es lo que está diciendo esta gente? Bajé de inmediato, crucé la calle y fui a tocar la puerta de la casa del cliente al que le estábamos trabajando, para preguntar si era cierto lo que acababa de escuchar o si yo había entendido mal.

Me abrió la puerta el dueño de casa y, sin dejar de mirar el televisor de la sala, me invitó a pasar. Entonces vi las imágenes en la pantalla del televisor. Pues, era cierto, yo había entendido bien la noticia. Finalmente el señor se volvió a mí para decirme algo, y vi que tenía el rostro desencajado.

Me fui cabizbajo pensando en cómo era posible eso.

....

Una mañana temprano, al ir manejando la camioneta, miré el sol que todavía estaba bajo.

Yo iba solo.

De repente, algo espiritual me envolvió todo dentro de la cabina y me llenó de un profundo sentimiento de paz.

Manejando, sin detenerme, no pude contenerme y lloré abundantemente de pura felicidad.

Mi llanto me supo muy diferente al de hace dos o tres días atrás cuando tanto necesitaba aliviar mis emociones retenidas.

Sigo viajando por el universo con mi mente.

Fuera de nuestro dominio material, el universo es explorable con la mente.

Ya he aprendido a llegar hasta sus dos límites que la ciencia no ha reconocido.

Más adelante, entiendo cómo se cierra un planeta, una nuclearización energética como nuestro planeta Tierra, y entonces compro todo para hacer un modelo magnético para generar una analogía del campo gravitacional. Sin embargo, luego entiendo que puede haber una distorsión de la aplicación, por lo que decido no llevarla a cabo y en cambio la describo y me deshago de todo lo que había comprado.

Compro muchos libros de cosmología [que finalmente muy poco usaría]. Quiero saber de las incógnitas del universo todavía no resueltas por la ciencia, para hacerlas parte de mi trabajo de exploración puramente mental.

No cesa el flujo de orientaciones desde el universo, desde la *Casa de Dios.*

Comienzo a asomarme al alcance real de Dios, a la Realidad Absoluta del proceso existencial consciente de sí mismo, y la función del universo, nuestro universo, en él, pero necesito revisar muchas cosas todavía, entre ellas, la naturaleza de la energía. *La energía es un efecto.* Algo genera la energía.

Comienzo a darme cuenta que nuestra mente es parte de la mente universal, del proceso existencial consciente de sí mismo, Dios.

Se han reducido las fallas en los pulsos de mi corazón.

Todavía tengo los estallidos en mi cerebro, los cortocircuitos, ¡shaaaack!... ¡shaack!... suenan dentro de mi cerebro como unos latigazos. Son verdaderos chasquidos eléctricos. Estoy convencido que es algo que tiene naturaleza eléctrica. Tiene algo que ver con re-distribuciones energéticas o reconexiones neuronales.

—

Pasaron un par de meses.

Los cortocircuitos en mi cerebro son cada vez menos frecuentes y menos intensos. De alguna manera los extraño como eran al principio, aunque a veces me asustaron. No quiero perderlos. Vienen siendo mi contacto presente diariamente con la Manifestación de Dios. Los tenía principalmente durante las noches, particularmente al despertarme, y cuando dormitaba en mi camioneta, en el descanso del trabajo. Otras veces, mientras manejaba, se presentaba una suave onda que de pronto se cruzaba dentro de mi cerebro. Yo la sentía ¡antes de aparecer en mi mente!, no sé si lo describo bien, sentía su aproximación, no sé cómo, y luego veía a la onda como una sombra que cruzaba mi mente; y así es como continúo experimentándolo hasta hoy, aunque muy esporádicamente.

Me gustaría ir a las montañas.

La montaña me estimula, el mar me adormece.

Si fuera al mar creo que entonces aprovecharía a dormir, pero ahora quiero reflexionar. Ya descansaré más adelante. El arrullo del mar es diferente al silencio de la montaña. Me gusta el contraste entre las montañas y el cielo. Prefiero difrutar del agua de los ríos a la del mar. La monotonía de las olas es muy calmante, relajante, y no creo que estimularía esta necesidad de reflexionar, de interactuar con Dios, con el universo, que ahora tengo.

La experiencia de la Luz en mi cerebro.

Estoy acostado, tratando de conciliar el sueño, cuando de pronto una intensa luz blanca inunda mi cerebro ¡encandilándome dentro de mi cerebro! La veo. No veo la fuente, solo veo que me encan-

---

dila una intensa luz que me llena. Todo mi cerebro se inunda de una intensa luz blanca, pero no pierdo mi capacidad de pensar si me pongo a hacerlo, pero ahora solo deseo disfrutar este espectáculo que tengo en mi cerebro y de alguna manera me pongo simplemente a "observar" la luz. ¡Yo veo dentro de mi propio cerebro! De repente, como vino, la luz se "apaga", se desvanece. Ha sido una experiencia fantástica.

En varias otras oportunidades tengo esta bella experiencia.

A veces es una luz muy amarilla, puedo seguir los rayos que se cuelan entre los edificios y llegan a una concurrida calle sobre la que fijo mi "vista" dentro de mi cerebro. Si trato de seguir los vehículos, la luz se atenúa, de manera que mantengo mi atención sólo en los rayos de luz y la esquina desde la que ellos vienen.

La Re-Definición
de Mí Mismo

Mi experiencia íntima con Dios es el nuevo marco de referencia frente al que debo reconocerme y definirme.

¡Yo llamé a Dios!

- ¿Tú... tú llamaste a Dios? - me pregunta un cliente que quiso saber más de mi experiencia con Dios, sin ocultar su sorpresa en su rostro.

- Sí, yo quería... - comienzo a responderle, y antes de que yo pueda agregar nada más él me interrumpe mientras se toma el mentón con su mano derecha,

- ¿Cómo...? ¿Cómo es eso... que tú llamaste a Dios?

- Sí. Fue cuando me reconocí eterno y me puse a buscar qué sustenta la eternidad... el mecanismo... Allí fue que, sin yo saberlo entonces, llamé a Dios, toqué a las *"Puertas del Cielo"*...

- ¡Ah, ah! Es una manera de decir... - suelta como aliviado ahora, y agrega - porque Dios no habla con uno, y no siempre uno obtiene lo que le pide o espera de Dios...

No respondo de inmediato. Me quedo pensando; luego de algunos segundos le digo que tengo que encontrar la manera de explicar cómo ocurrió todo, y me despido de él hasta la próxima semana.

Me doy cuenta que a pesar de mi absoluta convicción de que Dios fue Quién me orientaba desde los primeros días luego de mi reconocimiento frente a la eternidad, aún debo reflexionar para entender mejor lo que ocurrió y el mecanismo por el que se pone en marcha la interacción con Dios.

¡Tanto que deseo compartir mi encuentro con Dios!, y de repente me siento incómodo conmigo mismo por no haber sabido responder sobre lo que yo sé que ocurrió. "¿Cómo puede ser?", me reprocho a mí mismo.

"¿Quién va a explicarme esto?", me pregunto más tarde en la camioneta mientras sigo pensando en el intercambio con el cliente que buscó hablar de algo que yo tanto deseo.

"Dios. Sólo Dios puede orientarme sobre esto", me respondo, y al cabo de unos pocos segundos agrego que "obviamente, tengo que prepararme".

¿Por que Dios responde a unos y a otros no?

Muchos han recibido una respuesta, una acción de Dios, del proceso existencial, del universo, o de nuestro origen, el que sea que reconozcan, pero no siempre entendieron el mecanismo primordial por el que se genera o se "provoca" la respuesta o la acción de Dios, del proceso del que provenimos, y eso es lo que yo ahora deseo entender, que se suma a todo lo demás que ya vengo buscando entender.

Muchos, casi todos, pedimos algo a Dios en algún momento de nuestras vidas, pero no siempre experimentamos Su respuesta, acción, o intervención.

¿Por qué?

No lo iba a saber sino hasta bastante después. Todo depende del estado de la relación entre el individuo y Dios. Dios responde a todos. Pero solo entienden quienes están en un estado natural que permite el reconocimiento de la Presencia de Dios, de la intervención de Dios en un evento, de Sus orientaciones y, o estimulaciones, y esto, a pesar de que ¡el individuo ni siquiera sabe que está en ese estado! Es un estado de pulsación de la trinidad que establece y define al ser humano y que llamamos "hipersensibilización" espiritual, estado que todos podemos alcanzar por un proceso a disposición de todos. Referencias (1) y (2).

No, no sería fácil arribar a la respuesta, pero sí sabía cómo debía comenzar. Con Dios.

Todos los días hablo a Dios.

Hablo con Dios también con mis intenciones, con mis actos.

Todas las noches, al caminar con mi perrita Casey, mirando el cielo, las estrellas, voy hablando a Dios. Reflexiono, pienso, busco. Buscar es preguntar. Llego a conclusiones y examino mis resultados de frente a Dios, dentro mío, cuando voy caminando. Confío plenamente en que Dios está guiando mis reflexiones y vigila mis conclusiones porque yo he decidido hacerme parte consciente de Dios.

Sigo recibiendo orientaciones, continuamente, en el curso de mis reflexiones y durante la lectura de la Biblia. Entiendo ahora que estoy en un proceso de interacción con Dios que comenzó a desarrollarse desde mi acto de fe. Reflexionar en armonía con Dios es una manera de preguntarle a Dios, y Dios me responde. Anoto inmediatamente todas Sus respuestas, tal como yo las "traduzco" en línea, en mi mente, espontáneamente, a partir del lenguaje primordial que Dios usa en Sus sentimientos y conceptos primordiales en Sus pensamientos que recibo. Luego los trabajaré y lo que haya interpretado, entendido, lo comparo con las *orientaciones eternas* específicas que ya me dio. Obviamente, es un proceso de gran dedicación y mucha paciencia.

Tengo que re-definir fe. Ya lo haré.

Por ahora considero que mi acto de fe fue reconocerme *eterno* inespeculadamente, es decir, de alguna manera saber primordialmente que lo soy, y actuar buscando el mecanismo de la eternidad bajo esa orientación expresada en que *la vida tiene sentido porque es eterna*.

Mientras los muchachos están trabajando y yo soplando las hojas de los arbustos que acaban de podar en una larga cerca de la casa en la que estamos trabajando, estoy con mis pensamientos en la Biblia, ahora acerca de Abraham y la razón por la que Dios le pediría que sacrifique a su hijo Isaac, para luego detenerlo. No tiene sentido para mí esta historia. Dios es amor, es vida, entonces ¿cómo pediría Dios a Abraham que sacrifique a su hijo? "Aquí tiene que haber otra manera de entender esto", me digo. Abraham sabía, sin duda alguna, que era Dios con Quién él hablaba. Abraham tenía fe, pero algo entendió mal porque Dios es Espíritu de Vida y no puede negarse a Sí mismo pidiendo la vida de nadie, ni siquiera para probar la fe de Abraham como algunos explican. No. Dios no prueba a nadie porque eso sería también una negación de Dios.

« *Tú eres la Biblia* ».

Me asusto. ¿Cómo voy a ser yo la Biblia?

Sín embargo, esta orientación viene de Dios. Lo sé.

Sé que viene de Dios porque se imprimió en mi mente, pero me asusto porque pienso que puedo haber entendido mal.

Mientras sigo soplando, limpiando las camas llenas de hojas y llevándolas poco a poco hacia la esquina para recogerlas, entiendo qué quiso decirme Dios, y algo ocurre en mí que me confirma que acabo de entender correctamente.

« *Tu experiencia es la Verdad* ».

La experiencia que yo tuve de Dios es mi Verdad, mi "Biblia".

Todo lo que otros cuenten acerca de lo que yo pueda decirles de mi experiencia, serán luego sus interpretaciones, y nada más. La Verdad sigue siendo mi experiencia y no sus interpretaciones, porque a lo que yo les diga ellos re-interpretarán conforme a lo que crean que son errores en mí. Luego, con los recuentos contenidos en la Biblia pasó lo mismo. Las experiencias personales, íntimas, que ciertos hombres y mujeres tuvieron con Dios, son manifestaciones de la Verdad, de Dios, en ellos, y los escritos por otros no son sino las re-interpretaciones de esas manifestaciones conforme a las prácticas culturales de esos otros que escribieron.

Entiendo que las interpretaciones de las experiencias de otros pueden ser empleadas como motivaciones para la realización de la experiencia de Dios en uno mismo, que se hace posible *siguiendo las orientaciones primordiales* a las que hay que reconocer en esas experiencias tenidos por otros. Eso es lo importante:

---

reconocer las *orientaciones primordiales* y las equivocaciones, para crecer en el entendimiento personal, individual, y no estancarse en una interpretación limitada, condicionada culturalmente, a la que se toma como la Verdad.

Ahora entiendo yo que Abraham entendió mal a Dios cuando creyó que debía sacrificar a su hijo Isaac, y Dios, sabiendo la intención de Abraham, de "obedecer", seguir a Dios, lo detiene a tiempo. Abraham decidió obedecer a Dios, a Quien *reconoció en sí mismo, por sí mismo*, y no por tomar una interpretación de otros sino su propio reconocimiento, y decidió regir su vida por el reconocimiento de Dios y actuar en reciprocidad, respondiendo a la acción previa de Dios por la que le había dado a su hijo Isaac. Ahora Dios le "pidió", le sugirió que Le entregara su fruto como hombre, que Abraham entendió que era su hijo, cuando *Dios se refería al desarrollo de su consciencia*, la que es resultado o fruto de su desarrollo en armonía con el proceso existencial, con Dios. Abraham entendió "su hijo biológico", y obedecería sin objetar. Obediencia era la interpretación elemental de Abraham de la *armonía*, de la relación natural con Dios. Abraham no iba a hacer eso para obtener nada especial de Dios sino que lo hacía en obediencia a Dios, a la interpretación primitiva de la armonía. No lo hizo por miedo, ni para pedir nada a Dios, sino porque era lo natural en su relación íntima con Dios. Luego, Dios *respondió a la intención primordial* de Abraham, no a la interpretación cultural, y lo detuvo. Igualmente ocurrió en mi caso, cuando yo iba a arrojarme de cabeza por la escalera de mi casa pensando que yo debía responder a la acción de Dios, que yo le debía dar algo en reciprocidad a la manifestación de Su presencia en mí el 4 de Julio. Pero Dios me detuvo, por mi reconocimiento de Él en mí; impidió que me lanzara haciéndome pensar a tiempo que eso no era lo que Dios esperaba de mí, y que si lo hacía me mataría en la caída porque eso no tenía nada que ver con la "caída" desde la cerca de metal el 4 de Julio.

Sí, Dios me detuvo a tiempo aquella noche después del 4 de

Julio.

Dios envió el pensamiento que yo estaba equivocado, y mejor que me detuviera. Ya Dios me había detenido al tratar yo de quemarme los ojos en Greatwood, al preguntarme *"¿Por qué haces eso?"*, por lo que me di cuenta que no debía hacer eso.

Todos podemos entender a Dios.

Para ello, debemos establecer una *interacción voluntaria, íntima, consciente con Dios*, para lo que debemos buscar la armonía de nuestro desarrollo con Su presencia en nosotros, en nuestra propia trinidad. La armonía se establece cuando nos desarrollamos por las *orientaciones primordiales* desde Dios, en reciprocidad a la presencia de Dios que reconocemos por nosotros mismos, íntimamente, y no solo por lo que creemos de otros.

¿Por qué actuar en armonía con Dios?

Para desarrollarnos conforme a nuestro potencial y alcanzar la experiencia de vida a la que deseamos hacer realidad, en abundancia y felicidad en toda circunstancia de vida por la que tengamos que pasar en este mundo.

Yo no sabía esto todavía, pero en cambio sí *reconocía que lo que yo buscaba, que era rectificar y regresar a estar bien, a sentirme bien, dependía de mi relación con Dios*, de mi armonía con Dios, con Su presencia en mí que ya había reconocido en el alma pero frente a la que todavía no actuaba consistentemente con mi identidad temporal cultural.

La reciprocidad que Dios nos sugiere para mantener armonía con Él, es, precisamente, actuar siguiendo las orientaciones primordiales que son válidas para todos: *Somos Uno, Eternamente; la Vida, la consciencia de la existencia, es sagrada y es el propósito del Espíritu de Vida, para disfrutar la existencia.* Actuando por estas orientaciones es que nos definimos espirituales, que somos Uno con la Fuente actuando como Uno con todas las manifestaciones de vida. *Espiritualidad es la vivencia por el sentimiento de la unión universal, y de la eternidad, la infinidad del proceso existencial*; es reconocer que somos parte de la Unidad Existencial y actuar conforme a ese reconocimiento.

Debemos entender la relación entre las orientaciones primordiales *Somos Uno, Eternamente,* con el *amor primordial* (no nuestras interpretaciones limitadas racional y, o culturalmente) y con la armonía. Para entender esta relación es necesario introducirse en el arreglo energético de la Unidad Existencial, que es Dios. Este arreglo es el *Modelo Cosmológico Consolidado*, referencia (1). Al entendimiento llegaremos por un proceso de consolidación, de integración o asociación, coherente y consistente, de toda la información existencial desde ambos dominios de la existencia, material y espiritual, sobre el modelo de distribución de esa información que es, precisamente, el *Modelo Cosmológico Consolidado,* y este modelo es el arreglo energético de las trinidades de Dios y humana, en diferentes escalas energéticas.

Siguiendo mis interacciones con Dios bajo las orientaciones primordiales, yo llegaría a reconocer más adelante a las *actitudes primordiales* (inicialmente las llamé *virtudes primordiales*) por las que nos ponemos en armonía con Dios; actitudes por las que yo ya estaba actuando (sín haberlo reconocido todavía) y por lo que mantenía las *"Puertas del Cielo"* abiertas para mí.

Las *actitudes primordiales* son las aplicaciones de las *orientaciones eternas* de Dios en nuestras vidas. Referencia (2).

Hasta este momento, todo lo que yo sabía e importaba frente a Dios, era que:

"Soy eterno, soy parte inseparable de Dios y lo que busque para crecer en consciencia, en el entendimiento de la existencia y mis equivocaciones frente a Dios, sólo puedo encontrarlo interactuando directa e íntimamente con Dios, y mi experiencia en el infierno es algo entre Dios y yo, no entre yo y el mundo. Lo que deseo alcanzar en relación con Dios depende de mi relación con Dios dentro de mí, no con la versión de Dios que tiene el mundo".

Acto de FE

Reconocimiento Primordial

Abrir las *"Puertas del Reino de los Cielos"* es abrir las puertas a otra dimensión de consciencia, de reconocimiento existencial, a otra realidad del proceso existencial, de Dios.

Abrir las *"Puertas del Cielo"* es abrir el flujo de información desde el universo, desde Dios.

Desde el momento inicial de mis reflexiones, una vez libre de perturbaciones, supe que yo hice un acto de fe.

Pero también supe que la fe a la que yo me refería no es el creer en Dios como se nos enseña desde que el ser humano comienza a percibir una realidad más allá de ésta en la que nos encontramos en este mundo. En cambio, lo que yo hice fue en realidad un acto de FE, de reconocimiento muy profundo, íntimo; no fue nada como simplemente el aceptar lo que otros dicen o creen.

Pude reconocer y definir mi acto de FE.

Sín embargo, también necesitaba redefinir la fe, las creencias, todo lo que se me había enseñado, ahora frente a la experiencia espiritual que constituye la verdad, mi verdad. Resumo parte de la extensa revisión a la que me entregué, necesaria para comenzar la interpretación de mi experiencia de Dios en mí.

FE. Acto de FE.

Hay una gran diferencia entre creer, o tener fe, y tener FE.

FE es un reconocimiento desde el alma; fe es creer, es aceptar lo que otros dicen en relación a las manifestaciones espirituales, a las manifestaciones en el dominio primordial de la existencia.

FE es el reconocimiento primordial que tiene lugar en la esencia del ser humano. Es el conocimiento del *alma*. *Alma* es uno de los tres componentes de la trinidad humana, del arreglo en tres dimensiones energéticas que establece y define al ser humano; los otros dos componentes son *mente y cuerpo*.

En cambio, fe tiene lugar en la identidad temporal, cultural, del ser humano.

Fe es cultural; FE es primordial.

Un acto de FE es cuando *reconocemos* que un evento, una manifestación existencial o algo que acontece en la vida, o una inspiración, proviene de Dios y *actuamos siguiendo ese reconocimiento*. Incluso, no necesitamos creer en algunas de las versiones racionales y, o culturales de Dios que prevalecen en las diferentes sociedades de la civilización de la especie humana en la Tierra, siendo civilización el modelo de asociación que sigue la especie en la Tierra; *solo necesitamos reconocernos como partes inseparables de la Fuente de la que provenimos*, cualquiera que sea la idea que alcancemos de ella por uno mismo, y no por inducción o enseñanza desde la consciencia colectiva de la civilización en la Tierra. Este reconocimiento nos va a abrir las *"Puertas del Cielo"*, lo que significa que a partir de él vamos a ir recibiendo información para crecer en consciencia, en entendimiento.

Nuestra idea de la Fuente, del Origen Absoluto del ser humano y de todo lo que es, todo lo que existe, nos es enseñada, o dejada de enseñar, directamente por nuestros mayores, padres, familia, sociedad, e inducida por la práctica cultural del grupo social al que pertenecemos. No es lo mismo reconocer por sí mismo a la Fuente, que aceptarla por la enseñaza y, o inducción cultural.

Cuando el el ser humano reconoce a la Fuente por sí mismo se establece una interacción particular, íntima, entre la Fuente y el ser humano, pues éste es una individualización de la Fuente, una *re-creación a Su imagen y semejanza.*

Solo hay una Fuente que es absolutamente incuestionable como tal: es la Fuente de Vida, sagrada, que también se reconoce como Espíritu de Vida, de la que somos parte inseparable todos, y por lo tanto, una vez reconocida, jamás actuaremos contra ella, contra la vida.

En mi caso,

FE fue el reconocimiento del alma: *soy eterno.*

Luego, el *acto de FE* fue la aceptación espontánea sin condiciones por mi identidad temporal cultural, *de la eternidad del universo*, de la eternidad de la vida, y por lo tanto, no solo de mi propia eternidad sino de toda la especie humana.

Soy eterno fue reconocimiento desde el alma; no fue creer, no fue esperar que ella fuera realidad, sino reconocer que es la realidad absoluta. Fue la expresión de saber, de tener FE, *conocimiento primordial.*

Realicé un profundo acto de FE luego, al buscar el mecanismo de la eternidad siguiendo el reconocimiento natural en armonía con la Verdad, aunque no fui consciente de ese acto de FE en ese momento.

La FE, el reconocimiento de la eternidad por el alma, estimuló mi preocupación íntima racional, en mi identidad temporal cultural, por el destino del universo en la eternidad.

El destino del universo es el destino de la vida misma.

Esta preocupación fue además una expresión inconsciente de unidad existencial: *Somos Uno.* Yo no fui consciente en mi identidad temporal, cultural, en ese momento, pero en realidad, estaba

---

buscando nuestro propio destino de la humanidad en la eternidad.

El universo es una colosal manifestación de vida.

Entonces, estaba reconociendo el destino, el lugar del hombre en la eternidad: simplemente, somos eternos.

No acepté la contradictoria conclusión de un artículo científico acerca de un destino absurdo del universo, de su expansión infinita en la nada, hasta desaparecer en la muerte eterna.

Era una conclusión de muerte. No tenía sentido. No importaba que estuviera previsto suceder dentro de billones de años; en la eternidad una cantidad de billones de años es ahora, ya mismo, es sólo un abrir y cerrar de ojos. Sí, cualquier cantidad racional de tiempo es un abrir y cerrar de ojos en la eternidad.

Estaba reconociendo, aunque inconscientemente, que el ser humano no muere junto a nuestro a arreglo biológico cuando esa muerte material ocurre. Muere el cuerpo, no el proceso SER HUMANO ni su individualidad.

Buscar nuestro destino en la eternidad es buscar nuestra relación íntima con la Fuente, no importa como le llamemos, Espíritu de Vida, Verdad, Inteligencia de Vida, Dios.

Veamos con algún detalle.

Inconscientemente estaba yo reconociendo la Verdad, Eternidad, uno de los atributos o características inherentes que definen a Dios. Los otros dos atributos son Felicidad y Amor. Dios es la fuente de todo lo que experimentamos; es la Fuente, Todo Lo Que Existe, Todo Lo Que Es, y ésta, la Fuente, se reconoce por sus atributos naturales: Eternidad, Amor y Felicidad. Dios, Fuente Eterna, nos hace eternos a nosotros, seres humanos, que somos Sus re-creaciones de Ella misma a Su imagen y semejanza, y reconocemos Su presencia en nuestro sentimiento de amor y experiencia de felicidad.

Inconscientemente, con esa íntima preocupación, verdadera manifestación espiritual, primordial, estaba expresando mi relación con Dios, y Dios respondió a mi "llamado", a mi reconocimiento. ¿Cómo habría Dios, la Fuente de todo lo que siento en el

---

alma, de ignorar mi reconocimiento? Al reconocer mi *eternidad*, uno de los atributos que define a Dios, yo estaba respondiendo a Dios, ¡a la Fuente, dentro de mí!, en el alma, frente a lo que Le negaba a través de ese artículo científico que no respondía a nuestra naturaleza, a nuestro origen eterno, divino.

Cuando manifesté mi reconocimiento primordial, también expresé una inquietud íntima, profunda, espiritual, por la que no tenía nada en mente excepto encontrar la razón para invalidar un destino absurdo que yo rechazaba sin más porque no era cierto, no podía ser, no tenía sentido. No estaba buscando nada más que entender el mecanismo de la Verdad, no la Verdad que ya estaba reconocida al aceptar eternidad. Solo deseaba encontrar el mecanismo que invalidara la inaceptable conclusión científica que negaba la Verdad, la eternidad. Era inaceptable porque no daba sentido a nuestra propia vida, no importa que tan lejos creamos que estamos frente a la eternidad.

[Más adelante sabría que nuestro universo decae y desaparece, pero al mismo tiempo que otro emerge y al que se transfiere la vida de éste, como ha venido ocurriendo por un mecanismo eterno hoy a nuestro alcance. Nuestro universo es parte de la Unidad Existencial cuya configuración y mecanismo de re-creación de sí misma está al alcance de todos en el *Modelo Cosmológico Consolidado*, modelo energético de la Unidad Existencial de la que nuestro universo es solo un entorno temporal].

Si la ciencia concluía contra mi sentimiento, entonces la ciencia estaba errada.

Lo que siento en el alma es la verdad.

Ciencia es solo el estudio sistemático para encontrar las relaciones causa y efecto de los fenómenos energéticos en nuestro universo, pero no es para postular una evolución del universo que contradice, no solo lo que se siente en el alma, sino también al *Principio de Conservación de Energía,* en el que se fundamenta todo el vasto conocimiento actual que posee la especie humana en la Tierra, tanto de la manifestación de vida en el planeta como de los fenómenos energéticos en el planeta, el sistema solar y el

—

universo [el entorno de la Unidad Existencial que se alcanza desde la Tierra].

Hice un profundo, primordial acto de FE.

Era mi reconocimiento que Dios esperaba por "diseño".

En realidad es por naturaleza; es simplemente así, por el que se inicia la interacción consciente entre Dios y cada uno de los seres humanos, *Sus re-creaciones de Sí mismo a Su imagen y semejanza*, Sus hijos.

Es el reconocimiento primordial que Dios espera de Su individualización cuando ésta está lista.

Busqué el mecanismo por el que tiene lugar la Verdad, la Eternidad, y la Verdad misma, Dios, Presencia Eterna, respondió.

Dios nos responde, siempre.

Ahora sé que Dios responde siempre a nuestros llamados de FE.

Dios nos lo ha prometido desde la eternidad. Dios jamás abandona a Sus hijos. Es el hombre quién se aparta de Dios al actuar en pensamientos y obras en desarmonía con el proceso existencial y su propósito primordial en nosotros.

En realidad, Dios nos responde siempre, siempre, incluso al obtener lo que "no Le pedimos", lo que no nos gusta, pero no entendemos lo que ocurre porque no somos conscientes de cómo funciona el proceso existencial, de cómo "funciona" Dios.

Dios espera que nos interesemos por saber, pero si preferimos seguir al mundo, entonces Dios respeta nuestra decisión. Seguir a la versión de Dios que tiene el mundo no necesariamente nos va a abrir las *"Puertas del Cielo"*. En cambio, todos, absolutamente todos, tenemos a Dios, o acceso a Él, desde nuestra esencia, dentro nuestro, en el alma, que es la interfase entre el proceso

SER HUMANO y el proceso existencial ORIGEN en el que nos hallamos inmersos y del que somos sub-espectros, individualizaciones. El alma es el sub-espectro de Dios sobre el que "coalesce" la energía que en partículas, átomos, moléculas de vida, moléculas ADN, células, conforma el cuerpo humano. Referencia (1).

Por nuestra desarmonía con Dios, con el proceso existencial, es que no podemos "sintonizarnos" para interactuar conscientemente con Dios, para reconocer Sus respuestas, acciones, estimulaciones, cuyas versiones ya presentes en nosotros son Sus sentimientos, y las experiencias de Sus aspectos en el ser humano son las emociones.

Al abrir las *"Puertas del Cielo"* con mi acto de FE, la información del universo, del proceso existencial, de la vida, comenzó a fluir hacia mí.

Los *super conocimientos* fueron el flujo de orientaciones bajo las que yo debía llevar a cabo el proceso racional para entender el mecanismo de la eternidad.

Re-definición de la fe

Revisión de lo que se cree

Luego de mi acto de FE, yo estaba recibiendo continuamente orientaciones para ir entendiendo el universo como la *Casa de Dios*, y también las orientaciones para entender la comunicación de Dios con nosotros, los seres humanos. Esas orientaciones no eran solo para comunicarse Dios con nosotros, sino ¡para establecer una interacción consciente!, entre Dios y nosotros, entre Dios y cada uno de nosotros, íntimamente.

Yo no encontraba en la ciencia ni en la teología, debido a la falta de orientaciones consistentes y coherentes con respecto a la relación entre Dios, el Origen Absoluto, el universo, la eternidad, las leyes universales y la consciencia de sí mismo del proceso existencial, algo que sentía que me faltaba para ir armando una estructura de información coherente y consistente con las orientaciones que yo estaba recibiendo de Dios. Había algo muy profundo dentro de mí que de alguna manera me decía que tenía que revisar algo en lo que yo creía, tomaba como cierto, pero yo todavía no podía definir qué era exactamente. Todavía apuntaba hacia la ciencia, la energía, la luz.

Finalmente me di cuenta.

Necesitaba re-definir mi fe, lo que creía acerca de Dios para ubicarme correctamente en mi búsqueda del entendimiento de lo que había ocurrido.

Yo me había definido frente a la eternidad,

Yo soy eterno,

pero tenía que definirme mejor frente a Dios, y para ello necesitaba reconocer mejor a Dios.

Inicialmente yo no había reconocido a Dios como la fuente de los *super conocimientos*, aunque sí sabía que ellos no provenían de mí. Todavía mantenía "separado" al universo de Dios. Algo más adelante, era muy confuso mi reconocimiento de Dios como la Unidad Existencial, y cuando comencé a trabajar mentalmente sobre ello, consideraba que la Unidad Existencial era el universo, cuando el universo es un entorno temporal de la Unidad Existencial.

De manera que decidí revisar, antes que nada, qué entendía yo de Dios hasta ese momento.

¿Por qué?

Si yo me reconocí por mí mismo frente a la eternidad, por mi alma, y mi identidad Juan, temporal, cultural, aceptó ese reconocimiento y comenzó a buscar el mecanismo de la *eternidad, que es un atributo de Dios, una característica de Dios*, entonces ahora debía hacer lo mismo en relación a Dios, mi Fuente, mi Origen, el Origen de todo, *cuyo atributo es la eternidad*. Debía buscar lo que creo, lo que tengo de Dios en mi estructura de identidad temporal, y compararlo con la experiencia que tuve de Dios, para identificar desarmonías y luego poder establecer una interacción consciente con Él. En otras palabras, Dios es eterno, de acuerdo, pero ¿Qué es Dios? ¿Con Qué voy a interactuar que ahora le llamo Dios? ¿Qué fue lo que actuó sobre mí que yo reconozco como Dios?

Yo todavía le asignaba a Dios una estructura energética diferente a la del ser humano, inmaterial.

"Tengo que encontrar cómo ordenar mi revisión", me dije.

Si Dios me hizo consciente de mi desarmonía con Él, esa desarmonía reside en mi estructura de identidad temporal, y esa desarmonía se mostrará al comparar lo que creo de Dios con la experiencia que tuve de Él. La experiencia de Dios en mí es la verdad, es mi referencia frente a la que debo revisar todo lo que creo de Dios, lo que he venido aceptando en mi identidad temporal.

Como casi todos, hasta ese día del artículo en el Time, creyendo en Dios para mí Dios era un tópico, un tema para después de esta vida, aunque yo a menudo le agradecía por todo lo que disfrutaba en esta vida. Pero entonces, luego del 4 de Julio, yo ya tenía la experiencia de Dios, en el presente y aquí, en la Tierra.

"Dios me tocó", es el reconocimiento desde mi alma. "Antes de ir a incursionar sobre el aspecto energético de Dios, voy a buscar entender a Quién me tocó. Su toque es una estimulación".

Sólo yo puedo "provocar" mi propio entendimiento, nadie más, con mi decisión de hacer lo que tenga que hacer para ello. Voy a buscar entender a Dios, dentro de mí. Dios está en mí.

"¿Y las experiencias de los otros?", me pregunté a mí mismo una vez más.

Son motivaciones para explorarlas como manifestaciones del proceso consciente de sí mismo del que somos partes inseparables en otra dimensión energética. Yo tengo que entender mi propia experiencia. Mi experiencia es una estimulación particular de Dios para mí.

Entonces fue que decidí tener una entrevista con un sacerdote católico de la Iglesia La Sagrada Familia, en Stafford, no lejos de casa. Elegí un sacerdote católico influído por mis propias bases culturales. Iría a lo conocido.

Necesitaba hacerlo.

Quería ver qué creía yo, qué aceptaba yo de lo que el mundo dice, de lo que la iglesia dice a través del sacerdote, ahora que yo tenía una referencia primordial.

Quería participar mi encuentro con Dios a quién podría entenderlo desde el punto de vista de la religión. No buscaba interpretación sino intercambiar experiencias, las de un hombre entregado a estudiar a Dios, en realidad a estudiar las manifestaciones de Dios en otros, y compararlas con mi experiencia de Dios, mi Verdad. No buscaba saber si fue Dios, sino una manera de desarrollar el entendimiento de mi experiencia. Yo estaba muy claro en lo que buscaba, aunque confundido a menudo para lograrlo por mi torpeza aparente por las tantas cosas que tenía en la mente simultáneamente y no terminaba todavía de priorizar y ordenar.

Necesitaba revisar la armonía entre el conocimiento dado por mi experiencia y mi base cultural, la interpretación religiosa sobre la que fui educado, aunque de poca práctica por mí ya que desde muy joven estuve claro en mi postura de que la asistencia a un ritual no era lo que sentía que debía hacer. Ahora había algo más que yo necesitaba reconocer y definir, y éste lucía como el camino para comenzar.

"Tengo que revisar y redefinir mi fe, mis creencias, y voy a hacerlo", me dije una y otra vez, hasta que decidí dar ese paso. Y una y otra vez me repetía que esto no era para validar la acción de Dios. Quería estar seguro que Dios no la tomara como una decisión mía fundada en duda. "No, mi Dios, sólo quiero revisar lo que yo pueda abrigar que esté en desarmonía Contigo".

Tenía años que no pisaba una iglesia y que había dejado de cumplir con las obligaciones religiosas que se nos enseñan desde niños. Además de participar a algún sacerdote lo que me había sucedido, quería confesarme con él, reconocer mi error. Yo todavía creía que había ofendido a Dios, y deseaba hacer algo para indicar a Dios que ya había reconocido mi error y que eso no iba a ocurrir más. No iba a confesar como se nos enseña desde pequeños y poco hice en mi niñez porque nunca consideré que estaba actuando en desarmonía con mi corazón; no, yo quería mostrar a Dios mi disposición a reparar. Obviamente, estaba confuso en mi relación con Dios en mi corazón, con el Dios que leía en la Biblia, y con el practicado por quienes creen en Dios pero no actúan por lo que creen, y yo deseaba poner mi relación íntima, individual, en claro frente a Sus orientaciones que estimulaban mi revisión. Yo reconocía una clara gran diferencia entre el Dios vivido por Jesús y el practicado por predicadores y creyentes, y quería ponerme en claro con respecto a esto también. Me sentía muy identificado con Jesús, podía entender a Jesús más allá de las interpretaciones que leía en la Biblia, y eso me hacía asomarme a una mayor dimensión, alcance y propósito del encuentro con Dios el 4 de Julio.

No, no estaba buscando validar lo que yo ya sabía que había pasado. Nada ni nadie podría quitarme mi experiencia, mi conocimiento directo de Dios. Pero no entendía todavía el mecanismo de la interacción con Dios, ni la relación directa, íntima, particular, individual, que tenemos todos y cada uno, con Dios.

Yo todavía creía que realmente un sacerdote podría entender mejor a Dios simplemente por ser sacerdote, y eso me ayudaría a mí.

Me atendió el Padre Esteban.

Me escuchó atentamente.

No sé cuánto pude haberle dicho en una hora que estuvo escuchándome sin ninguna interrupción, y más bien animándome palmeando mi rodilla cuando intenté describir los detalles del "infierno" y buscaba palabras para describir lo indescriptible.

Me dijo que era obvio para él que Dios había estado conmigo, y me instó a reflexionar y encontrar el verdadero camino hacia Dios, y me recordó asistir a misa frecuentemente para desarrollar el contacto con Dios en la casa de Dios.

Me alegró escucharle decir que creía en la acción de Dios en mí.

Le dije entonces que estaba leyendo la Biblia y estaba tratando de entender mejor a la relación entre Dios y los hombres, los seres humanos, y conmigo en particular luego de Su presencia en mí.

Luego me tomó la confesión. Me dio la absolución.

Me retiré de allí algo mejor, sí, pero no satisfecho totalmente. Continuaba consolidándose en mí el reconocimiento de que se había iniciado una relación única, diferente, personal, entre Dios y yo, y cuando el sacerdote mencionó la casa de Dios no pude dejar de traer a mi mente la otra *Casa de Dios*, el universo, todo.

Yo esperaba entrar en una revisión de la apertura del *"Reino de los Cielos"*, de Dios y el Conocimiento, y el flujo de orientaciones eternas cuando me reconocí eterno, y luego a la relación entre la experiencia del "infierno" y el toque de Luz, Dios, aparentemente en conflicto, contradictorios frente a las interpretaciones de la religión. Sin embargo, no entramos en una revisión sino en una participación, reconocimiento de la Presencia de Dios el 4 de Julio, y la sugerencia de ir frecuentemente a misa y a la Biblia. En otras palabras, padre Esteban creyó, sí, que Dios me tocó, pero sólo me sugirió hacer lo que la iglesia le enseñó, que fundamentalmente es seguir, practicar un rito igual para todos, en vez de orientar hacia una interacción personal, íntima con Dios para buscar las respuestas en Dios, no en la Biblia, y para buscar la relación particular entre Dios y cada uno de nosotros. No entramos en detalles en ninguna de las acciones de Dios ni de las *orientaciones eternas* que me dio.

Todavía buscando mi camino particular frente a Dios, fui a la iglesia por tres o cuatro fines de semana.

Comulgué en una ocasión. Me confortaba ir a la iglesia porque podía rezar, hablar con Dios de una manera más "cercana" a Él, y así lo sentía en esos momentos. En realidad estaba solo allí, frente a Dios en mi corazón, lejos del trabajo y de todos y cualquiera que me distrajera de reflexionar. Yo no seguía el rito del sacerdote. Tenía mi mente muy lejos del servicio, pero sí me gustaban los cánticos; la música me transportaba a otra parte. Me quedaba sentado por un rato después que el servicio terminaba; a veces el sacerdote venía a preguntarme si necesitaba algo, otras veces era para decirme que ya debía cerrar la "casa de Dios". No me gustó eso de cerrar la "casa de Dios", aunque entiendo el mundo en el que vivimos y lo hace necesario.

Un día que fui a misa y llegué algo más temprano, vi y copié una reflexión que me gustó muchísimo. Estaba en línea con una orientación de Dios que había recibido.

" No existe esa tal cosa, la muerte. En la naturaleza nada muere. Por cada triste recuerdo de algo que se va, alguna nueva forma de vida tiene lugar ".

Charles Mackey, 1814-1889.

Pronto me di cuenta que necesitaba algo más que ir a la iglesia, algo más que asistir a unos ritos monótonos para aislarme y escuchar unos cánticos. No era suficiente. Algo faltaba, algo estaba incompleto. Yo buscaba una relación con Dios, una interacción consciente, íntima, particular. Definitivamente, en la iglesia no esba lo que yo buscaba.

Por esos días compré libros para leer acerca de las religiones, además de los que ya había comprado de cosmología, el universo y energía para reponer los que boté a la basura en uno de aquellos días de perturbaciones. Pero nunca pude leerlos, solo darles unas hojeadas. Comprendí que no debía hacerlo. Comprendí que yo debía reflexionar en armonía con Dios, con Su presencia en mí, a partir de la experiencia de Dios en mí y Sus orientaciones, sin otros medios o fuentes que no fueran aquéllas que Dios mismo me proveía. Dios es la Fuente. ¿Por qué buscar en otra parte si ya tengo a Dios?

Sólo leo la Biblia. Ya tengo una edición en español que Omar me envió desde Denver. Pronto terminaré, completaré la primera lectura de la Biblia en mi vida. En la Biblia está el mensaje eterno de Dios. Lo que busco ahora en la Biblia es entender la razón de las diferencias entre lo que siento al leer y lo que se dice allí, para mejorar mi entendimiento del protocolo de interacción consciente con Dios.

Para entender los mensajes que dieron lugar a la Biblia, no lo que se ha interpretado y escrito, tengo que entender el lenguaje espiritual que usa Dios. Es algo que supe por Su orientación desde el momento en que quise entender Sus mensajes del 4 de Ju-

105

lio. Por ejemplo, Dios me dijo « *No necesitas instrumentos* » cuando me dispuse a recoger mis lentes y audífono. Dios no se refería específicamente a esos instrumentos sino para llegar a Él. Dios emplea elementos del momento, al alcance nuestro para el momento en que nos toca, para transmitir Su mensaje para ese mismo momento, pero con validez eterna. No puedo entender la manifestación original en la Biblia si trato de leerla a nuestro modo, racionalmente, sin sometimiento al Espíritu de Vida por el que Dios mismo se rige. Debo recordar que Dios también es una trinidad energética, es la Trinidad Energética Primordial, que irá revelándose a Sí mismo a través de la lectura, nos irá haciendo saber qué tan genuina es nuestra actitud espiritual haciéndonos entender Su palabra "detrás" de los escritos, si seguimos al Espíritu de Vida. El Espíritu de Vida es la consciencia a nivel Absoluto del Proceso Existencial consciente de sí mismo; es la consciencia de Dios. ¿Qué tan genuinos somos cuando leemos para entender a Dios? ¿Estamos dispuestos a seguir a Dios o a una versión a la que esperamos, abrigamos en nuestra identidad temporal? ¿Leemos la Biblia para seguir la Biblia, o para estimular nuestros sentimientos y establecer una relación íntima, particular con Dios?

Finalmente entiendo que en la Biblia está la Verdad, pero no es la Verdad; la Biblia no es, como reclaman los religiosos, la Palabra de Dios.

La Biblia es una colección de versiones de interpretaciones culturales de orientaciones espirituales, de manifestaciones de Dios a seres humanos que estaban en armonía con Dios. Las manifestaciones de Dios fueron la Verdad, no las versiones, no las interpretaciones, y mucho menos si fueron escritas por otros.

Dejé de ir a la iglesia absolutamente convencido, ya, de que mi búsqueda debía tener lugar totalmente dentro de mí, con la guía de Dios, también dentro de mí, en mi alma, en mi identidad natural, primordial.

Redefinición de la fe.

La redefinición de la fe no fue un proceso nada fácil, pues es revisar lo que se nos ha enseñado desde muy niños; es revisar parte esencial de lo que nos define, o lo que nos han enseñado que es por lo que tenemos que definirnos como seres humanos. Y se nos ha enseñado que quienes lo dicen tiene la Verdad o la mejor interpretación de Ella; consecuentemente, en cierta manera se nos ha enseñado a temer directa o indirectamente por habernos inducido dependencia de "quienes saben", y por cultivar en nosotros que el mundo, toda la civilización de la especie humana en la Tierra, no puede estar equivocado y por lo tanto tenemos que seguirlo, aunque no sea lo que realmente sentimos, lo cual genera los conflictos que hoy nos plagan. Se nos hace creer que frente a todo el mundo, si diferimos de él, somos nosotros los que estamos equivocados y no el mundo.

Si queremos realmente re-crearnos frente a Dios, regresar a la armonía con Dios, tenemos que redefinir nuestras creencias, y para ello, fundamentalmente, hacernos libres del mundo, de sus limitaciones racionales, de sus prejuicios y preconcepciones, y de sus prácticas culturales que nos "separan" de Dios, de la armonía con el proceso existencial del que provenimos.

Si queremos re-crearnos debemos cambiar nuestra actitud hacia Dios y visualizarlo como el proceso existencial del que provenimos, en el que estamos inmersos, del que somos partes inseparables. Dios tiene una estructura energética real. Dios es Todo Lo Que Existe, Todo Lo Que Es.

Mientras temamos revisar lo que creemos, mientras temamos a Dios, mientras nos limitemos por temor, no podremos entender a Dios pues el temor nos impide reconocerlo.

No podemos entender lo que no reconocemos.

Aceptar la versión racional de Dios y, o las prácticas culturales, no nos van a abrir *"Las Puertas del Cielo"*. Nos lo dice constantemente el mismo proceso existencial que nos estimula por el corazón, por la esencia divina eterna del ser humano, no por la razón desarrollada en el ambiente social y sus prácticas culturales locales, temporales.

Ya vimos que redefinir la fe es revisar las creencias, lo que aceptamos de otros en relación a las manifestaciones espirituales, primordiales, y que la FE no es lo que se cree sino el conocimiento primordial, intuitivo, o el reconocimiento primordial por el alma, por la identidad natural del ser humano, la que se halla en contacto directo con Dios pues es de la misma dimensión energética que Dios. El alma es parte de nuestra trinidad cuyos otros dos componentes son *mente y cuerpo*, y nuestra trinidad es, a su vez, parte de la de Dios. Sobre la mente se desarrolla la identidad. Referencia (1).

Creer es solamente el *aceptar* la información o experiencias de otros, y eso no iba a llevarme a la Verdad sino lo que yo reconozca en el alma. Si quería entender lo que mi alma reconocía debía interactuar con la fuente de lo que yo reconocía en el alma. Si reconocía que era Dios, sólo interactuando con Dios es que yo iba a entender. Y ahora, no podremos entender esto sino hasta conocer la estructura trinitaria del ser humano y cómo se conecta con la trinidad de Dios. Referencia (1). No obstante, si seguimos las *Orientaciones Eternas de Dios*, si nos desarrollamos por ellas, podemos alcanzar la mejor versión de sí mismos y hacerla realidad sin necesidad de entender, y podemos regresar al estado natural del ser humano, felicidad, en toda circunstancia de vida. Referencia (2).

Veamos rápidamente lo que es creer, y reconocer primordialmente, en el proceso racional.

Creer, aceptar,
es una decisión racional, pensada, especulada en alguna medida, procesada frente a toda la estructura de identidad o de rela-

ciones causas y efectos y a los arreglos de información del proceso SER HUMANO; es la decisión que sirve de referencia para continuar el proceso racional en la orientación dada por lo que se cree o acepta.

El *reconocimiento* es primordial, es impensado;

se viene con esta capacidad con un nivel básico sobre el que la identidad temporal, cultural, se desarrolla por las experiencias en este dominio material de la existencia, a partir de la estimulación inicial desde la civilización y sus inducciones. Obviamente, la inducción cultural ocurre desde el nacimiento, por lo que esas influencias en el desarrollo de la identidad, en el arreglo de relaciones causas y efectos que la define, queda en su "capa" más profunda, y eso hace difícil reconocerlas como erróneas, cuando lo son, y removerlas. Esas inducciones temporales, culturales, se "entretejen", se modulan sobre la identidad natural sobre la que se desarrollan desde niños.

Creer, aceptar en la vida, es entonces, aceptar en relación a nuestra estructura de identidad temporal, cultural, y cuando se duda frente a una información en conflicto con ella, con la identidad temporal, cultural, ésta puede negarse a revisarse a sí misma por temor, lo que no le permite visualizar las consecuencias de no revisarse, y por lo tanto, de no rectificar. La consecuencia inmediata es "desconectarse" de Dios, y luego nos preguntamos por qué Dios responde a unos y no a otros. Si sintonizamos el canal *xyz* en la televisión, no podremos ver el programa que deseamos y que es ofrecido en el canal *abc* sino hasta que cambiemos la sintonía. Si deseamos "sintonizarnos" con Dios debemos hacerlo desarrollándonos por las *Orientaciones Eternas*. La decisión de hacerlo cambia el estado de pulsación de la trinidad energética que establece y define el proceso SER HUMANO.

Dios nunca nos limita o condiciona en nuestra búsqueda de la Verdad. Si nos equivocamos buscando la Verdad, la Verdad va a actuar para orientar el reconocimiento de nuestra equivocación. El proceso existencial consciente de sí mismo no va a dejar nunca a su individualización que busca "sintonizarse" con él. Si creemos lo contrario, si experimentamos lo contrario, es porque ya hemos decidido por otro camino y Dios respeta nuestra voluntad, nuestra libertad, nuestra decisión, *hasta que nosotros se lo hagamos saber* cambiando la decisión, y entonces Dios actuará. La "desconexión" con Dios continuará hasta que nos demos cuenta que estamos siguiendo una versión de Dios que no es, que estamos en un "canal" diferente. *Las experiencias de sufrimientos e infelicidades, la pérdida temporal del estado natural del ser humano, y el temor, son indicaciones de nuestra desarmonía con Dios*; y esas experiencias son también estimulaciones para buscar a Dios, a la versión absoluta, siempre al alcance nuestro, dentro nuestro, en nuestra esencia.

Re-creación de sí mismo de un proceso racional.

Creer, aceptar, es la referencia del proceso racional.

Lo que creemos es la referencia del proceso racional para llegar a una conclusión o al propósito para el que se sigue esa referencia.

No hay nada diferente en el proceso racional a un proceso de control energético, salvo que en el proceso racional tenemos control de complejas estructuras de información en lugar de energía, de estado de movimiento de partículas. Nuestra identidad es el algoritmo de control del proceso SER HUMANO consciente de sí mismo. Referencia (1).

Por lo que creemos, por lo que aceptamos, es que desarrollamos nuestra identidad temporal, cultural, la que tenemos hoy, que nos individualiza frente a los demás seres humanos que nos rodean. Es la identidad desarrollada durante nuestra niñez por inducción, influencia y, o enseñanza desde nuestros mayores, padres, maestros, y líderes de la sociedad a la que pertenecemos y en la que nos desarrollamos.

Luego, si vamos a revisar lo que creemos, es como re-crear nuestra identidad racional, temporal, cultural.

El ser humano tiene dos identidades: una *identidad espiritual*, primordial, la que trae al ser concebido y dado a luz en este mundo, y que luego se modifica, se modula por la *identidad racional*, temporal, cultural, su otra identidad que se desarrolla sobre la natural y nos limita o inhibe de reconocer nuestra propia identidad natural. No hemos entendido todavía nuestro propio arreglo energético trinitario *alma, mente y cuerpo,* que establece y define al ser humano, y menos las interacciones entre sus dos identidades: *la identidad natural, en el alma, y la identidad temporal, en el arreglo cerebral.* Las interacciones entre las dos identidades permiten el acceso al arreglo de consciencia del proceso existencial en el que estamos inmersos y del que somos partes inseparables, y tienen lugar en una interfase, o un medio energético, que define lo que ahora llamamos mente. Referencia (1).

Si lo que se cree es erróneo con respecto a la verdad, el resultado, que es la identidad o el aspecto de la identidad que se desarrolla siguiendo lo que se cree, será también erróneo con respecto a la verdad. Esto se entiende total y claramente una vez que entendemos los arreglos básicos de control. Por ejemplo, el control de temperatura de una habitación o un cuarto ya visto. Si se quiere en la habitación una temperatura de 20 grados centígrados, la referencia en el termostato debe fijarse en una señal que es equivalente a 20 grados centígrados. Si colocamos 27 grados como referencia no podemos esperar que resulte la temperatura de 20 grados en la habitación.

Definitivamente, ni redefinir la fe ni re-crearme a mí mismo fueron procesos fáciles. No fue difícil tomar la decisión de revisarme a mí mismo dada mi experiencia que me estimulaba hacia esos procesos, pero necesitaba entender a mi propia estructura trinita-

111

ria, de lo contrario ¿como esperaba re-crear algo que no conocía ni sabía como funcionaba?

Necesitaba revisar conceptos primordiales esenciales para entender nuestra naturaleza y la relación con Dios. Si somos hijos de Dios, Sus recreaciones, *Sus individualizaciones a imagen y semejanza*, entonces tenemos el mismo origen energético que Dios, y esto, otra vez, es algo casi blasfemo que inhibe a muchos... ¡a pesar de sus extraordinarios desarrollos intelectuales! El desarrollo intelectual no nos conduce necesariamente a la consciencia de Dios, del proceso existencial consciente de sí mismo, porque el desarrollo intelectual del ser humano tiene lugar en un sub-espectro temporal del espectro existencial eterno. El desarrollo intelectual tiene que seguir las *orientaciones eternas* para desarrollar la consciencia primordial. Referencias (2).

Consciencia.

Llegar a mi entendimiento de lo ocurrido con Dios, de mi experiencia con Dios, era desarrollar mi *consciencia de Dios* y mi relación con Él, con el proceso del que provengo y que sustentó la experiencia por la que pasé.

Consciencia es el resultado de un complejo proceso de comparación de estructuras de información y experiencias, tanto individuales, las mías, como colectivas, vinculadas en un arreglo con una particularidad que definimos como *identidad*, que tienen lugar en diferentes constantes de tiempo, y con una característica de interacción que llamamos *armonía* entre las informaciones en los dos dominios de la existencia: material y primordial (espiritual).

Usualmente consideramos a nuestra consciencia como nuestro reconocimiento de sí mismos y del ambiente que nos rodea. Pero, una cosa es *reconocimiento* de sí mismo y del ambiente que nos rodea y en el que estamos inmersos, y otra cosa es consciencia como *entendimiento del reconocimiento*. Reconocemos que recibimos manifestaciones espirituales, tenemos consciencia en un nivel, pero no entendemos el mecanismo si no desarrollamos el nivel de consciencia para entender, y esto solo puede tener lugar por uno mismo, si seguimos las referencias adecuadas, en armonía con el proceso que nos permite consciencia, el entendimiento.

Revisar lo que se cree requiere un gran coraje.

Revisar lo que se cree es revisarse a sí mismo; es lo que entiende la identidad racional temporal cultural, y por lo que entonces se resiste a lo que habrá de afectarle y por eso se niega a seguir la estimulación desde el alma, que es la identidad natural de referencia primordial del proceso racional temporal, local, cultural.

Revisar lo que se cree requiere determinación y dedicación, gran esfuerzo y tiempo, una vez que con coraje se toma la decisión de revisarse, ¡de revisar aquéllo por lo que se define!

Veamos algunos aspectos de la revisión de mis creencias con respecto a Dios, las que comenzaron básicamente con los aspectos usuales comunes a todos, con las preguntas que venimos haciéndonos desde que la especie humana "apareció" en la Tierra. Una revisión más exhaustiva se ofrece en la referencia (2).

Dios es amor.

¿Por qué temer revisar lo que creemos de Dios si temer se opone al amor?

Nos han enseñado a temer el dudar de Dios, pero aquí no hablamos de dudar de Dios sino de revisar lo que entendemos de Dios. Dicho sea de paso, el dudar de Dios, de la interpretación racional cultural de nuestro Origen, no va a causarnos nada malo en nuestra relación con Dios si lo hacemos buscando la Verdad. Dios mismo, el Origen, no la interpretación, nos ha dicho que la orientación fundamental que nos conduce a la Verdad, al Conocimiento, a la consciencia de Su presencia, es el *amor primordial* (no la versión racional, cultural de amor).

« Al Conocimiento se llega a través del Amor ».

Amor primordial es aceptación incondicional, irrestricta, indiscriminada, de todo lo que existe, todo lo que es, ya que todo lo que existe, todo lo que es, es parte de la Unidad Existencial.

Dudar es parte del proceso universal de conscientización.

¿Por qué Dios, el proceso existencial, habría de limitar los caminos que elijamos para llegar a la Verdad, a Él?

¿Conocemos la estructura energética de la Unidad Existencial, Dios, la Trinidad Primordial que algunos describen como *Padre, Hijo y Espíritu Santo*?

No.

Entonces, ¿por qué temer el buscar conocer a Dios, además de entenderle, si Él quiere y nos estimula a que sepamos de Él? No nos convencemos que no hay que temer a Dios. El mismo temor nos impide dejar de temer.

Dios es la Realidad Absoluta.

Dios es la consciencia del proceso existencial; luego, es el estado de consciencia final al que llegan Sus individualizaciones de Sí mismo, los seres humanos, ¡con cuya interacción es que se sustenta la consciencia! Entonces, ¿por qué habría Dios de limitar al ser humano en su deseo de saber, conocer, entender, si todo esto es parte inseparable de Dios, es parte de lo que Le define?

Tampoco entendemos todavía que a Dios no llegamos por la obediencia sino por el amor.

¿Acaso tememos a nuestra madre?

A nuestra madre le obedecemos porque tememos las consecuencias que desconocemos de lo que hacemos, pero no le obedecemos por temor a ella cuando la relación madre e hijo es correcta en relación al proceso existencial.

Obedecer implica temor.

Obedecer es una concepción racional limitada que proviene o se deriva del concepto primordial de la armonía natural.

Temor y amor son excluyentes para llegar al entendimiento y la experiencia de Dios en sí mismo.

¿Acaso no nos lo enseñó Jesús al no temer a la muerte ni al dolor al que lo expusieron quienes se consideraba interpretadores y custodios de la "Palabra" de Dios?

"¿Por qué yo?"

¿Por qué me sucedió a mí esta experiencia espiritual?

Fué una pregunta de muy corta vida que planteé al principio de mis reflexiones, entre las tantas otras cuyas respuestas deseaba.

No me pregunté nunca esto por mí mismo. Planteé esta pregunta para buscar entender el mecanismo de la interacción con Dios y así responder a quienes me preguntaban, o más bien me cuestionaban una supuesta preferencia de Dios en Su acción en mí, que yo jamás sentí como preferencial por sobre los demás. "¿Por qué a tí?", me retaban a responder. Para ello debía buscar en, y con Dios, y lo hice como hago siempre, preguntándole a Dios, seguro de que Dios "lee" la intención de mi pregunta, que no es porque yo fuera especial sino, precisamente, para mostrar a todos que está al alcance de todos, que ha sido previsto alcanzar esta experiencia por todos, si lo desean.

Finalmente entendí por qué no hay ninguna elección de Dios como nosotros la definimos.

La elección no la hace Dios. Ya se ha hecho en la eternidad. La elección no es tal sino que es parte del mecanismo

del proceso eterno, el que solo puede llevarse a cabo de una manera.

Cuando *actuamos de acuerdo* a lo que es por "diseño" existencial, entonces Dios nos responde, nos confirma. Por lo tanto, tal "elección" *es por nuestra decisión*, aunque seamos inconscientes del resultado de la decisión.

Gracia de Dios.

No alcanzamos algo por la gracia de Dios preferencialmente. No. La gracia de Dios ya ha sido concedida a todos desde el instante de nuestra concepción en la eternidad, y si no disfrutamos de ella es por nuestras acciones inconscientes. Una vez que buscamos la armonía con Dios regresamos a la gracia de Dios, quedamos otra vez bajo la gracia de Dios que "perdimos" cuando dejamos de seguir las orientaciones eternas para experimentar la vida. Las orientaciones eternas son: *Somos Uno, Eternamente*, que se expresa en *amor primordial*. La aplicación de estas orientaciones se tratan en las referencias (2).

Los ritos.

Los ritos religiosos no son importantes para expresar nuestra relación con Dios. Dios no necesita ritos. Dios no necesita sacrificios inútiles. Dios no sugiere obediencia sino armonía que se expresa en el amor primordial durante todo instante del proceso vivencial.

No son los ritos los que nos conducen al Dios verdadero, único. Son nuestros actos, todos, los pensamientos, palabras y acciones en conformidad a nuestro reconocimiento de Dios, y éste es el Dios Único cuando Le mostramos en los pensamientos, palabras y acciones sobre todos nuestros hermanos, semejantes, que son Sus re-creaciones a Su imagen y semejanza.

Mostrar a Dios Único es vivir a Dios Único en nosotros.

Ya reconocí que solo hay una Fuente que es absolutamente incuestionable como tal.

Es la Fuente de Vida, sagrada, de la que somos parte inseparable todos, y por lo tanto jamás actuaremos con ella, contra la vida.

La raíz del problema del hombre, del ser humano.

No existe el demonio.

Hay fuerzas del mal, que son generadas por los seres en desarrollo de consciencia, los que al cometer acciones temporales en desarmonía con el proceso existencial generan desviaciones temporales en las estructuras de identidades individuales y colectiva que nos afectan.

La raíz del problema del hombre, del ser humano, de la especie con capacidad racional y consciencia de la misma, es su desarmonía con Dios, su "desconexión" con el proceso existencial.

¿Por qué el mundo es como es entonces, si no hay ningún demonio al que cargarle la culpa?

Hay una razón muy simple.

Porque no nos desarrollamos por amor primordial.

Al no desarrollarnos por el amor primordial nos "separamos" del proceso existencial, de Dios, o dejamos de estar en armonía, por lo que se generan fuerzas que distorsionan la relación natural entre individuos. Esas fuerzas se anulan inmediatamente con la acción de regresar a la armonía. Referencia (2).

Nosotros somos un proceso de intercambio de energía dentro de nuestra trinidad humana, y el intercambio tiene lugar con la trinidad de Dios, con la trinidad del proceso existencial en el que estamos inmersos. *Amor, temor, interés, son estados de pulsación, de vibración, que generan fuerzas reales* en otra dimensión energética diferente a la de nuestro dominio material; son fuerzas que en vez de actuar sobre partículas lo hacen sobre complejas estructuras de información existencial y experiencias de vida en los arreglos de memorias. Nuestras acciones modifican esas fuerzas naturales de la estructura de identidad generando distorsiones.

Yo, Juan.

Frente al mundo, a la ciencia y la teología.

Tengo que revisarme a mí mismo también. Y lo haría a menudo. Después de todo, la desarmonía está en mí, en mi identidad temporal, cultural.

Tengo que comenzar por revisarme frente a mi origen, Dios. Mi origen también está en mi identidad primordial, espiritual, en el alma.

Deseo revisar mis creencias, mis referencias de desarrollo, luego tengo que reconocer plenamente mi origen. Ya lo hice. Soy eterno. De acuerdo, pero ahora estoy en una manifestación temporal y tengo que entender cómo llegué aquí; tengo que reconocer qué me trajo a esta manifestación, cómo, y para qué.

Las respuestas de la religión son vagas cuando nos atrevemos a revisar si satisfacen o no lo que sentimos profundamente dentro nuestro. Por ejemplo, Dios nos creó siendo Sus hijos *a imagen y semejanza*, nos da deseos que son inherentes a nuestro arreglo biológico, que son naturales y esenciales, como el deseo sexual, y luego las religiones en general, unas más, otras menos, lo hace pecaminoso, y hasta sucio. En otras palabras, el hombre, el fruto de Dios... ¡hace imperfecto a su Creador!, a Quién ya le ha reconocido como Perfecto. Por una percepción equivocada del deseo, el hombre hace imperfecto a Dios en sus prácticas. No tiene sentido. Luego, porque no pueden explicar los religiosos lo que no saben y por eso temen, inventan un demonio del deseo, ¡cuando el deseo proviene de Dios!, del proceso existencial que requiere seguir un mecanismo energético que sirviendo a la eternidad por un lado, por el otro produce la experiencia primordial del placer biológico, parte del disfrute y el bienestar, la felicidad humana.

No tiene sentido ninguna teología con esta falta de coherencia.

Si queremos entender no podemos asumir y tomar la presunción racional como verdad. No se puede llegar a la Verdad negando la experiencia de la Verdad.

No, la teología presente no me provee las orientaciones que necesito para resolver, es decir, para entender mis inquietudes fundamentales. Solo tiene interpretaciones limitadas y premisas a partir de ellas que luego toma como la Verdad, lo cual no es realmente el problema pues es parte del proceso de conscientización de la especie humana. El problema es que luego imponen esas interpretaciones, o las han impuesto de manera que ahora son parte de instituciones que no se dejan revisar fácilmente a pesar de los efectos que observamos en nuestras experiencias de infelicidades y sufrimientos en nuestra civilización en la Tierra.

Vayamos a la otra aproximación racional para la búsqueda de la Verdad: la ciencia.

Hay que creer, de acuerdo.

Pero hay una realidad que nos rodea y es parte de otra, la realidad absoluta, la eternidad.

Entonces, ¿cómo se relaciona una con la otra?, lo que es preguntarse ¿cómo se relaciona Dios, la realidad absoluta, la consciencia de la existencia, con el ser humano que se halla en una realidad temporal?

Yo creo... No. Ya no creo sino que sé por experiencia que Dios y yo, Dios y los seres humanos mejor dicho, estamos en contacto directo, aunque no Le veamos, ¡pero le experimentamos en nosotros!, por lo que hay una conexión real energética. Entonces, no es algo de creer sino de saber, de tener Conocimiento, o como Dios mismo nos lo dice desde siempre, es cuestión de tener FE, no de creer (fe).

Obviamente yo soy, somos todos, resultado de un proceso que tengo que entender.

Ese proceso es evolución natural del universo, o creación por Dios. Pero si el universo es Dios, ¿cómo es que Dios evoluciona? pues, que el universo evoluciona, evoluciona; no podemos negar lo que experimentamos.

Resolví este aspecto, Dios Único, Origen Absoluto, pero no podemos cubrirlo aquí por su complejidad y extensión. En realidad no es demasiado complejo, sino que lo hacen complejo las distorsiones bajo las que hemos sido educados con respecto a la ciencia y la teología. Luego, en otra parte de este libro, adelantaremos un par de aspectos a los que muchos verán como demasiado revolucionarios, pero si queremos ir a otra realidad existencial tendremos que atrevernos a "saltar" a ella.

Ahora, para mí y definitivamente, estoy confirmando que ni teología ni ciencia cuentan con las interpretaciones que necesito para llegar a visualizar energéticamente a Dios y mi relación, nuestra relación de la especie humana y todas las manifestaciones de vida universal, con Él.

Venimos de un proceso, el que sea; luego, toda la información de ese proceso está en nuestro arreglo biológico. No puede ser de otra manera. El resultado de un proceso tiene información del proceso que le da lugar.

Dios es el nivel de Consciencia Universal hacia el que evolucionamos.

En las referencias del Apéndice II se revisan con más detalles los siguientes aspectos,

Dios es nuestro Origen, pero ¿cuál es la verdadera relación energética y funcional entre Dios y el ser humano en el proceso existencial consciente de sí mismo?

¿Quién es Dios Único frente a las versiones racionales y culturales que siguen las diferentes sociedades de la especie humana en la Tierra?

Yo, Juan.

Revisión de mi identidad temporal, cultural, y la relación entre mi desarmonía y la experiencia del infierno.

Antes de Junio yo estaba muy presionado por el creciente trabajo.

Es cierto.

Norma era quién recibía el peso de mi comportamiento impaciente e intolerante con el que yo manifestaba los efectos de la creciente presión por una gran cantidad de trabajo y las responsabilidades que acarreaba. Era cierto lo que ella reclamaba de mí.

Yo no tenía tiempo para mí dada la carga de las operaciones, el mantenimiento y la administración del negocio, y entonces me sentía molesto por eso, por no tener tiempo para mí y no encontrar ayuda, siendo este aspecto en parte mi responsabilidad por mi manera personal de conducir todo lo referente al negocio y no encontrar a alguien en cuyas manos pudiera poner algo de la carga de trabajo.

Yo quería seguir la construcción de la planta alta del taller, y no tenía tiempo. A este trabajo lo disfrutaba mucho a pesar del gran esfuerzo físico, porque era construcción, era algo creativo.

Quería seguir construyendo otros trailers para reemplazar a uno pequeño y dejar otro de respuesto, y no tenía tiempo.

Quería leer, y no tenía tiempo.

Quería ver televisión en la noche, y no tenía tiempo ni siquiera el fin de semana ya que hacía toda la administración el domingo.

Sí, hacíamos mucho dinero, pero a costa de no vivir realmente, de dejar de disfrutar la experiencia de vida.

A veces, cansado, hasta la más mínima cosa me molestaba explicarle a Norma.

Había una gran cantidad creciente de menudencias que tenía que atender, sin cesar, desde que ponía un pie dentro de la casa, dentro de la oficina; la sola vista de los numerosos mensajes en la máquina contestadora me alteraba, al igual que la correspondencia apilada siempre pendiente; los estimados para el fin de semana; pasar los trabajos diarios a la computadora; los dos perros por atender... Bueno, paremos de contar. Estaba siendo arrollado.

Confiaba en que tendría una solución, sí; pero mientras la solución que esperaba no llegaba, yo seguía siendo arrollado.

Estaba siendo fuertemente afectado y reaccionaba en una manera desgraciadamente muy común en nuestra sociedad, pero no por ello menos torpe e insensible para con Norma.

También venía abusando de beber cerveza durante los fines de semanas, y cada vez más durante la semana. Puedo decir que nunca tuve problemas de emborrachamiento ni en casa ni fuera de casa, y mucho menos manejando, pero era un abuso de bebida que con razón molestaba a Norma porque pudiera afectar mi actuación en el trabajo al día siguiente, y esos, su reclamos, me irritaban aún más a mí.

Todo esto era cierto.

Pero no era nada como para siquiera intentar justificar una experiencia espiritual como aquélla de la noche del 2 de Julio, ni la de la mañana del 4 de Julio. No. Absolutamente no. No fue un disturbio mental sino una experiencia espiritual. Algo en relación con Dios "provoca" la respuesta de Dios, o nos hace sensible a la Presencia de Dios.

El origen de la experiencia del infierno es otro, es espiritual. (Lo veremos algo más adelante).

"¿Ir al infierno es una experiencia espiritual?", me preguntaron. Pues, sí.

¿Acaso no ven que me movió hacia Dios, hacia el Espíritu de Vida?

¿Acaso hablo yo de esa desvastadora experiencia de alguna otra manera que no sea como la experiencia temporal, ilusoria, de ser privado del Espíritu de Vida?

El terror fue una advertencia por mi desarmonía con Dios. Pero fue una advertencia por amor, y nunca como un anuncio de un castigo que no tiene lugar junto a Dios.

Es a mí a quién le toca reconocer esa experiencia, no a nadie más.

Sería absurdo para mí poner en duda la Presencia de Dios en lo ocurrido el 2 de Julio. Dudar de la intervención de Dios es algo que jamás pudo cruzar mi mente. Sí entiendo que quienes no la hayan experimentado de la manera que yo la recibí puedan encontrarla difícil de aceptar, o que otros que han experimentado algo similar no pudieron crecer a partir de ella y se dejaron convencer que era producto de su imaginación o consecuencia de disturbios mentales por drogas, o, como alguien sugirió, no sin temor, "que era un anuncio del demonio", y se alejó de mí. Una vez ante la Presencia de Dios, ésta no puede negarse. Esto sí deben creerme, si pueden: no se puede negar a Dios una vez que Dios se manifiesta a Sí Mismo en uno,

« *El Espíritu de Vida no puede ser negado, ocultado* ».

Cuando realmente reconocemos a Dios, dejamos de preguntarnos si fue Dios. Y reconocemos a Dios Único si lo "aplicamos" en nuestras vivencias y relaciones con los demás.

La acción de mi encuentro con Dios el 4 de Julio fue diferente. Fue la confirmación por Dios mismo a mi reconocimiento de Su presencia en esa experiencia del infierno, como estimulador de un mensaje para mí en aquella noche del 2 de Julio.

Viéndome a mí mismo, un poco hacia atrás en el tiempo.

¿Cómo era yo antes del 19 de Junio de 2001?

Excepto mis seres queridos, quizás yo no he sido nada especial frente a los demás, pero me siento inmensamente afortunado frente a la vida. Doy gracias a Dios por mi experiencia de vida.

Siempre he creído en Dios. Siempre.

Creía en Jesús como nuestro Señor, y vagamente en la Virgen María como "Madre de Dios". Siempre porté un crucifijo. Uno pequeño, de plata, me acompañaba en mi cuello o en el bolsillo, en mis viajes. Era mi protección. Lo tomaba, lo apretaba. Pedía a Dios por Su protección por mí y los míos.

Hubo algún tiempo en que no creía en la eternidad, hace años. No sé cómo era posible creer en Dios y no en la eternidad, pero así fue por un tiempo. Últimamente yo expresaba decididamente que si bien creía en Dios no creía en las religiones de los hombres, en las interpretaciones del hombre. Tampoco veía ningún sentido en el rito de ir a la iglesia, confesarse, escuchar un sermón, comulgar, y luego salir y seguir con lo mismo; yo no veía un resultado de algún crecimiento hacia algo más por ir a la iglesia. Yo siempre he querido crecer, aprender, no quedarme estancado en una versión de la vida. Cuando fui a ver a un sacerdote hace poco, es porque necesitaba revisar, precisamente, estas ideas, y las reconfirmé luego de unas pocas semanas.

Sí, recuerdo cuando algunos años atrás expresé que creía que después de la muerte no había nada. También dije por un tiempo que la vida, nosotros, éramos el producto de un arreglo inteligente espontáneo. No obstante, nunca dejé de tener un crucifijo en la cabecera de mi cama. Nunca dejé de invocar la protección de Dios en mi mente, más cuando le necesitaba o temía algo, ¡a pesar de esa contradicción tan absurda acerca de la nada después de la muerte!, contradicción de la que obviamente yo no me daba cuenta. Reconocía constantemente que todo cuanto tenía se lo debía a Dios: mi fuerza de voluntad, habilidades, capacidad racional, la fe y el éxito en mi familia, en mi carrera, en mis mejores sueños cumplidos. Sobre todo en esto de los sueños cumplidos, sentía que Dios había estado siempre conmigo. ¿Por qué entonces aquellos serios disparates acerca de un arreglo espontáneo y la aseveración de que no nos esperaba nada al "otro lado de la muerte"? Creo que no estaba preparado. Yo era muy joven. Tenía toda la vida por delante. No creo que jamás antes de la lectura del artículo en la revista Time yo haya sido puesto en una encrucijada frente a la cuál reconocerme primordialmente. Llegado el momento, como ocurrió, me reconocería, me definiría. No estaba listo por aquellos tiempos para hacerme todas estas cuestiones que ahora puedo.

Si alguna vez reflexioné si daría mi propia vida por testificar por Dios, me planteé mis dudas. ¿Podría aceptar Dios que fallara en dar testimonio por Él si era para salvar a mi familia? Tal vez. Pensé que quizás se justificara negar a Dios en palabras frente a los hombres, en tanto Le mantuviera a Dios en el corazón guiando mis acciones hacia los demás.

Cometí faltas, errores; no muy serios, diría sin que quiera justificarme rápidamente.

Yo no me vi nunca afectando conscientemente a nadie para lograr algo que yo deseaba. Fallaba en otras cosas, sí, como por ejemplo, no tenía mucho remordimiento en tomar algo del sitio donde trabajaba para usarlo en algún proyecto personal sin fines de lucro, tal como una pequeña herramienta, un material o un componente electrónico. Contra una organización, yo no lo veía tan serio, aunque sabía que estaba mal. Tenía algunas fallas que eran producto del medio, de la actitud colectiva que era muy tolerante con esas fallas. Aunque consciente de que no estaba bien, la práctica generalizada atenuaba algún sentido de culpabilidad.

Siempre tuve consciencia de faltas mayores que no haría: robar, matar ni un animal, y era impensable que levantara falso testimonio en contra de nadie. No me sentía con capacidad moral para opinar sobre aborto. Creía que la pena de muerte se justificaba, pero nunca me había puesto a reflexionar seriamente sobre eso y lo que pensaba era producto de la inducción, la influencia desde la sociedad.

Tenía yo, sí, algunos aspectos muy bien definidos. Nunca causaría un daño conscientemente, menos intencional, a alguien en particular. Si algo estaba mal para mí que requería una acción que pudiera afectar a otro, yo no procedería a menos que advirtiera al potencialmente afectado o creyera que mi acción era inconsecuente; si no era así, yo me retiraría de la situación y buscaría otro lugar para mí.

Siempre fui respetuoso con mis padres y hermanos, con la familia en general, con todos.

Nunca tuve discriminación por nada contra otros.

Me creo desde siempre alguien confiable frente a un compromiso que asumo para con otra persona.

He sido siempre muy ordenado en todas mis actividades.

Tuve siempre una gran fuerza de voluntad y determinación para llevar adelante lo que fuera para mejorar, la familia y yo.

Siempre he trabajado duro. He sido siempre muy apasionado con lo que me hace sentir bien.

Nunca me gustó la violencia, las discusiones, los deportes brutos. Nunca me gustó estar envuelto en chismes, en discusiones irracionales. He sido siempre tímido, sin embargo, cuestionador de la autoridad de otros pero nunca conflictivo. Siempre he buscado razonar y sustentar mi posición y mis decisiones.

Fuí muy autosuficiente, y nunca busqué nada para mí a expensas de otros. Si tenía que elegir, prefería ser yo el que sufriera si no podía evitarlo para ambos. "Sufrir templa el alma" era algo muy consolidado dentro de mí, a pesar de que nunca he pasado por ningún sufrimiento.

Siempre me gustaron los proyectos, cosas nuevas en la vida.

Siempre tuve una clara capacidad de definir mis objetivos y tomar las decisiones para ejecutarlos, hacerlos realidad sin depender del apoyo de otros ni temerle al fracaso, o mejor dicho, yo no

---

126

pensé jamás en la posibilidad de fracasar en algo que me hubiera propuesto llevar a cabo.

- ¿Querés ser mi novia? - le pregunté a Norma cuando siendo un muchacho de apenas dieciocho años y ella dieciséis, me atreví finalmente a pedírselo.

- Sí - respondió Norma ruborizándose.

- Pero vas a tener que esperarme seis años hasta que termine la carrera (los estudios de ingeniería electrónica que acababa de empezar) - le dije sin titubear, a pesar de lo que me gustaba ella.

- Te voy a esperar. Sí - me aseguró.

Así fue en esa oportunidad, y siempre; ella acompañándome.

Norma fue mi única chica, y yo su único hombre. Crecimos en el mismo barrio, en la misma calle, en la misma cuadra; las casas de nuestros padres estaban una frente a la otra.

Tuve siempre gran capacidad para las críticas; nunca fui susceptible a los insultos.

Siempre he sido racional, calmado, muy reflexivo. He tenido gran tolerancia y paciencia, hasta que me vi abrumado con el trabajo en BCHS.

Jamás me gustó aprovechar la situación desgraciada de otra persona para sacar ventaja.

Tenía siempre buenas intenciones de ayudar a otros pero nunca encontré la forma de materializar ese deseo.

Nunca me gustó hablar en público. Era muy introvertido.

Jamás me gustó esconderme en tumultos para hacer nada dañino. Siempre he asumido mis responsabilidades.

Siempre fui solitario. No molestaba a nadie. Tampoco me agradaba mucho la compañía de los otros si no estaban en mi esfera de intereses; incluso, a veces, ni siquiera así. Yo le ponía mucha atención y dedicación a mi trabajo, tanto el que hacía para ganarme la vida como el que hacía por hobby. Dedicaba tiempo a la lectura. Por mis intereses es que descuidé, por otra parte, mis atenciones para con mi compañera. También descuidé a mis hijos en lo que respecta a la participación en sus actividades sociales escolares.

Me gustaba mucho, me gusta aún, y para ello siempre tuve tiempo, orientar, estimular, inspirar a otros. Esto es una pasión que siento muy profundamente, pero fallé, como dije antes, en extenderla más a mis hijos en sus actividades extras en la escuela.

Siempre me gustó viajar, conocer, explorar.

Retomando mi relación con Dios, y salvo algunas expresiones inconsistentes, sí, puedo afirmar que siempre creí en Dios.

Tuve algo primordial en el sentido de reconocer a Dios como la Fuente de lo bueno que hubiera en mí y que me ocurriera en la vida. Dios siempre me proveyó. Así lo sentía de verdad. Así lo expresé.

¿Fué algo primitiva mi creencia, en la práctica? Tal vez. Yo no creo que ni siquiera me haya preocupado alguna vez de entender realmente aspectos de fe y consideraciones racionales acerca de ella. Sólo quería estudiar para aprender lo que tanto me gustaba: física, matemática, geografía, geometría, y leer para viajar y conocer el mundo a través de la lectura; y Dios era algo natural en el corazón que no necesitaba "sacarlo" fuera de allí para los demás sino para mí mismo. Siempre fui muy reservado para opinar, cuidadoso con los demás, aunque actuaba por mis cosas sin dudar, conforme a lo que yo sentía.

Nunca me sentí necesitado de la ayuda de nadie. "¿Para qué?" me decía, agregando "yo tengo a Dios, la mejor ayuda".

Nunca había leído la Biblia en mi vida antes del 4 de Julio. No me gustaba mucho hablar de religión con nadie. No me gustaron nunca los predicadores que van de casa en casa, menos los fanáticos, pero jamás los traté mal; sólo les decía que yo ya tengo a mi Dios. Yo creía en Dios, sí, pero trataba más bien de vivir de acuerdo a mi corazón. No me gustaba que me impusieran nada en este particular.

Recientemente, junto a mis metas y proyectos de continuar en el futuro con algo mejor que el trabajar en las gramas, yo había escrito que deseaba desarrollar mi espiritualidad. Archivé ese proyecto para el día en que pudiera reflexionar y escribir.

Esto era lo que a grandes rasgos me caracterizaba antes de Junio de 2001 en relación a mi fe, mi creencia espiritual.

Hoy ya no creo. Ahora sé de Dios.

Regresando a la temporada de trabajo del verano de 2001.

Yo estaba muy afectado, sí, y crecientemente, porque me daba cuenta de que mi vida se consumía en un trabajo que me apartaba cada vez más de lo que realmente anhelaba, de lo que realmente me hacía crecer en mí mismo frente a mis estudios, a mi profesión, en mis deseos por superarme como individuo. Estaba consumiendo toda mi vida en un trabajo sólo por dinero, por comodidades. Obviamente que necesitamos el dinero para vivir, pero yo me sentía atrapado haciendo algo que ya no necesitaba ni se justificaba, excepto por mantener un ritmo de vida que no me llenaba, que me hacía sentir vacío. No podía zafarme de la trampa en la que yo mismo me había metido. Es lo que sentía y expresaba. No podía dejar la fuente de nuestros ingresos. No supe visualizar alguna otra opción inmediata. No fui capaz de tomar decisiones drásticas para reducir el trabajo a otro nivel manejable. Fui débil.

Pero nada de estos aspectos del estado de mi identidad temporal cultural fue lo que provocó la acción de Dios. A la acción de Dios se la llama o "provoca", por un acto de FE, y éste es la respuesta a un reconocimiento primordial que ahora veremos con algún detalle a continuación.

Oración

Comunicación e Interacción con Dios

«Tus mejores oraciones son tus actos en armonía Conmigo».

¿Para qué quiero comunicarme, interactuar con Dios?

La consciencia de Dios, el entendimiento de nuestro Origen, de nuestra relación con Él, y del propósito primordial de la vida y su realización plena, se desarrolla por la interacción directa, personal, íntima, con Dios, y no de otra manera.

Mis Interpretaciones

de los Hechos

Las interpretaciones que se ofrecen a continuación son resultados de un extenso proceso de interacción con Dios.

Enfatizaremos a menudo en lo siguiente.

Las interpretaciones iniciales estaban fuertemente afectadas por la influencia, la inducción cultural. Esta afectación introduce el efecto "filtro" en la estructura de identidad temporal cultural del individuo; es el efecto al que Dios mismo se refiere y nos dijo en boca de otros en el pasado, y al que le llamaron el "velo" que no deja ver la Verdad, la realidad existencial más allá de nuestros sentidos materiales que se alcanza a través de la mente. Veremos algo de esto más adelante.

Si deseamos correr ese "velo", tenemos que cambiar nuestra actitud mental.

Nuestro proceso mental tiene lugar en el dominio existencial al que llamamos y consideramos inmaterial; sin embargo, el proceso mental es el resultado de interacciones entre los componentes de un arreglo material, nuestro arreglo biológico, nuestro cuerpo, y de éste con otro arreglo en otra dimensión del proceso existencial. Esta otra dimensión considerada inmaterial tiene una componente en nuestro arreglo trinitario que nos define: es el alma.

Si no conocemos la estructura del proceso existencial consciente de sí mismo, de la que somos una imagen a otra escala, no podremos entender este efecto. Sin embargo, la ciencia ya tiene las herramientas para entender. Ahora vamos a continuar explorando el proceso de entendimiento al que fui llevado. Más adelante tendremos la oportunidad de introducirnos en la estructura energética del proceso.

Reconocimiento

de la Estimulación de Dios en mí

Todo se inició con mi reacción frente a un artículo científico que implicaba la "muerte del universo".

Veamos a continuación cuando ya fui capaz de "armar" la primera estructura de entendimiento coherente de los hechos que tuvieron lugar a partir de la noche en que leí el artículo acerca del universo en la revista Time del 25 de Junio de 2001.

Esta versión sería completada con Otros Libros, Apéndice II.

Ya hemos venido hablando algo acerca de las interpretaciones de los hechos, durante el proceso de mi redefinición y ordenamiento mental; sin embargo, ahora presentaremos las interpretaciones en relación directa, y cronológicamente, con los eventos específicos ocurridos a partir del 19 de Junio y hasta el 18 de Agosto de 2001.

- ¿Dios te tocó? - me pregunta Norma por enésima vez en relación a lo ocurrido el 4 de Julio, y lanza de inmediato otra descarga de preguntas llenas de incredulidad,
- ¿No era que estuviste o que te pusieron en el infierno?... y que... ¿Dios te sacó de ahí, del infierno? ¿Qué tiene que ver Dios con el infierno... y ahora que te tocó, que te habló...? ¿No ves que es una contradicción? ¿Infierno y Dios? Eso no pega, ¿eh?

- *Oh, yeah! Of course God was with you! Don't doubt about it*

(¡Oh, sí! ¡Ciertamente Dios estuvo contigo! No lo dudes) - coinciden algunos de quienes ya han escuchado mis recuentos de lo sucedido en Junio y Julio, particularmente los clientes con quienes me encuentro en el curso de nuestro trabajo y a los que les comparto esta experiencia de Dios en mí. Pero no dicen nada acerca de la conexión que hago del "infierno" con Dios, y la mayoría de ellos me miran con una misma incredulidad, e incluso uno de ellos me reprocha con cierto disgusto por relacionar una experiencia infernal con Dios. Quienes me escuchan la parte del infierno creo que lo hacen con alguna condescendencia por amabilidad; es lo que percibo y confirmo por sus faltas de interés en entrar en detalles en esa parte, o por tomarla como otra cosa.

- *...God made you to experience hell? Was it not a sunstroke... maybe?... that made you have a really bad experience and now you believe you was... taken to hell. Were you taken to a doctor to check you?* (¿...Dios te hizo experimentar el infierno? ¿No fue una insolación, quizás? lo que te hizo tener una fea experiencia y ahora tú crees que fuiste llevado al infierno. ¿Te llevaron a un médico para revisarte?).

Bueno, si lo que narro les sorprende, mayor sorpresa les causa cuando les digo que no, que no es necesario ir al médico porque esto es un asunto entre Dios y yo. Yo no sé por qué, pero siento que si me pongo en manos de un médico me pierdo la experiencia de Dios. No es porque no crea en médicos, sino que lo mío no es una cosa por la que tenga que ir al médico. "Entonces, ¿por qué no ver a un sacerdote?", han preguntado otros, y muchas veces Norma. "No, tampoco", les respondo. Sólo yo puedo saber lo que he experimentado, y algo... algo me dice que debo buscar entender por mí mismo, interactuando con Dios, nadie más. No, yo no puedo ir contra lo que siento, no quiero ir contra lo que siento. No voy a hacerlo, no importa lo que crean de mí ni lo que me ocurra por ello. No voy a negar mi relación con Dios.

Hay una delicada conexión entre todo lo que ha ocurrido. Sí, yo sé, yo sé, mi Dios, pero "¿cuál es?", le pregunto a Dios y a mí mismo, mientras voy caminando con mi perrita Casey en la noche. Chester, el machito, aún sigue en San Antonio, en la casa de mi hijo mayor Mariano donde le dejamos durante una de mis "evasiones" de las perturbaciones después del 4 de Julio pasado.

Esta noche me tomo un rato más largo que de costumbre.

¡Oh, Dios mío! Gracias, ya no siento perturbaciones ni desasosiegos incontrolables, sino una gran necesidad de entender. ¡Oh, sí, sí, ya lo sé! Tengo que comenzar desde el principio. Sí, voy a comenzar a revisar todo desde el principio.

Pero antes que nada voy a ocuparme de Dios. Sé que Dios me tocó el 4 de Julio, y fue Dios Quién me sacó del infierno. De eso no tengo dudas. ¿Cómo podría dudarlo? dada la manera en que Dios se presentó, se manifestó dentro de mí... Sí, sí, Dios me hizo temblar, *« es la señal »*, y luego imprimía las indicaciones en mi mente *« de los árboles toma los frutos más altos »*... y me llevó a hacer esa caminata por la eternidad, en otro ambiente... no, no, era otra realidad, yo no estaba en este mundo... yo lo sentí así a pesar de que no pensaba, y eso es otra cosa ¿cómo es que yo sabía sin pensar?, y luego hizo lo que hizo en el estacionamiento y dejó la herida en mi cabeza, allí, en el tope, atrás, en la coronilla, donde no es posible que yo pueda hacer algo como eso; es más, en el suelo vimos una mancha de sangre cuando fuimos a visitar el lugar un par de días más tarde, con Norma, lejos de los arbustos contra la cerca. ¿Cómo voy a saltar yo hacia atrás esa distancia y aterrizar de cabeza?

Ésta es mi experiencia, no puedo negar mi experiencia. ¿Cómo voy a negar mi propia experiencia?

"De acuerdo", me digo a mí mismo. No dudo que fue Dios, pero veamos ahora cómo he de sustentar por razonamiento lo que he experimentado.

Una vez más, me pongo a ordenar mis interpretaciones de los hechos conforme a la secuencia en que ocurrieron. Ya me he dado cuenta de que he estado siguiendo nada más y nada menos que el proceso para establecer la interacción consciente con Dios. Estoy entendiendo el protocolo de interacción con Dios, proceso existencial consciente de sí mismo.

Reflexiono e interactúo continuamente con Dios todos los días, saltando de un tópico a otro diferente pero que es parte de los hechos, entendiendo y armando poco a poco el rompecabezas, insertando conclusiones en la secuencia de hechos. No es un proceso lineal siguiendo simplemente la secuencia en el tiempo; es interactivo entre los hechos en diferentes instantes de ocurrencia, en el que la información para completar un paso dado está más adelante, y luego hay que retroceder a él. Es decir, el entendimiento no es un flujo de relaciones causa y efecto lineal, "hacia adelante", sino "tejiendo" una red de relaciones que vista en el papel crece a lo largo y a lo ancho, por realimentaciones entre los pasos de hechos, y entrecruzándose en diferentes tiempos de ocurrencia. Es el proceso de desarrollo de la red, la "telaraña" de conscientización. Las orientaciones que recibí de Dios me van conduciendo a entender y dar coherencia y consistencia a lo ocurrido.

Hago varias versiones de reflexiones sobre la secuencia de los hechos, pues en cada versión enfatizo sobre un aspecto diferente o elementos relativos que no deseo que se compliquen en una única revisión consolidada. No presentaré todas ellas. Yo sólo deseo llamar la atención de lo complicado del proceso de incorporar los elementos de información que provenían del proceso existencial, de Dios, y limitaré las versiones a lo necesario para esta presentación introductoria de las interpretaciones de los hechos relativos a mi experiencia con Dios.

Veamos.

Abriendo las *"Puertas del Cielo"*

Resumen de los hechos.

Leo un artículo acerca del fin del universo en la revista Time.

Me puse a pensar en el universo, y comienzo a recibir pensamientos, orientaciones, a los que les llamé *super conocimientos*.

De repente, algo hubo mal en mi proceso racional porque una noche "fuí" asomado al infierno, tuve una experiencia aterradora, desvastadora, de la que Dios me sacó.

Sín dudar, reconocí la intervención de Dios en la experiencia del infierno.

Dos días después, tuve un encuentro con Dios. Dios me "tocó".

Interpretación de los hechos.
Siguiendo la secuencia tal como ocurrieron.

Hacia la búsqueda del mecanismo de la eternidad.

Leí el artículo científico *¿Cómo terminará el Universo? ("How the Universe will end?")* de la revista Time del 25 de Junio de 2001.
No acepté las conclusiones allí expuestas.
No me dejé impresionar por el calibre de los científicos con credenciales reconocidas por la comunidad científica para emitir

las conclusiones reportadas en ese artículo.

"Hay algo que ellos no saben; por ello se equivocan en sus conclusiones", me dije a mí mismo.

El universo no puede "morir", desvanecerse en la nada. No es evento de una sola vez. Es eterno. El universo es eterno. Si no fuera eterno, entonces la vida no tiene sentido.

- *¡Oh! Entonces tú crees en la eternidad, ¿verdad?* - me preguntó la misma voz dentro mío que antes me preguntara por qué habría de interesarme a mí lo que ocurriera con el universo dentro de billones de años a partir de ese momento. Yo no había recordado o pensado en esta pregunta durante mis primeras reflexiones, pero luego la recordé, y recordé haber respondido que sí, que yo soy eterno, y aquí está el momento en el que *"abro las Puertas del Cielo"*, en que puedo comenzar a reconocer información desde el proceso existencial, desde Dios, aunque todavía no era consciente de haber "abierto esas puertas".

Recuerdo por enésima vez aquella noche.

"El universo no puede 'morir', desvanecerse en la nada", me dije. "No es evento de una sola vez. Es eterno".

- Si no fuera eterno, entonces mi vida hoy no tiene sentido.

- *¿Qué podría importarte a ti lo que ha de ocurrir en billones de años a partir de ahora?*

- Pues, billones de años no es sino un abrir y cerrar de ojos en la eternidad.

- *¡Oh! Entonces tú crees en la eternidad, ¿verdad?*

- Sí. Soy eterno.

Soy eterno.

No lo supe inicialmente.

Mi reconocimiento frente a la eternidad es realmente el que estimula el *acto de FE* por el que me "abro esas puertas" para mí; acto ya descripto en la sección previa acerca de la FE. El acto de FE es la aceptación inespeculada por la identidad temporal, cultural, del reconocimiento primordial *soy eterno*. El acto de FE es el que me mueve a buscar racionalmente el mecanismo de la eternidad.

Comienzo a pensar cómo invalidar estas teorías expuestas en el artículo de la revista. No creí en la ciencia sino en mi sentimiento. *Mi sentimiento es la verdad.* Me sentí muy mal frente a esa conclusión, sin haber pensado nada, de modo que sentirme mal era la respuesta de mi alma, de mi espíritu eterno indicando algo que afectaba su naturaleza, mi naturaleza eterna. La conclusión científica negaba uno de los atributos del alma, *eternidad*; por lo tanto, me negaba a mí, al ser humano eterno definido por *alma, mente y cuerpo.*

Me puse a pensar fuertemente en el mecanismo energético que hace eterno al universo.

Se abren las *"Puertas del Cielo".*

Recibo la analogía del pez indicándome que estaba "saltando", cruzando mentalmente a otra realidad existencial.

Cambio mi actitud mental.

Me libero de las limitaciones racionales prevalentes.

Cambié mi actitud racional al cuestionar a quienes concluían algo en desarmonía con la eternidad.

Me puse a buscar por mi cuenta interactuando con el universo, que es nada más y nada menos que interactuar con Dios, aunque tampoco lo supiera por entonces. No obstante, Dios, el universo, responde a las decisiones fundamentales de su individualización temporal, aunque éste no sea consciente, y precisamente para eso, para estimular su desarrollo.

Por eso es que yo recibía las orientaciones primordiales, o los *super conocimientos,* siempre presentes en el espacio y disponibles para todos: por haber cambiado mi actitud mental, ahora libre de nuestra realidad presente, temporal, limitada, condicionada. No importaba que yo no fuera consciente de nada de eso todavía, ya que el mismo proceso iba a llevarme a darme cuenta, a hacerme consciente.

¿Por qué otros no reconocen esas orientaciones en el espacio si están al alcance de todos y disponibles para todos? Por sus actitudes dependientes del entorno en el que nos hallamos, nada más; por sus dependencias de la realidad temporal. Tienen sus "ojos" ciegos a otra dimensión de realidad existencial, de consciencia, solo por depender de los sentidos materiales y no usar el poder mental para penetrar el universo. No creemos en la mente para "ver", siendo que imaginación es también el poder de "ver" con la mente lo que no se alcanza con los sentidos.

Crucé una interfase en el universo.

En la luz encontré una extraordinaria explicación, parte del mecanismo de la eternidad. Quedé estupefacto, a pesar de que no podía explicarlo con mis palabras; pero lo sabía de todos modos. Es como cuando uno tiene un sentimiento que nos provoca un estado emocional que no se puede describir, pero se experimenta. Algo extraordinario estaba siéndome dado; pero eso que pensaba que estaba siéndome dado era en realidad que yo estaba ¡reconociendo información natural!, que está disponible en la atmósfera y espacio que nos rodea, en el manto energético en el que nos hallamos inmersos. Sin saberlo, yo había puesto a mi mente en un estado muy particular con ese fuerte deseo de hallar el mecanismo de la eternidad.

Cambié mi estado de pulsación, mi modo de vibración natural.

Luego supe que la luz, además de ser energéticamente el límite o interfase entre el universo material y el espiritual o primordial, es consciencia, es entendimiento; es por lo que Dios la usa permanentemente en Sus estimulaciones a nuestra especie en todos los tiempos,

« ... Y Dios hizo la luz »,

y es de donde se origina el dibujar en las tiras cómicas a una lámpara de luz como una imagen para indicar que se ha tenido una idea, que se ha imaginado algo para resolver una inquietud, problema, o tarea; como una imagen de que se ha hecho la "luz".

Comencé a recibir una gran afluencia de información... ¡sín razonar!, por sólo invocar una respuesta; por desear explicación a algo en armonía con la *eternidad*, que es lo mismo que decir en armonía con Dios, aunque no lo supiera todavía.

Yo sentía que recibía un gran conocimiento.

Entro en "sintonía" con el universo, con el proceso existencial, con Dios.

Cada célula de nuestro cuerpo tiene el espíritu de vida e inteligencia de vida que Dios le dio. Cuando entramos en armonía, en comunión con Dios, hay un "magnetismo" que nos rodea: es el aura, vibración de nuestra estructura energética a una frecuencia que cambia con nuestras decisiones y que Dios detecta y reconoce, a la que Dios responde realimentando el proceso que se comienza a desarrollar en nosotros. La frecuencia de la señal y su longitud de onda no es detectable por nuestros sentidos materiales ni la instrumentación del hombre, sino por arreglos biológicos. Para nosotros esas señales son simplemente "ruido espacial", y la información que transfieren se hace "legible" al integrarla en los arreglos biológicos especiales.

Sí, yo buscaba afanosamente el mecanismo de la eternidad en el universo. Deseaba entenderlo.

Sín ser consciente de ello, yo era en el proceso existencial el "hijo buscando a su madre/padre".

143

Este deseo era una estimulación de mi alma, un componente de la trinidad, del arreglo en tres dimensiones energéticas que establece y define al ser humano. El alma está en la misma dimensión energética que Dios.

A pesar de la Guía, mi proceso racional se equivoca.

Y entonces, sin saberlo, me desvié del *principio de la armonía con Dios*, con la eternidad: dejé de mantener las interacciones entre *alma, mente y cuerpo* en armonía entre sí, y con Dios, con el Origen de la trinidad, con el proceso existencial del que proviene. Un sub-componente de la trinidad que desarrollamos nosotros, la identidad racional, temporal, cultural, que se define por el proceso de interacción entre *alma y cuerpo* en una interfase energética a la que le llamamos *mente*, cometió una equivocación en mi caso.

Comencé a pensar en una teoría de cómo pudo haberse iniciado el universo.

"Juan, ¿cómo va a tener principio lo que es eterno?".

No me di cuenta de que estaba contradiciendo lo que mi alma ya había reconocido y mi identidad racional temporal, cultural, ya había aceptado también: el universo es eterno. Luego, ¿cómo es que me puse a buscar un origen de algo que es eterno? Eso era una contradición racional seria, de la que no me di cuenta y por lo que comencé a echar a volar una teoría distorsionada.

Escribí mis teorías y mis "descubrimientos" conforme fui razonando sin tener en cuenta mi propio reconocimiento previo y las orientaciones recibidas. Había recibido que, y de alguna manera a revisar y no hice entonces, la luz indicaba algo por lo que el universo (mi Unidad Existencial en ese momento) detenía su expansión y comenzaba a contraerse; luego, no podía haber ningún origen de algo que siendo eterno oscila entre dos estados …¡eternamente! El entusiasmo me impidió ver mi propia contradicción.

Cometí un error inconscientemente.

Ahora bien.

Nuestro universo sí tuvo un principio, muy cercanamente descripto por el evento que la ciencia llama Big Bang; pero, en aquel momento, *el Universo era mi Unidad Existencial*, y allí estaba el problema: que la Unidad Existencial, la que fuera energéticamente pero a la que llamamos Dios, Origen Absoluto, no tuvo jamás un origen puesto que es eterna, y nuestro universo, el que emerge del Big Bang, es solo un entorno temporal de la Unidad Existencial, de Dios, del Universo Absoluto.

Nota para la Ciencia.

Es lo que ocurre con la comunidad científica, que ha reconocido la eternidad *(Principio de Conservación de Energía: La energía no se crea ni se pierde)* y sin embargo todavía busca un origen de la vida, o el origen de nuestro universo, tomando al universo como la Unidad Existencial, sin tener en cuenta el elemento de información fundamental de un universo cerrado (no puede expandirse indefinidamente), *cierre dado por la energía eterna que no se pierde*, información que ya es la base de todas las relaciones causa y efecto que se han establecido para toda la fenomenología energética en este dominio material. Ver en la referencia (2), en Otros Libros (II.4, vol.1), *La Naturaleza de la Constante Matemática e*. La ciencia no reconoce el universo de naturaleza binaria: dos dominios energéticos inseparables, uno en expansión, otro en compresión.

Obviamente, yo no estaba dándome cuenta del error racional de negar la eternidad en una creación para que algo fuera eterno.

Como Dios me dijo más adelante en nuestras interacciones,

« Cuando deseas algo muy fuertemente pones en marcha fuerzas que están fuera de tu control »,

y entonces fue que pude darme cuenta, en una de las incontables revisiones que hice de estos hechos, que todas mis perturbaciones eran parte de un proceso para corregir mi proceso de establecimiento de las relaciones causa y efecto teniendo en cuenta las orientaciones eternas.

También recordé en otras de las revisiones,

« Siéntate (detente), mira alrededor (observa y reflexiona sobre todos los ángulos), cruza, y sigue ».

Estas orientaciones llegaron después para entender por qué me fui conduciendo, yo mismo, a la experiencia del infierno, y para entender por qué Dios permitió que tuviera lugar.

Una vez entendido, esa experiencia permitida por Dios fue un regalo de Dios.

- ¿Un regalo de Dios? Ahora sí que yo creo que tú no estás nada bien, amigo mío - dijo con gran preocupación un amigo y me pidió que dejara para otra oportunidad el que yo le explicara. Era demasiado para mi buen amigo el que yo relacionara a Dios con una experiencia en el infierno. No pude explicarle sino hasta mucho después lo que trataba de hacer en ese momento. Finalmente entendió, o aceptó lo que le expliqué.

¡Cuidado! No todos los pensamientos provienen de Dios ni son nuestros tampoco.

Discernimiento del origen de los pensamientos y la información fuera de nuestra identidad.

Más adelante, recibo una idea acerca de cómo se cierra magnéticamente el universo, y un pensamiento fugaz e involuntario sobre un uso potencial muy negativo de esa idea pasa por mi mente. Una vez que me doy cuenta del desatino, me disturba muchísimo el que se me haya pasado ese pensamiento, aunque fue involuntario. Me comprometo en mi consciencia a no considerar ni especular sobre ninguna aplicación que sea negativa, en desarmonía con el Espíritu de Vida. *La vida es sagrada.*

Esta experiencia me mostraría más tarde qué tan susceptibles somos a pensamientos erráticos que no son originados por nuestro proceso racional, y me llevaría a reflexionar y encontrar cómo reconocer su procedencia, según que nos hagan sentir bien o mal, y, o si están en armonía con nuestra referencia para nuestro desarrollo racional y para el procesamiento de información que recibimos, incluyendo pensamientos erráticos. Si mi referencia es eternidad y espíritu de vida, entonces *nada que atente contra la vida o pueda dañar su evolución natural* puede ser considerado positivo. Más adelante sabría del origen de esos pensamientos erráticos: provienen de la estructura de consciencia colectiva de la especie humana en la Tierra.

A pesar de mi equivocación racional sobre una "creación" de la eternidad, yo seguía recibiendo orientaciones primordiales, estimulaciones para el desarrollo de mi consciencia, de entendimiento del universo.

Dios responde al llamado primordial.

Si yo estaba equivocado seriamente en el aspecto del origen del universo, ¿por qué Dios continuaba enviándome Sus estimulaciones?

Porque Dios y Su información están permanentemente presentes en el manto energético universal.

Porque las *"Puertas del Cielo"* permanecían abiertas por mi intención y determinación de buscar la Verdad en la eternidad, que es la orientación fundamental, primordial, de desarrollo de consciencia, de entendimiento del proceso existencial. El error acerca de la desarmonía entre eternidad y origen del universo (que era la Unidad Existencial para mí en ese momento) iba a ser resuelto por una experiencia que no fallaría en eso, en hacerme ver esa desarmonía y no permitirme nunca más reincidir en ella.

Mi decisión de buscar el mecanismo de eternidad en la Fuente y no en el mundo, no en la ciencia ni la teología, mantenía mi modo de vibración por el que estaba "sintonizado" con Dios, con el proceso existencial, para acceder, reconocer la información presente en el manto energético, en su intermodulación, en su red espacio-tiempo.

El proceso existencial no tiene preferidos.

Cabe insistir una vez más, que Dios no envía estimulaciones preferencialmente para nadie, sino que Sus orientaciones, estando en el espacio, están disponibles para todos y al alcance de todos. Yo continuaba siendo capaz de reconocerlas por el estado de la energía de mi propia trinidad; por el estado de mi vibración en armonía con Dios, con Su propia vibración, como sabría más adelante; por mi intención primordial, aunque me estuviera equivocando en la aproximación racional, cultural, en esos momentos.

"El Conocimiento no es mío", no es del hombre. El ser humano accede a la estructura de Conocimiento.

Me planteo dudas éticas acerca de cómo manejar tan extraordinario conocimiento que yo estaba recibciendo y del cuál no me siento que yo fuera el "propietario", el creador del mismo. "Entonces, mientras no sepa cómo administrar este vasto conocimiento, tengo que esperar hasta que lo sepa", es mi decisión racional frente a lo que siento pero aún no sé por qué lo siento muy profudamente dentro de mí. Era una reacción primordial, inconsciente aún, de la búsqueda de la armonía entre razón y espíritu al que la razón debe someterse. El proceso racional tiene lugar en un espectro de relaciones causa y efecto que separamos en dos dominios: el material, que alcanzamos con los sentidos materiales *vista, oído, tacto, gusto y olfato*, y el dominio primordial, o espiritual, que se alcanza con el sentido de la *percepción* que no reconocemos y al que en ciertos casos llamamos intuición o "nuestro inconsciente". *La información del dominio primordial es parte del proceso racional que inicialmente no es consciente para la identidad temporal cultural.* La identidad temporal cultural es la que desarrollamos con la información que reconocemos por los sentidos materiales y las interacciones con los eventos en este dominio.

"Yo no soy 'propietario' del conocimiento que tengo".

Definitivamente esta orientación me es confirmada cuando no puedo revelar a mis hijos detalles de la información que recibo. Tengo que esperar a procesarla, y eventualmente sabré qué hacer con ella y cómo. Yo no trato de ir contra esta restricción, no, porque me parece natural. También sé que de ninguna manera yo trataría de oponerme a esta restricción.

Algo estaba ocurriendo internamente en mí. No supe reconocer que estaba adquiriendo una sensibilización espiritual.

"Mantener la armonía entre la mente 'local' del proceso SER HUMANO y la mente del proceso ORIGEN, Dios".

No distorsionar las herramientas del proceso existencial.

Rechazo tentaciones racionales asociadas con un potencial empleo con fines lucrativos del conocimiento que estaba obteniendo, cuando me proponen buscar ese fin. Luego sabría que no hay nada malo en obtener beneficio material por usar ese conocimiento sino que el "problema", la desarmonía, es pensar en que ese beneficio sea el propósito del uso del conocimiento en vez de ser para el desarrollo o crecimiento de consciencia, de entendimiento del proceso existencial, y después desarrollar alguna aplicación por la cuál participarlo, y recién entonces el beneficio material sería una consecuencia natural asociada con el trabajo de participarlo. El punto es que todo propósito anticipado de beneficios materiales impide el estado mental para mantenerse en "sintonía" con Dios, el proceso existencial del que proviene el conocimiento. Dios pone el conocimiento para crecer en relación con Él, y luego nosotros creamos una aplicación para el mundo, o una manera de participarlo. El problema no es ganar dinero sino el propósito para el que nos entregamos a hacerlo, o el depender de él para realizarnos como seres humanos frente al proceso existencial. El dinero debe ser una compensación por el trabajo, sea físico o mental. Pero si se toma como propósito de la actividad racional, ésta no puede "sintonizarse" con el proceso existencial, con Dios, aunque no por eso Dios cuestiona nuestra decisión. Dios orienta, no exige, no demanda, no obliga. Si yo estaba buscando la "sintonización" con Dios, intención inconsciente pero manifestada en mi reconocimiento frente a Él, o a la eternidad, que es uno de los atributos que define a Dios, entonces Dios respondía a mi reconocimiento, tal como corresponde a toda interacción armónica, no importa que sea consciente o no. Al reconocer eternidad, un nivel de mi trinidad ya era consciente y a ella respondió Dios, y luego mi identidad temporal la aceptó y continuaba entonces el proceso racional armónico que realimentaba el desarrollo de la consciencia.

Mantenía mi conducta personal, pero sentía un cambio profundo, muy íntimo. El trabajo habitual no mermaba. Se mantenía el ritmo de trabajo a pesar de una intensa reflexión racional simultánea a la que yo estaba entregado mientras trabajaba.

Sostenía una permanente comunicación con mis hijos sobre el tema, pero comencé a decirles que solo les participaba conceptualmente, que no podía entrar en detalles en esos momentos, que algo me impedía hacerlo, no era mi voluntad, y yo no me oponía a esa "fuerza" que por algo era.

Sí, yo reconocí que recibía *super conocimientos*, y Dios me confirmó que era correcto lo que yo reconocí: fue cuando me planteé dudas éticas acerca de cómo administrar ese gran conocimiento del cuál yo no me sentía que fuera el "propietario", el creador. Dios actuaba en mi alma, en mi identidad primordial, y mi identidad temporal aceptaba pues ya se había establecido una comunicación consciente entre estos dos niveles de mi trinidad, aunque yo no lo supiera visualizar de este modo, todavía.

No creamos inteligencia. No creamos consciencia. Acce-

samos la estructura de consciencia universal por desarrollo racional desde un nivel básico inherente al ser humano.

Reiteradamente recibo esta orientación. "Yo no soy dueño del conocimiento que alcanzo". Yo no creo, no genero el conocimiento primordial, ni lo poseo; solo lo reconozco y hago uso de él, experimento en creaciones en nuestro dominio material, temporal. Por ejemplo, *"La energía no se crea ni se pierde"* es conocimiento primordial; el hombre no lo genera sino que lo reconoce y luego lo usa en este dominio material, temporal, en nuestras aplicaciones.

Nuestra mente es un sub-espectro de la mente universal.

A continuación, en respuesta a mi reconocimiento, entendí que el universo físico está inmerso en un "plasma" energético sin cuya existencia la vida no es posible. Hay una interpretación incorrecta de la energía. La red espacio-tiempo tiene la información de vida. Esta red es lo que en ciencia se llama *intermodulación,* como la de las ondas de radio o televisión pero infinitamente más compleja y en un espectro indiscriminable tanto por el ser humano, por sus sentidos materiales, como por la instrumentación que la ve como un "ruido cósmico" o simplemente no detecta su baja intensidad. En cambio, las moléculas de vida las integran, absorben, y transforman a esas señales en un espectro fuera del de los sentidos materiales. Bajo un marco adecuado de parámetros, de condiciones que dependen sólo del ser humano, podemos transferir información entre nuestra mente y el "plasma" energético del universo.

Al anochecer del 2 de Julio de 2001 escribí un resumen de mis conclusiones acerca de nuestro universo físico; con el tiempo buscaría participar, pues es una acción primordial estimulada por el Espíritu de Vida, aunque también ya me había dado cuenta que tenía que esperar a entender lo que había recibido, antes de participar.

La estructura energética trinitaria del ser humano es un colosal arreglo receptor-emisor. La piel es la antena.

Mi computador se bloqueó al ser usado aquella noche. Algo en mí interfería con él. Se borraron todos mis archivos de trabajo. Obviamente, la actividad electromagnética en mi arreglo biológico y el intercambio con el universo, el manto energético, con la mente de Dios, era muy alta debido a mi estado de alta sensibilidad espiritual, primordial. Este estado es definido por la pulsación, la vibración de mi arreglo trinitario, no solamente biológico.

Nuestro proceso racional que conduce a la consciencia de sí mismo tiene lugar en los dos dominios de la existencia: *material y primordial, o espiritual*, en el que se halla inmerso el *material*.

Tuvo lugar la Visión Espiritual en la noche del 2 de Julio. Es espiritual por tener lugar en el espectro existencial fuera de los sentidos materiales. Pasé por una experiencia desvastadora y sufrí una gran angustia y confusión racional. No obstante, identifiqué espontáneamente la Presencia o participación de Dios en esa experiencia, a pesar de lo que pasé. Es mi primer reconocimiento frente a Dios al reconocer que Le he "ofendido". En realidad, nunca ofendemos a Dios, y no es Dios Quién responde por castigo sino que el proceso existencial es sólo uno, y si nosotros hacemos algo en desarmonía con él, el proceso nos lo va a hacer saber, como en este caso. Veremos más adelante, con más detalles, a esta desvastadora experiencia en el infierno que yo generé, sin saberlo. Sólo Dios podía manifestarse de esa manera, de permitir que yo fuera a una situación irreal en el universo absoluto, y sacarme de allí, liberarme de esa experiencia que yo mismo, y sólo yo, creé, permitida por Dios como parte del proceso de conscientización. Esta experiencia es de extraordinario valor para entender el proceso existencial y nuestra interacción con él, consciente e inconscientemente.

Nuestras desarmonías con el proceso existencial, Dios, generan todas nuestras experiencias de sufrimientos e infelicidades.

La experiencia del infierno es una Advertencia Espiritual (no es sobre ningún castigo sino de las consecuencias que generamos por nuestras acciones en desarmonía con el Espíritu de Vida). Es un "llamado", estimulación del Espíritu de Vida. La experiencia del infierno es una presentación de un estado ilusorio temporal en otra dimensión de la energía de vida, en la que conscientemente se nos "priva" del espíritu de vida dejándonos solos a la identidad racional, *a valerse por sí misma*. No puede. Es una estimulación a "ver", a reconocer al Espíritu de Vida Eterna, Verdad Absoluta, privándonos momentáneamente de Él. Una vez experimentada Su "ausencia", no podemos negar Su presencia.

Inicié una intensa reflexión sobre la experiencia del infierno, a la que consideré como la Visión Espiritual que realmente fue, a pesar de los efectos desvastadores transitorios que provocó en mí. Comencé mi búsqueda de una explicación. Yo reconocía que había "ofendido" a Dios (luego supe que había actuado en desarmonía) y buscaba afanosamente saber qué había hecho, exactamente, y cómo rectificar y reparar. Esa fue la reacción que Dios esperaba de mí, como de todos Sus hijos: *buscar rectificar y reparar el error; aceptar mi responsabilidad.* Mi error racional había sido querer "crear" el universo para que fuera eterno, cuando por ser eterno es que genera un proceso de re-creación periódico absolutamente interminable por el que se expresa la eternidad. ¿Cómo esperaba yo crear lo que es eterno?

No se puede crear lo que es eterno.

Tampoco se crea inteligencia; menos en un "punto". La inteligencia de vida es inherente a la Unidad Existencial y se extiende sobre todos sus entornos.

153

Luego reaccioné influenciado por la consciencia colectiva, por estratos de ella accesible por mi estado de hipersensibilización; y equivocadamente, debido a mi desarreglo mental transitorio después de la experiencia del infierno.

Quemé todos mis escritos porque entendí en ese momento que contenían información incorrecta que me condujo a mis conclusiones "ofensivas" a Dios, en desarmonía con Él, en la teoría sobre un comienzo mecánico que origina el universo, absurdamente, ¡a partir de un "punto"!

Pero no, no era así.

La información que había recibido era correcta. Lo incorrecto fue el uso que le di, y por lo tanto, las conclusiones eran equivocadas; mis conclusiones. Mi razonamiento no estaba en armonía espiritual; por ello, mis conclusiones racionales en ese momento me condujeron a acciones materiales de rectificación incorrectas, *destruir mis escritos*, aunque era movido por mi reconocimiento de mi error frente a Dios. Dios permite estas acciones contradictorias como parte del proceso de conscientización primordial. Debidamente reconocida la Presencia de Dios, ya no pueden tener lugar acciones contra Su voluntad y Propósito de Vida que se rigen por el Espíritu de Vida, a Quién ya no podría yo negar ni dejar de reconocerle cada vez que Le necesitara para interpretar el origen de manifestaciones existenciales fuera de nuestro dominio material. No, después de la experiencia de la "ausencia" del Espíritu de Vida en mí yo no podría negarle ni dejar de guiarme por Él.

Dios confirmó mi reconocimiento de Su presencia o intervención en la experiencia, en la Visión del Infierno, y se inició mi interacción consciente con Dios.

Dos días más tarde, en circunstancias extraordinarias preparadas por Dios y similares a otras en el pasado por las que Él comenzaba a estimular a la especie humana en la Tierra sobre Su presencia y para orientar nuestros desarrollos, recibí la acción de

Dios mismo como Su confirmación a mi reconocimiento de Su intervención en la experiencia del infierno. Esta confirmación se llevó a cabo a través de Sus Orientaciones Eternas, Sus Manifestaciones Espirituales, y en la Conversión Espiritual consagrada en nuestro encuentro ese día, 4 de Julio, junto a la Luz. Esta acción fue el "toque" de Dios a mi paso por esta manifestación de vida temporal en mi camino por la eternidad, por el que completé el paso, el "salto" a otra dimensión de consciencia universal.

Antes de continuar con la interpretación de los componentes de la Secuencia de los Hechos, veremos con más detalles los tres hechos fundamentales: Abriendo las *"Puertas del Cielo"*, en Junio; la Experiencia en el Infierno, el 2 de Julio; y el Encuentro con la Luz, el 4 de Julio. Luego retomaremos la interpretación de las Orientaciones y los Mensajes Eternos, a partir de la mañana del 3 de Julio siguiente a la noche de mi experiencia en el infierno, cuando trataba de recuperarme de los efectos de esa experiencia y de entender todo lo relacionado con ella.

La revisión de las experiencias de la *"Apertura de las Puertas del Cielo"* y del Infierno tal vez luzcan repetitivas frente a lo que acabamos de presentar, pero dada la importancia de ellas para entender la relación con Dios, con el proceso existencial consciente de sí mismo, es procedente tenerlas separadas con otros detalles.

Uno de los aspectos fundamentales, una vez establecida la interacción con Dios, será el desarrollo de un *protocolo de comunicaciones conscientes* con Dios. Este protocolo se desarrollaría algo más tarde, pero sus elementos ya estaban presentes desde el inicio de esta experiencia con Dios.

Mi "Salto" a la Eternidad

El Comienzo Consciente de la Creación y Realización de Mi Más Grande Experiencia Humana

La interacción que abrió las *"Puertas del Reino de los Cielos"* para mí, para cruzar, "saltar" a otra dimensión de consciencia, de realidad existencial.

"... Esos restos (del universo) decaerán... dejando un vacío informe, infinitamente grande...".

Este final no solo fue extraño a mi naturaleza sino que de alguna manera me sacudió.

Sí, me sacudió.

Releí ese párrafo.

"El universo se expande aceleradamente... hasta eventualmente desaparecer... dejando un vacío informe, infinitamente grande, absoluto...".

"Eso no es verdad", me dije a mí mismo quieta pero muy firmemente, sin duda alguna, espontánea, inespeculadamente; e inmediatamente agregué, siempre para mí mismo en la pura intimidad de mis pensamientos,

"Si eso fuera verdad, entonces mi vida hoy no tiene sentido".

De pronto escuché, o un pensamiento se hizo presente en mi mente, como una voz muy lejana, como un tenue eco dentro de mí mismo,

---

"¿Por qué habría de preocuparte a ti lo que ha de ocurrir en billones de años a partir de ahora?"

"Pues, billones de años no es sino un abrir y cerrar de ojos en la eternidad", respondí a esa voz, a ese pensamiento, a ¿mí mismo dentro de mí mismo?, e insisto que fue sin titubear, sin especular nada antes de expresar mi respuesta.

"¡Oh! Entonces tú crees en la eternidad, ¿verdad?".

"Sí. Soy eterno".

En ese momento yo no advertí que acababa de pronunciar una *declaración primordial*, una definición primordial de mí mismo frente a la Verdad absoluta, la eternidad; un acto de FE frente a un reconocimiento primordial y cuya expresión por mi identidad temporal, cultural, era esperada para abrirme el camino a la trascendencia a otra dimensión de realidad, otra dimensión de consciencia del proceso existencial.

Esta respuesta inespeculada, espontánea, *declaración primordial,* me abría las *"Puertas del Cielo"* a la Verdad, a la Eternidad que acababa de reconocer, frente a la que acababa de definirme a mí mismo,

"Tú Me llamas y Yo respondo".

Después de este reconocimiento, fui *iluminado* con un flujo de conocimientos especiales a los que llamé *super conocimientos*, y se despertó mi habilidad de "ver", de imaginar y trascender nuestro entorno local, temporal, relativo, de la existencia.

Poco después de retornar a la calma, al estado natural del ser humano, por regresar a la armonía con el proceso existencial del que provenimos, el proceso ORIGEN, Dios, en el que estamos inmersos y con el que interactuamos permanentemente, me embarqué en un fantástico viaje al *Centro del Universo*, jornada en la que me serían mostradas las orientaciones, guías y direcciones primordiales para alcanzar el reconocimiento completo de mí mismo como parte inseparable, ahora de manera consciente, de la Verdad, de la eternidad frente a la que acababa de definirme y

---

157

aceptar, "saltando" hacia ella.

Armonía, la característica de interacción entre el proceso ORI-GEN, Dios, y el proceso SER HUMANO, es lo que nos permite "sintonizarnos" con el proceso existencial en el que estamos inmersos y así acceder a la información que contiene. "La sintonización", nuestra vibración en el mismo modo que Dios, nos permite "entrar" a la estructura de Conocimiento, de Consciencia de Dios.

¿Un viaje al... al *"Centro del Universo"*?

¿Cómo podría realizarse tal viaje?

¿Es que hay tal cosa, un "centro alcanzable" en un universo que es considerado infinito?

Inicialmente no reconocí este entorno como tal, el "centro del universo", pero no dudé luego de Quién me llevó allí una vez que Le reconocí a Dios, ni dudé de la importancia de lo que me fue revelado aunque no fuera coherente al principio, por razones que también buscaría entender.

[En un espacio multidimensional de naturaleza binaria, hay un *centro* energético que no es el centro espacial de la esfera mutidimensional que imaginamos en nuestro espacio limitado. Referencia (1)].

En el viaje al *Centro del Universo* comencé a entender el *Protocolo de Comunicaciones Primordiales*, y me fue dada una colección de revelaciones que no han sido descriptas hasta ahora, y las orientaciones para entenderlas. Las Orientaciones y los Mensajes de Dios son interpretados en este libro, pero todos los aspectos científicos se cubren en la referencia (1) debido a la extensión y complejidad de la revisión energética que hizo falta.

De este viaje al *Centro del Universo* yo regresaría con las respuestas a las inquietudes racionales más grandes de la especie humana en la Tierra,

científica una,

Estructura Energética de la Unidad Existencial y el mecanismo por el que expresa su eternidad; Unidad de la que nuestro universo es un entorno temporal que alcanzamos desde la Tierra;

y teológica la otra,

Estructura de la Santa Trinidad de Dios, que la Cristiandad reconoce como Espíritu de Vida, Padre e Hijo, siendo Padre e Hijo dos dimensiones de la Consciencia Universal.

Luego de haber sido yo confirmado como *instrumento de vida eterna* (como todos, no solo yo), reconocí la oportunidad de definirme como *maestro y mensajero de la Verdad, de la Eternidad,* y desarrollar un proyecto para participar estas respuestas al mundo.

Todo fue posible, y se hizo realidad, una vez que entendí que debía reflexionar y actuar en armonía con Dios dentro de mí y con el Espíritu de Vida.

"¿Por qué tú, Juan?"

Acaso, ¿hay preferidos en el proceso existencial?

"¿Qué hiciste tú diferente de otros seres humanos, simples, científicos y religiosos que también buscan la Verdad, cuando te viste frente a la estimulación de la eternidad?", me preguntaron.

Reconocer que mi vida, mi experiencia en este dominio temporal de la existencia no tiene sentido sino en, y por la eternidad.

Expresé no mi fe, no esperanza, sino FE, el reconocimiento primordial de mi naturaleza eterna. Más tarde, Dios me confirmaría mi reconocimiento primordial. Mi alma es parte de Dios; luego, con Quién interactué desde el inicio fue con Dios, nadie más. ¡Fue Dios dentro de mí! Sí, eso fue; Dios fue Quién me habló dentro de mí. Reconocí que Dios y yo, Dios y la especie humana somos una unidad inseparable, y comencé a actuar conforme a ello.

"Pero muchos se reconocen eternos. ¿Qué hay de especial en tu reconocimiento?", insistieron.

Me puse a buscar entender el mecanismo de la eternidad en la Verdad, en la eternidad misma, en lo que sentía en mi alma, muy dentro de mí, por mí mismo y no condicionado por las interpretaciones de otros, vinieran de donde vinieran. *Eternidad es la refe-*

rencia absoluta, la orientación del proceso racional para entender el universo, y no las observaciones en nuestro dominio material. Lo que observamos son manifestaciones, resultados del mecanismo de la eternidad. Hay una extraordinaria diferencia.

El concepto *eternidad* es un estímulo primordial, espiritual.

Dios nos estimula permanentemente, pues *somos partes inseparables* (y valga la redundancia) *del proceso de conscientización de sí mismo del proceso de evolución universal*, para guiarnos en nuestro reconocimiento de nuestra naturaleza espiritual y desarrollo de consciencia en armonía con ella. Lo hace constantemente, a diario, pero no reconocemos los estímulos que provienen de Él, pese a que tenemos la capacidad inherente para hacerlo. Esta capacidad es inhibida por la inducción, la influencia del mundo, la consciencia colectiva de la civilización, el modelo de asociación de la especie humana en la Tierra que no está en armonía con el proceso existencial. La desarmonía es por no seguir las *orientaciones eternas* que ya hemos recibido y reconocido hace milenios.

Frente a la estimulación y orientación fundamental, *eternidad*, me reconocí y definí frente a ella, y decidí hacer realidad mi declaración al buscar entender interactuando con ella. Eternidad era mi referencia para la búsqueda racional. El proceso racional se subordinó a la Verdad, a su referencia natural, no a las manifestaciones temporales, no al conocimiento científico temporal.

No me interesé en alcanzar nada aquí, en la Tierra, en esta manifestación temporal en este dominio de la existencia, sino en la eternidad, aunque a través de mis experiencias en este entorno temporal.

"La realidad absoluta está en la eternidad", me dije a mí mismo y a Dios dentro de mí, sin titubear, aunque no fuera consciente aún. De todos modos, Dios realimenta al alma del ser humano, y la identidad temporal se beneficia de ello al decidir seguir lo que reconoce el alma.

Vemos aquí la necesidad de reconocer y entender nuestra trinidad energética: *alma, mente y cuerpo.*

Acepté la eternidad sin especular con ella. Aunque yo me equivocara en su mecanismo, jamás, a partir de esa estimulación del artículo científico, dudé de la eternidad de la existencia ni de mi propia eternidad.

Comencé a buscar en la eternidad y vivir por la eternidad, desde este entorno temporal.

No obstante, a pesar de haber reconocido la eternidad, yo no sabía cómo experimentarla, realizarla, "construírla".

Entonces, soy iluminado por el proceso existencial consciente de sí mismo, por Dios, la Fuente, como deseemos llamarle al proceso existencial del que provenimos.

Soy dado, llevado a un conocimiento, para comenzar a "crear" la eternidad; a re-crearla obviamente, no a crearla, pues si la existencia es eterna nunca hubo creación alguna sino una re-creación posible de la misma.

No había coherencia racional en las orientaciones iniciales que yo recibía, debido a un efecto "filtro" en mi mente que todavía no estaba bien "sintonizada" con Dios; pero yo sabía que contenían la Verdad, y nunca las desestimé sino que busqué la interacción con Dios para interpretarlas correctamente.

Soy dado, llevado a una experiencia fundamental a partir de la que puedo comenzar a armar el "rompecabezas" de re-crear la eternidad, el proceso que sustenta la eternidad; de hacer realidad en mi estructura de consciencia, a través de un proceso racional, el concepto de la eternidad.

La realidad absoluta es que la eternidad genera un único proceso; no hay un proceso que "sustenta" a la eternidad.

Decidí dejar todo el conocimiento humano y comenzar desde

"cero", aunque sin negar la fenomenología energética y de vida universal en nuestro dominio de la existencia, siguiendo la orientación fundamental, *eternidad*, para el desarrollo de la habilidad en el uso de la capacidad racional inherente al ser humano, del uso del proceso racional por el que se accede a la estructura de conocimiento y consciencia de la Unidad Existencial que inicialmente era el universo, y luego el hiperespacio de existencia, Todo lo que Es, Todo lo que Existe, es decir... ¡Dios!

Busqué confirmar en este dominio, por la fenomenología existencial en este dominio material, lo que reconocí primordialmente: eternidad.

"¿Qué debo hacer para entender la eternidad, para hacerme verdaderamente consciente de ella?", me pregunté.

No podía saberlo en ese momento, ¿cómo podría?

Pero el proceso existencial consciente de sí mismo, del que yo soy, y como todos, una unidad temporal, me haría saber a través de una experiencia extraordinaria a la que yo estaba "llamando", creando, generando sin saberlo entonces; experiencia que ocurriría, que tendría lugar luego.

Mientras tanto, yo puse mi identidad racional a trabajar en esa búsqueda orientado por la eternidad.

Mostré mi intención en ese proceso racional, y mi determinación de seguir la eternidad, la orientación primordial, fundamental.

Pero cometí un error, serio error, en mi búsqueda racional.

Lo que es eterno no ha sido creado.

Sín ser consciente, después de haber reconocido a la eternidad, me enfrasqué en un modelo de creación absurda a partir de nada inteligente previo, en lugar de ir hacia una re-creación de un arreglo eterno que en ese momento era representado por mí mismo, el "creador". Igual ocurre con Dios con respecto a la Presencia Eterna de la que Dios es Su identidad consciente, y se re-crea en la especie humana universal, toda, no solamente la de Tierra.

A pesar de mi reconocimiento primordial, la inducción desde la civilización era fuerte todavía; y a pesar también de que yo ya había tomado la decisión de independizarme, de buscar la Verdad por mí mismo. Obviamente, necesitaba ser guiado en la dirección en la que me había reconocido a mí mismo: eternidad.

"Nada puede ser creado de la nada".

Había una desarmonía entre mi reconocimiento primordial y la acción racional que tomé inicialmente, que debió haber seguido coherente y consistentemente al reconocimiento primordial: *eternidad del Arreglo que se re-crea a Sí mismo.* En cambio, sin darme cuenta del error, planteé la "creación" de la eternidad a partir de algo que no era todavía consciente de sí mismo; es decir, partí de una presencia eterna, sí, pero de una presencia no consciente de sí misma aún. Luego es que advertiría que *la existencia es consciente de sí misma eternamente.* No se llega a la Consciencia de la Existencia a través de un proceso sino que la Consciencia de la Existencia se sustenta a sí misma; en otras palabras más simples, la consciencia es inherente a la Presencia Eterna, y solo se desarrolla el acceso a la consciencia por las manifestaciones de sí misma ¡a través de un proceso de desarrollo de integración al arreglo de Consciencia de la Existencia!

Esa gran desarmonía se manifestaría en mí, aunque muy lejos estaba yo de saberlo.

Sí, puse mi identidad racional, lo que hasta entonces llamaba, como todos, mi mente, a hacer realidad la experiencia que buscaba el alma, ¡mi alma!, no la que busca el mundo (la consciencia colectiva de la civilización de nuestra especie humana) a través mío, a través de sus inducciones sobre mí, sobre mi identidad temporal, cultural, (aunque en parte, insisto, persistía en el error ya indicado que no había advertido y del que luego sería sacado, hecho consciente).

La interacción entre dos identidades del ser humano.

Recuerdo una y otra vez la interacción con una parte de Dios, aunque en aquel momento yo le llamaba mi *Yo eterno*.

Repaso el evento, ahora con otra orientación en mente.

Leo el artículo de cosmología.

Me interesa. Hay una asociación entre el tópico, el universo, y los aspectos que definen mi *identidad temporal*.

La conclusión del artículo no me gusta.

No acepto esa conclusión. La rechazo; esa conclusión no es valedera, no es cierta, no es lógica.

Quién no la acepta es al alma, el espíritu, la Verdad, mi Yo eterno, mi *identidad primordial*.

Sé que es el alma pues en ese disgusto no hay ningún razonamiento previo, ninguna especulación racional basada en experiencias en este dominio de la existencia; es un sentimiento, una manifestación primordial.

Que no me gustara no fue una decisión racional sino un sentimiento, una manifestación primordial, desde el dominio primordial, antes de que yo pensara nada por mí mismo.

El sentimiento de no gustarme es una indicación primordial de incompatibilidad entre mi identidad primordial, mi alma, y la constelación de información leída por mi identidad racional y que no pertenece a la Verdad de la que proviene mi alma. El alma, *mi Yo eterno*, no se identificaba con ese artículo, con esa conclusión absurda del universo y la vida con él, terminando en nada, y me estimulaba con ese sentimiento de rechazo.

Ese sentimiento es temor primordial, no es el temor racional que aprendemos luego; es un rechazo por la incompatibilidad entre el alma y esa constelación de información, esa conclusión que niega la naturaleza del alma.

Frente a lo que no me gusta, a lo que no le "gusta" a mi alma, a lo que no es compatible con la naturaleza eterna del alma, mi respuesta totalmente impensada, inespeculada, tiene lugar en armonía con el reconocimiento de mi alma. La respuesta de mi identidad temporal, cultural, al reconocimiento de mi alma, a ese sentimiento de no gustarme por su desarmonía con la Verdad, es la respuesta de Juan, mi identidad temporal, cultural.

Yo, Juan, respondo, y ahora sí, como un proceso racional que se reconoce a sí mismo siendo estimulado por el alma y no por el mundo,

"Si eso fuera cierto (que el universo, que hasta ese momento era Todo lo que Es, Todo lo que Existe, la Vida, desaparece en la nada) entonces mi vida hoy no tiene sentido",

a lo que Dios, en *mi Yo eterno*, pregunta,

"¿Por qué te preocupa a ti lo que ha de ocurrir en billones de años a partir de ahora?",

y sin especular, sin dudar, mi identidad racional temporal desarrollada en un ambiente relativo, cultural, responde,

"Billones de años es un abrir y cerrar de ojos en la eternidad".

Frente a la motivación de Dios decido buscar la Verdad (*buscar la Verdad es preguntar a Dios*). A partir de esa noche, en los siguientes varios días, Dios comienza a hacerme "ver" extraordinarias orientaciones y constelaciones de información, *super conocimientos*, conocimiento primordial, que yo reconozco y uso como guías, como orientaciones de mi búsqueda para entender, para conscientizarme.

Pero me falta algo que no pude reconocer en ese momento, que yo no podía reconocer sin Su ayuda, sin la ayuda de Dios.

No se puede llegar a nada consciente de sí mismo a menos que una fuente ya consciente de sí misma lo permita.

Esa fuente es una estructura energética primordial consciente de sí misma; es la referencia eterna inmutable de los infinitos procesos de re-creación de sí misma de la Unidad Existencial a la que hoy tenemos acceso desde este dominio material. Esta referencia ya es usada por la ciencia, aunque no la ha reconocido de esta manera. En teología se reconoce como Espíritu de Vida. Referencia (1).

[Yo no lo sabía en ese momento, pero Dios, el proceso existencial consciente de sí mismo en el que estoy inmerso, como lo estamos todos, se encargaría de aparear mi intención con el resultado compatible con esa intención, por medio de una experiencia "diseñada" y disponible para eso en el proceso universal].

Me había definido racionalmente frente a la eternidad, por lo que ahora mi alma podía ponerse en camino de realizar, a través mío, lo que buscaba, que era nada menos que experimentar la eternidad.

Pero mi identidad temporal, yo, Juan, todavía estaba inadvertidamente cometiendo un error.

¿Por qué insisto en señalar que estaba cometiendo un error?

Porque es lo que nos ocurre a diario: recibimos estimulaciones primordiales a las que por la inducción del mundo las ignoramos, y nos las perdemos.

Yo no supe entonces, que a pesar de estar siguiendo la Verdad estaba cometiendo un error, por lo que Dios se encargaría de presentarme una extraordinaria experiencia por la que yo mismo podría eventualmente reconocer el error, y rectificarlo.

Tampoco supe en ese momento que había establecido una comunicación conforme al *Protocolo de Comunicaciones Primordiales* con Dios, con la Unidad Existencial, con el proceso existencial consciente de sí mismo, con la Fuente.

Por otra parte, a pesar de que yo buscaba entender el mecanismo de la eternidad, nunca se me hubiera ocurrido por mí mismo preguntarme cómo podría experimentar la eternidad (experiencia que me pondría también, como ya dije, en camino de rectificar el error inadvertido.

Entonces, ocurrió aquello por lo que supe de la eternidad y por lo que luego corregí mi error: la experiencia del infierno.

Origen de las Orientaciones

Yo no soy el propietario sino beneficiario y experimentador de los *Super Conocimientos*

¿Muerte del universo?

Es absurdo. Está fuera de toda explicación racional consistente con reconocimientos que se han hecho de la eternidad y por los que se desarrollan los modelos morales culturales de las diferentes asociaciones humanas en la Tierra. Incluso, energéticamente está en contradicción con el *Principio de Conservación de Energía*; principio que es inviolable a pesar de otras consideraciones energéticas por las que la comunidad científica concluye en un estado de reposo final del universo, y esta conclusión es por la que no llega a un modelo cosmológico coherente, consistente, de un universo vivo eternamente.

Finalmente, entiendo que en la luz está la explicación.

La luz es un fenómeno de algo que ocurre que marca el fin de nuestro universo físico temporal y el inicio de otro.
¡Eso es! La luz.
Se me ocurre o presenta en mi mente la analogía del pez.
¡Atrévete a "saltar" a otra dimensión de realidad existencial!
Entonces, lo veo claro. Se **« hizo la luz »** en mi mente.
Mi mente, el proceso racional todo, que tiene lugar en mi trini-

dad energética por la interacción de estructuras de memorias que conservan las relaciones causa y efecto que me definen como identidad temporal, cultural, se hace consciente de este proceso de cierre del universo; mi mente lo "ve" en el infinito, a donde llega gracias a mi estado de armonía entre mi vibración propia y la del proceso existencial, Dios.

¡Dios mío! ¡Acabo de entender cómo se cierra el universo entre sus dos límites: entre menos infinito y más infinito!

"¡Dios mío! ¿Será posible esto que acabo de saber?", me sorprendí a mí mismo casi en voz alta en mi camioneta, removiéndome en mi asiento mientras que manejaba, en un intento de disimular la sacudida que experimenté.

Una vez que entendí que la luz es el efecto observable del fenómeno físico que separa nuestro universo material de otro universo al que llamo *primordial*, una vez que reconozco eso, que realmente no solo lo creo sino que comienzo a actuar conforme a lo que creo, comenzó a suceder algo extraordinario en mí. Fue algo que fluía hacia mí, todos los días, como un conocimiento nuevo, no entendible racionalmente sino como información, orientaciones a desarrollar luego racionalmente.

Una gran afluencia de extraordinarias ideas, conceptos, *super conocimientos*, llegaba a mi mente. Era la respuesta de Dios a mi acto de FE inconsciente, a mi llamado primordial a Dios.

Algo extraordinario me sucedía; me daba cuenta, percibía el flujo de conocimientos. Pero no reconocí de inmediato a la verdadera fuente de ese flujo, aunque sí reconocí que no eran míos.

Me sentía jubiloso, muy excitado. Estaba siendo estimulado, excitado espiritualmente, primordialmente. Estaba respondiendo a esa estimulación, a mi propio espíritu, alma. Estaba desarrollando mi sensibilización espiritual, aunque no era consciente todavía.

Otras veces casi no podía creer que yo estuviera sabiendo todo eso. Era mi identidad temporal, cultural, la que por momentos reaccionaba casi con incredulidad, debido a la inducción desde la consciencia colectiva por su ignorancia de estas interacciones entre las dos identidades del ser humano cuya interacción define la identidad consciente del presente en el que estamos manifestados. Pocos, muy pocos, pueden entender algo que no se ha reconocido colectivamente y por lo tanto, no se les induce, no se les enseña a las nuevas generaciones de seres humanos que arriban a la Tierra.

Me preocupaba cómo iba yo a manejar todo ese conocimiento que estaba recibiendo. ¿Qué iba a hacer con ellos? ¿Podría usarlos para cambiar mi vida y dejar de hacer lo que estaba haciendo y dedicarme a estudiar, escribir, lo que siempre había querido hacer, lo que había estado esperando que sucediera? ¿Registrar esas teorías? ¿En mi beneficio? ¿Podría tener yo parte de los beneficios y dedicar la mayor parte en provecho de otros? ¿Sería esto aceptable? ¿Cómo hacerlo?

« Yo no soy dueño (creador) del conocimiento » se imprimió en mi mente.

Estaba reaccionando espiritualmente, reconociendo que el ser humano no crea la inteligencia ni la capacidad racional; inteligencia y capacidad racional son inherentes al ser humano, a la trinidad que define al ser humano, no solo al arreglo biológico.

La inteligencia de las asociaciones biológicas y la capacidad de interactuar entre ellas, la capacidad racional del hombre de establecer relaciones causa y efecto, no es creada por el ser humano sino que éste desarrolla esa capacidad, y sólo si es su voluntad luego de haber alcanzado el reconocimiento de sí mismo por inducción desde la consciencia colectiva.

Yo no supe inicialmente que los conocimientos provenían de Dios. No obstante, intuí (en realidad fue mi alma que lo supo) que yo no era el "dueño", que yo no era el creador de esos *super conocimientos*, y esa intuición era suficiente para que mi identidad temporal cultural la respetara y "obedeciera", decidiera esperar hasta saber qué hacer. Luego, Dios confirmó con el pensamiento,

« *Yo no soy dueño (creador) del conocimiento* ».

Cuando quería explicarles esos *super conocimientos* a mis hijos, al aproximarme al punto crítico de la idea, concepto, no podía seguir hablando. Algo pausaba mi voz. Yo intuía que por algo era, pero no tenía desarrollada mi consciencia espiritual todavía.

Esos *super conocimientos* eran ciertos, pero tenían que ser revisados pues eran incoherentes, inconsistentes, frente a nuestras relaciones causa y efecto desarrollados por nuestra ciencia.

Esos conocimientos me conducirían a la Verdad, yo lo sabía; no obstante, tenía que esperar hasta saber cómo manejarlos.

Dios me mostraba, en mi propia reacción a esperar, a la actitud de humildad frente a lo que alcanzamos, pues alcanzamos no por ser más que nadie sino por decidir entrar en armonía con Dios, o como consecuencia de haber entrado a la armonía con Dios, aunque todavía mi identidad temporal cultural no era consciente de ello.

No podemos llegar a saber sino lo que Dios nos permite, o en otras palabras, a lo que nosotros mismos nos abrimos "las puertas" por nuestra actitud. De otra forma, caemos en la soberbia.

La soberbia es "desobediencia", es falta de armonía.

La desobediencia es una elección que nos conduce a nuestra propia "destrucción" (es lo primero que entendí, que "atrapé" al reflexionar por primera vez); más tarde supe que se refería a la pérdida de la felicidad natural y a las experiencias de sufrimientos.

"No. Yo estudio y alcanzo esto o lo otro por mí mismo, por mi empeño", dicen muchos, olvidando que la capacidad de hacerlo les ha sido dada y ellos sólo usan lo que les ha sido dado. Su empeño, decisión, determinación, sí es de ellos, y es lo que les abre las *"Puertas del Cielo"* a ese nivel, pero la capacidad inicial para hacerlo no es de ellos, no es creación del ser humano. Si quieren "saltar" a otro nivel, hacia Dios, tienen que entrar en armonía con el nivel al que esperan "saltar".

« Dios es la Fuente del Conocimiento ».

Las orientaciones primordiales, eternas, provienen de Dios.

Dios es el Universo Absoluto, es la Unidad Existencial de la que nuestro universo es el entorno que alcanzamos desde la Tierra. El Espíritu de Dios llena el Universo; es la colosal estructura de distribución de energía y todas sus re-distribuciones, de los movimientos y las interacciones en el espacio y en el tiempo, del proceso que se reconoce a sí mismo.

Todo es sustancia primordial de la que se genera y se re-crea. *« Estáis hecho del mismo polvo de estrellas que Dios ».*

No podemos avanzar sólo con la ciencia si no le damos paso a la FE, al reconocimiento de las estimulaciones primordiales que recibimos en nuestro arreglo biológico y luego se procesa en la estructura de identidad. Recordar que FE no es creer, no es esperar, sino saber, reconocer primordialmente, tener una certeza absoluta que no depende de la razón, del proceso racional.

Para entender el Universo Absoluto debemos reconocernos frente a Él, ¡es Dios!, y desarrollarnos en armonía con Él.

Estamos viviendo en un universo finito, material, temporal, en una dimensión de asociación de la energía (necesitamos revisar nuestra interpretación actual de energía[*]); nuestro universo temporal está inmerso en el Universo Absoluto; cuando "muere", otro nace por un fenómeno ya delineado, el Big Bang, al que hay que re-interpretar. Tenemos el mecanismo de la re-creación universal y de transferencia de información de vida en él, y el proceso por el que trascendemos de una dimensión existencial a otra. [*]Referencia (1).

Podemos modelar al Universo Absoluto, la Unidad Existencial.

Nuestra mente es un sub-espectro de la mente de Dios.

En el manto energético universal, en la red espacio-tiempo, en su estructura de intermodulación en una dimensión de pulsación, de vibración que no se discrimina por los sentidos materiales del ser humano ni por la instrumentación, está la información de Dios, de la inteligencia de vida consciente de sí misma.

Esa dimensión, nivel de intermodulación, es la mente universal del proceso existencial consciente de sí mismo, la mente de Dios.

Nuestra mente accede a la información primordial, la información de Conocimiento primordial, si está en armonía, si está "sintonizada", pulsando o vibrando la trinidad energética humana de manera de ser una sub-armónica de la *mente universal*.

La información de Dios es un estado de vibración que el ser humano, la trinidad que define el proceso SER HUMANO, recibe, integra y transfiere a la estructura de identidad del ser humano. Si éste está listo, la reconoce. ¿Cuándo está listo? Revisar el proceso particular que se describe en este libro. Tenemos un proceso general al alcance de todos para estar listo frente a Dios. Referencia (2).

La Experiencia del Infierno

2 de Julio de 2001

La extraordinaria estimulación que me condujo a alcanzar mi más grande experiencia humana

- ¿Dios te responde a un acto de fe con el infierno? - me pregunta mi compañera de experiencia de vida, Norma, como prefiero considerarla, más que como mi esposa, pues se me ocurre que compañeros de experiencia de vida nos define mejor como unidad de re-creación del proceso existencial que en realidad tiene lugar entre dos entidades que interactúan entre sí. Referencia (1).

- No querés entenderlo, ¿verdad? - le respondo algo molesto, sí, molesto, es la verdad, pues estoy todavía muy afectado, pero al mismo tiempo deseo explicar algo que no me resulta posible, ni nadie puede imaginar tampoco la experiencia por la que pasé.

- ¿Cómo creés vos que puedo entender semejante cosa... eh? Dios te responde a un acto de fe... ¡llevándote al infierno! - Norma se desespera frente a mi "terquedad".

- Es Su respuesta a mi acto de FE - me digo para mí mismo en realidad, aunque en voz alta.

[No es exactamente Su respuesta, sino estimulación, pero con el tiempo llegaría a ese entendimiento que buscaba y todavía no alcanzaba, a pesar de haber pasado por esa experiencia. Una cosa es saber, por experiencia, y otra es entender, por un proceso de conscientización que debemos llevar a cabo individual, íntimamente, todos y cada uno que desea alcanzar entendimiento en un

---

173

aspecto existencial de su interés particular].

- ¿Un acto de fe? ¿De qué acto de fe me estás hablando? - quiso también saber Norma.

También me di cuenta que no era fe, creer, de lo que debía hablar, sino de FE (que más adelante revisaría y re-definiría, y como ya presenté en la sección La Re-Creación de Mí Mismo de este libro).

"Para que experimentes a Dios antes tienes que experimentar lo que no es Dios".

Entender mi experiencia del infierno no fue resultado de un proceso sencillo, pero yo nunca aflojé en mi relación con Dios sino por el contrario ésta se fue fortaleciendo, y creciendo mi entendimiento.

Solo mostrándome lo que niega a Dios, puede Dios, y solo Dios, hacerme experimentar lo que es estar "sín" Dios, lo que es estar en desarmonía con Dios. Ahora yo ya no tengo fe, sino FE; yo ya no creo sino que sé, tengo el conocimiento absoluto de la Presencia de Dios en mí.

Dios me permite "asomarme" al infierno, infierno que nosotros creamos, en este caso yo, para entender a qué nos lleva un proceso racional llevado a cabo sin Su presencia en nuestra propia trinidad que nos define (Presencia que usualmente no reconocemos porque no conocemos como interactúa nuestra trinidad, mucho menos como parte inseparable de la Trinidad de Dios).

El gran problema es que tomamos a Dios como un Ser separado del universo y así no podemos "atrapar" la verdad, el entendimiento de nuestra verdadera relación con Él. Nosotros estamos inmersos en Dios, somos partes inseparables de Dios, somos *Sus re-creaciones a imagen y semejanza*, Sus individualizaciones. Somos un proceso que se establece y sustenta en nuestro arreglo biológico, y nuestro arreglo está, a su vez, inmerso en otro Arreglo, en el Universo, en Dios.

Nuestra mente es parte de la mente de Dios.

El proceso racional del ser humano es parte inseparable del proceso racional de Dios.

Si una individualización, una parte de la mente de Dios, se desvía del Todo, de la Unidad, el resto le "llama" la atención.
[Energéticamente este proceso es bien conocido por la ciencia aplicando, precisamente, un teorema fundamental que se deriva del *Principio de Armonía* que rige el proceso universal. Lo veremos en el Libro 3].

La mente de Dios es el Espíritu de Vida.

En la experiencia del infierno Dios me mostró lo que seríamos sin Espíritu de Vida; en realidad, adonde nos conducimos si no estamos en armonía, en "sintonía" con el Espíritu de Vida.

La falta de armonía entre la especie humana y Dios, en el desarrollo humano frente a Dios, es la raíz de las experiencias de sufrimientos e infelicidades de nuestra especie en la Tierra, como vería muy extensamente luego en mis reflexiones e interacciones conscientes con Dios sobre el origen de los males en el mundo.

¡La experiencia del infierno fue un regalo de Dios!

Esta manifestación del infierno, de la "ausencia del Espíritu de Vida", fue una revelación de Su presencia a través de la realidad aparente, temporal, a la que nosotros mismos nos llevamos por la negación de Su presencia. Fue una estimulación de Dios, Presencia Eterna, para reconocer por mí mismo una equivocación del proceso racional de mi identidad temporal cultural por el que buscaba entender mi previo reconocimiento primordial, mi FE; por el que buscaba entender el mecanismo de la eternidad.

Para tener una experiencia de la presencia de Dios en uno mismo es necesario contar con la posibilidad de generar un evento por el que se tenga la experiencia de no tener a Dios. En otras palabras de la experiencia diaria: "para apreciar lo que se tiene hay que perderlo", ni más ni menos claro puede ser este dicho popular como una analogía de lo que me ocurrió en relación a Dios.

Para Ciencia y Teología.

¿Qué fue mi experiencia en el infierno?

"Infierno es la experiencia de nuestra desarmonía con el proceso existencial".

¿Cómo fue que yo llamé, invoqué, o generé yo mismo esa experiencia del infierno?

Luego de mi interacción con Dios acerca de la eternidad aquella noche a mediados de Junio antes de mi experiencia del infierno, que para muchos fue sólo mi fértil imaginación[a], me lancé a la búsqueda del origen del universo, de su configuración y el proceso que lo establece, define y sustenta a partir de una partícula, de un entorno finito pero de masa infinita. Un absurdo, puesto que ya había reconocido su eternidad, que el universo era una presencia eterna... ¿de qué? ¿energía? ¿materia? Inicialmente todavía no sabía qué ni cómo buscar lo que no sabía, pero era obvio que debía partir de Dios, de la Presencia Eterna consciente de sí misma. Sin embargo, sin advertirlo yo comencé a buscar el origen del universo, del mecanismo de la eternidad en realidad, a partir de una partícula o entorno infinitesimal eterno desde el que se desarrollaba la inteligencia. Una vez más, era un absurdo pues,

"Ninguna inteligencia puede desarrollarse partiendo de la ausencia de inteligencia, aunque el entorno sea eterno. Más adelante sabría que eternidad y consciencia son inseparables en la Unidad Existencial. Sólo es eterna y consciente de sí misma la Unidad Existencial, Dios.

De alguna manera reconocí la eternidad, mi propia eternidad, y la eternidad de todo lo que existe, pero no pensé en ese momento que *Dios, lo que nos anima, da vida, era, es, el resultado inherente, inescapable, inevitable, único, de un proceso eterno que tiene lugar sobre una presencia eterna de algo...* de algo que todavía no sabía, obviamente, pero que conforma la Unidad Existencial.

La Presencia Eterna, la que sea, es inherentemente inteligente, es la Unidad Absoluta de Inteligencia Consciente de Sí Misma.

La inteligencia no se crea, ya lo hemos notado.

Si observamos que algo desarrolla inteligencia, desarrolla una capacidad que ya está presente en otro nivel energético desde el que se desarrolla el que observamos.

[Necesitaba reconocer lo que es inteligencia a nivel primordial, que para una entidad existencial en nuestro dominio material es la capacidad de interactuar armónicamente frente a las interacciones que tienen lugar en el manto energético en dos sub-dominios energéticos de los que proviene. Referencia (1)].

Yo estaba pensando para entender el origen del mecanismo de la eternidad sin saber que estaba siendo orientado por *una verdad muchísimo más profunda que precede a Dios, a nuestro concepto de nuestro origen*, de nuestra consciencia.

Dios resulta de la Unidad Existencial, de una Presencia Eterna, la Fuente u Origen de Todo y de nuestra manifestación... ¿qué más da el nombre que demos a eso que es, precisamente, origen del proceso existencial consciente de sí mismo del que somos sus unidades locales, temporales?

DIOS es la Presencia Eterna de "algo" (luego sabría qué es ese "algo") que establece y define la Unidad Existencial.

Energéticamente, DIOS es la Unidad Existencial; Unidad de Inteligencia de Interacción; Todo Lo Que Es, Todo Lo Que Existe.

DIOS es la Identidad de la Unidad Existencial; Identidad Consciente de Sí Misma.

DIOS es la Consciencia Universal, la consciencia del proceso existencial sustentado por la Unidad Existencial. Éste es DIOS Absoluto del que se deriva Dios, nuestra versión, interpretación limitada, condicionada culturalmente.

Ahora continuaremos llamando Dios a nuestro Origen Absoluto, pero nos referimos a DIOS como acabamos de notar.

¿Cómo podría yo en ese momento haberme asomado conscientemente al proceso que yo había puesto en marcha al abrir las *"Puertas del Cielo"* para entender la Verdad: *eternidad*?

No podía haberme asomado todavía. Desarrollar la consciencia, el entendimiento de un reconocimiento, es el resultado de un proceso racional voluntario individual, personal.

Yo había puesto en marcha el proceso de conscientización universal en mí mismo,

y el proceso en el que estamos inmersos no iba a dejarme allí, aún cuando me equivocara, pues mi íntima intención era alcanzar la Verdad, el mecanismo de la eternidad, y ése, el proceso eterno del que todos somos partes, no iba a negarse a sí mismo; no. Por ello se hizo posible una experiencia que me estimulara a salir de mi equivocación.

¿Qué mejor motivación a reconocer mi equivocación con respecto a la Verdad, eternidad, que experimentar lo que niega la Verdad (tratar de crear la eternidad es negarla)?

Sí, me puse a buscar entender la eternidad y el proceso existencial eterno.

Buscar entender el proceso existencial es preguntarle a Dios; es preguntarle, precisamente, al proceso existencial.

Dios, el proceso existencial consciente de sí mismo, me respondió. Ya lo vimos antes.

¿Cómo podría Dios dejar de responderme?, o de responderse a Sí mismo en realidad, ya que, como todos, soy una individualización de Dios mismo que estaba buscándole.

¿Cómo me mostraría Dios, el proceso existencial consciente de sí mismo, a mí, una individualización de Sí mismo, que el concepto fundamental para entender ese proceso existencial del que soy, como todos, una unidad inseparable, es la *armonía*?

[Luego sabría más de la armonía y su relación con el proceso eterno].

Pero además, *armonía* era importante por mi propia desarmonía inconsciente entre mis dos identidades, la identidad primordial, la del alma, que reconoce la eternidad pues se sabe eterna, y la identidad temporal cultural, que continuaba errando, precisamente por desarmonía entre ambas; desarmonía que era resultado del desarrollo racional inducido desde la identidad colectiva de la especie humana en la Tierra.

¿Cómo mostrarme la armonía existencial?

Pues... sacándome de ella.

¿Hay acaso mejor manera para ser estimulado a reconocer la armonía que ser sacado, ser "puesto" fuera de ella?

Tuve la experiencia del infierno al alcanzar un estado particular de pulsación, de vibración de mi trinidad energética que me establece y define como ser humano, en desarmonía con Dios.

No perdí la consciencia en mi experiencia del infierno.

No podría haberla perdido a mi consciencia pues ella viene del proceso existencial que establece, define, sustenta la Unidad Existencial consciente de Sí Misma, Dios, de la que soy una subunidad eterna, aunque manifestada en un entorno particular del universo; a su vez, éste es un entorno de la Unidad Existencial.

La desarmonía era en el proceso racional consciente de sí mismo[b], entre mi identidad temporal, cultural (que a menudo equivocadamente le llamamos mente) y mi alma, la entidad espiritual, primordial, de mi trinidad como ser humano.

Luego de esa experiencia desvastadora vino el proceso de entender la experiencia. Fue un proceso inicialmente angustioso,

---

179

confuso, pero no fui dejado solo. No podría haber sido dejado solo. No podría ser jamás separado de la Unidad Existencial, de Dios. La Unidad Existencial no se negaría nunca, jamás, a sí misma dejando sola a una de sus individualizaciones por cuyas interacciones e integraciones se define y re-crea a sí misma la Unidad Existencial.

Obviamente todo esto lo entendí en el camino, durante mi búsqueda, en el proceso de mi conscientización y mi propia "integración", ahora consciente, al proceso existencial.

Más adelante, no podría olvidar cuando al ver una gran telaraña y la araña en el centro, reconocí de inmediato a través de esa imagen el concepto primordial de *armonía*.

A partir de ese momento, llegar a la Verdad, al Origen, a mi Fuente, nuestra Fuente, fue una mera cuestión de disciplina y determinación en el seguimiento de esta orientación fundamental, *armonía*, para la corrección del proceso de conscientización.

Al llegar a la Verdad entendí el propósito de nuestra manifestación local, temporal, en la Tierra.

Doy gracias a Dios, mi Madre y Padre, a la Unidad Existencial, por la experiencia desde la que alcancé la Verdad.

Tener la experiencia del infierno, de estar consciente de la desarmonía con el proceso existencial, fue un extraordinario regalo por el cuál fui estimulado a "saltar" a otro nivel de consciencia, a otra dimensión existencial, desde aquí, en la Tierra.

Finalmente, supe que estoy en el Paraíso aunque casi todo alrededor parezca negarlo. Estar en el Paraíso, en el Cielo, es estar en armonía con el proceso existencial. Todo lo que niega al Cielo a nuestro alrededor sirve al propósito de experimentar lo que no somos en la eternidad, y de estimularnos a reconocer lo que realmente somos: *unidades de Dios en proceso de integrarnos a Dios, al proceso existencial consciente de sí mismo.*

Somos las unidades de proceso por las que Dios se re-crea a Sí mismo, por las que el proceso existencial, universal, se re-crea a sí mismo.

Notemos que al buscar la eternidad, que se experimenta por un proceso re-creativo de interacción armónica, yo mismo genero o me "llevo" a mí mismo a la experiencia disponible por la que luego me hago consciente del concepto de *armonía* que reconocí en la telaraña, y que me lleva posteriormente a un proceso de interacción con Dios que llamo *Viaje al Centro del Universo* por el que entiendo eternidad, estado de inmutabilidad de la Unidad Existencial, y visualizo el proceso interno a que da lugar a partir de una presencia finita de sustancia primordial de la que todo se genera y se re-crea; presencia finita aunque inmensamente grande, inmensurable, inalcanzable físicamente.

En la referencia (II.4, vol. 2) hay una descripción de esta experiencia desde el punto de vista energético, dada la relación energética entre Dios y la especie humana.
La perturbación mental es una resonancia energética en la estructura trinitaria que sustenta el proceso SER HUMANO.
Infierno fue una resonancia negativa entre las estructuras trinitarias del ser humano y la de Dios.

(a)
Luego reconocería la estrecha relación entre nuestra imaginación y los pensamientos de Dios, [de Dios para muchos; el universo o el proceso existencial en evolución por sí mismo, para el resto (universo que hasta ese momento yo, como casi todos, consideraba que era la Unidad Existencial, el hiperespacio de existencia o espacio multidimensional de naturaleza binaria, Todo Lo Que Es, Todo Lo Que Existe)].

(b)
También, luego veremos que a través de la consciencia de la Unidad Existencial es que somos conscientes, que se reconoce a sí misma esta individualización, yo, Juan, el proceso racional consciente de sí mismo, mi identidad temporal. Referencia (1).

¿Desobediencia a Dios?

Somos una sub-estructura de la estructura de Consciencia Universal, de Dios, en un nivel que está en desarrollo hacia el nivel que nos dio origen, ¡hacia Dios mismo!

No hemos sabido, en general, interpretar los conceptos primordiales provenientes de Dios, del proceso existencial, que siendo eternos se refieren al estado (*eternidad*) y a la característica de la relación fundamental (*armonía*) entre los componentes interactuantes del proceso existencial a que da lugar la eternidad, o como decimos, aunque incorrectamente, "que sustentan la eternidad". Esos conceptos se nos suministran como orientaciones, caminos a seguir, referencias, para nuestro desarrollo racional para entender todos los aspectos del proceso existencial.

Los conceptos primordiales los provee el mismo proceso existencial y nuestra mente los "captura" cuando estamos preparados y listos para eso.

Durante las primeras reflexiones, por la inducción de la consciencia colectiva y debido a sus interpretaciones limitadas, distorsionadas en muchos casos, de las manifestaciones espirituales o primordiales provenientes de Dios, concluyo en que mi experiencia en el infierno es por haber desobedecido a Dios, y por mi soberbia al tratar de "crear" lo que es de Dios, el universo, algo a lo que yo no puedo llegar sino aceptar, creer.

Pues no, no fue correcta esta conclusión inicial como la razón para ser "llevado" a esa experiencia del infierno.

No; no fue desobediencia a Dios.

La experiencia desvastadora del infierno fue mi creación, por mi desarmonía racional con el proceso existencial.

Dios no nos pide nada, mucho menos nuestra obediencia. Dios nos da todo; nos lo ha concedido todo, pues somos Sus individualizaciones, *Sus re-creaciones a Su imagen y semejanza de Sí Mismo*, libres, con poder de creación ilimitado, y con el mismo origen, naturaleza divina, y eternos como Dios mismo.

Si Dios hubiera querido nuestra obediencia, nos hubiera creado de esa manera, si es que Dios nos creó, ya que en realidad, ambos, Dios y nosotros, somos eternos. ¿Acaso no Somos Uno?

Siendo libres no tenemos que obedecer a Dios.

En cambio, Dios nos sugiere buscar la armonía, vivir en armonía, que es el concepto primordial del que se deriva la interpretación racional de obediencia.

Si entendemos obediencia como armonía, como la comunión de ambos en un propósito común, entonces sería "obediencia" y nunca como una obligación sino por convicción, por consciencia, por entendimiento.

Al tener consciencia no necesitamos obedecer a nadie, excepto estar en armonía con el proceso por el que nos definimos, nos hace conscientes, y "sustentamos" la eternidad.

Armonía es la característica natural de las interacciones primordiales, que reconoce el alma y por la que ella misma se establece y se define.

Obediencia es una interpretación racional que implica obligación contra la voluntad.

Obedecer (a la madre) por amor (a la madre) en una contradicción.

El niño obedece a la madre por temor a lo que ignora, y confía en su madre hasta que alcanza su libertad, independencia, y entonces puede decidir por sí mismo conforme a su propia consciencia. La madre orienta al hijo para que alcance su libertad, hasta que alcanza su libertad, cuando es consciente de sí mismo y desea experimentarse por sí mismo; no lo orienta para limitarle

---

183

la libertad con obediencia que niega el amor.

Amor es extender a los demás lo que nos hace felices.

Somos felices cuando nos realizamos por nosotros mismos, y para eso necesitamos ser libres.

Amor es hacer libres a los demás, y armonía es realizarse a sí mismo sin interferirse mutuamente mientras se realiza el propósito común, absoluto para todos: sustentar la consciencia del proceso existencial, Dios, que nos permite, a todos, la experiencia individual. Somos Uno.

Obedecer implica subordinación al que se obedece, ya sea por temor o por ignorancia, por falta de entendimiento, conocimiento.

Se obedece por temor siempre, aunque sea por ignorancia, pues ignorancia es lo que genera una versión del temor.

Temor niega al amor.

Dios es amor. Nosotros ya Le hemos reconocido así.

Dios ha hecho al ser humano Su par, entonces no debemos obedecerle sino estar en armonía con Dios pues ambos, juntos, siempre inseparables, conformamos la Unidad de Consciencia del proceso existencial.

Ver más adelante, en la sección Aplicación de la Guía del Espíritu de Vida, algo más acerca de obediencia y armonía en una revisitación del caso entre Dios y Abraham.

También creí que había sido soberbio, por haber tratado de asumir el papel de creador, cuando en realidad Dios ha dispuesto todo para que todos alcancemos toda la verdad, tanto como deseemos hacerlo.

Luego me planteé mi hipocresía inconsciente, al no reconocerle credenciales a la ciencia porque negaba a la eternidad, mientras que por otro lado sí acudí a la ciencia para teorizar con un inicio del universo no muy diferente al que se acepta por el fenóme-

---

no del Big Bang; aunque este evento sí es cierto, lo es como un evento de una re-creación del universo y no como una creación.

Más adelante entendí que no debo rechazar lo que ya se ha construído, en este caso el conocimiento energético del universo, sino corregir las desviaciones, los errores, las equivocaciones.

Dios me diría,

« Rectifica, no destruyas »,

refiriéndose a lo que muchos individuos hicieron por sí mismos y, o instigaron, alentaron, sustentaron (y que todavía se hace hasta hoy) cuando destruyeron libros, instituciones, e incluso civilizaciones (como mencionamos en la sección Quema de Documentos) sólo porque lo que ellos interpretaron y, o entendieron, difería de lo que se practicaba por otros, en lugar de estimular los cambios, las nuevas interpretaciones, viviendo por ellos.

"¿Por qué crees que fue Dios?"

No, yo no creo; es mucho más que creer. Yo lo sé.

Yo sé que he experimentado la Presencia de Dios. Pero, ahora también deseo entender la experiencia de Dios en mí y continuar creciendo en ella.

"¿Como sabes que fue Dios?"

Una vez que se experimenta la Presencia de Dios en uno, no hay manera de dejar de reconocerle.

La experiencia es primordial y no puede ser reemplazada por ninguna descripción racional, cultural.

Una vez experimentado a Dios en sí mismo, dejamos de preguntarnos si fue Dios y comenzamos a vivir a Dios. *Ese Dios que decimos que hemos experimentado es DIOS si le mostramos a través del amor, uno de los tres atributos que Le definen y por el que nos hacemos Uno en Él*; a través del *amor primordial* (irrestricto, incondicional), no de nuestras interpretaciones racionales limitadas y sus prácticas condicionadas culturalmente.

Más aún, ya vimos e insistimos ahora en que,

El Dios que decimos que reconocemos es el Absoluto, Único, DIOS, y no una versión racional ni práctica cultural, si actuamos, si vivimos en armonía con los tres atributos que

definen a DIOS: *amor, eternidad y felicidad.*

La experiencia de Dios no es un conocimiento que se pueda transferir sino participarla, y de lo que crea la persona que recibe la participación es que se pone en marcha algo dentro de ella, *si es que actúa conforme a lo que cree.* No se puede experimentar algo en lo que creyendo, aceptando, luego no se trabaje para hacerlo realidad. Lo que se cree o acepta es la referencia de un proceso que se inicia dentro nuestro para que lo que se cree se haga realidad. Este proceso está ahora a nuestra disposición. Referencias (I.1) a (I.3) de aplicación inmediata, al alcance de todos, y referencia (II.4) desde el punto de vista energético.

La Presencia de Dios en la Experiencia del infierno.

¿Qué me dio la seguridad espontánea, inmediatamente al momento de cesar la desvastadora experiencia del infierno, que ella tenía que ver con Dios?

Esa seguridad fue, además, mucho antes de que yo supiera, y sólo después de intensas reflexiones e interacciones con Dios, que ese infierno había sido nada más y nada menos que mi propia creación a la que Dios permitió que tuviera lugar para entender lo que no puede entenderse a menos que pasara por ello.

Mi alma fue quién reconoció la naturaleza de la experiencia del infierno.

Mi alma me lo hizo saber, aunque yo no era consciente de la relación y el mecanismo de comunicación entre ella y el arreglo de mi identidad temporal cultural.

Mi alma le "decía", estimulaba a mi identidad temporal cultural, y yo estaba en un estado particular de hipersensibilización por el que "escuchaba", reconocía a mi alma, y me expresaba por ella.

Así, en el tiempo, esa experiencia en el "infierno" fue un gran regalo de Dios. Entonces, en cierta manera, y tal como yo lo expresaba, aunque todavía muy rudimentariamente por aquellos días, esa experiencia había sido una Manifestación de Dios, por la que me estimulaba a buscar algo; y eso hice, a pesar de la sacudida que me dio. No dejé que nadie me "quitara" mi reconocimiento de la acción de Dios, de la presencia misma de Dios en ese evento.

« Infierno es la experiencia de la desarmonía con Dios ».

(Revisitación).

Al estar en desarmonía con Dios, con el proceso energético que nos hace a los seres humanos Uno con Dios, el proceso reacciona provocándonos un malestar, infelicidad o sufrimiento.

Esta reacción es el indicador natural de alguna desarmonía con Dios; si no tuviéramos este indicador no podríamos saber que estamos en desarmonía con Él.

Estar en armonía con Dios es lo que nos hace libres de las experiencias de infelicidades y sufrimientos que plagan a la especie humana en la Tierra.

Toda experiencia que tiene que ver con Dios es espiritual.

Las características de la experiencia, indescribibles adecuadamente hasta hoy, no me dejó dudas desde el primer momento. Lo que sentí no podía ser algo puramente físico o mental relacionado con algo de nuestro dominio material. De alguna manera, y sin poderlo definir, sentía yo que esa experiencia era algo espiritual. Fue aterradora, sí, pero espiritual. Aterradora por los efectos fuera de mi capacidad racional de manejarlos; estaba frente a una "fuerza" totalmente fuera del control de mi identidad racional temporal, cultural. Después de salir de ella, de alguna manera sentí que había algo mucho más profundo en esa experiencia, que era algo primordial. Obviamente el componente espiritual, mi identidad primordial, el alma, dejó que ese "infierno" tuviera lugar en mí como el mejor medio para hacerme consciente de la Presencia de Dios en mí, por medio de los efectos de "no tener" la Presencia de Dios, porque todavía yo no era realmente consciente de Ella. [Si no reconocemos y actuamos por la Presencia de Dios, no podemos entender el proceso existencial y nos privamos del único medio para salir de nuestras experiencias de infelicidades y sufrimientos, o para no caer en ellas si ya somos felices. *La consciencia de la Presencia de Dios nos conduce a la armonía con Ella, lo que nos exime de las experiencias de sufrimientos e infelicidades.* Referencias (2)].

Simplemente, no me cabían dudas.

Por supuesto, luego, ya en la fase inicial de reflexión sobre lo ocurrido, y sólo por muy corto tiempo, pude concederme la posibilidad de que algo físico hubiera podido iniciar esa experiencia, pero siempre, en todo momento, diciendo que sería un medio por el que Dios estaría introduciéndome, de alguna manera, Su presencia y Su mensaje. De una forma u otra, la Presencia de Dios en esa experiencia fue para mí la verdad obvia. Yo había experimentado algo que solo Dios podía estar manejando.

- Pero, ¿y si fue el demonio? - insistió Norma, muchas veces, muy preocupada por la creencia de una entidad opuesta a Dios y que no es sino de nuestra propia creación.

- No, Norma. Si hubiera sido el demonio, si acaso existiera, lo cuál es negar a Dios, no me hubiera sacado del "infierno". No, no. Me hubiera dejado allí, ¿no?

- Pero... pero ¿por qué dicen que el demonio es el que lucha contra Dios y que es el culpable de nuestras fallas y qué se yo cuánto más...? - insiste con esa convicción tan simple de quienes amando a Dios, a la vida, sin embargo no están listas todavía para asumir la búsqueda por sí mismos sin depender de las interpretaciones racionales y las aproximaciones culturales que prevalecen en nuestra civilización toda, en las diferentes y diversas sociedades.

- No, Norma. Hay mal en este mundo, sí, pero es generado por el ser humano, por su falta de consciencia o falta de entendimiento de las cosas de Dios, del DIOS verdadero, no del que han interpretado y se nos enseña desde que somos chicos, niños. No, no hay demonio que se oponga a Dios. Creer en un demonio es negar la omnipotencia... el poder de Dios y Su amor. Es la gran contradicción, absurdo, en que caen individuos con un gran desarrollo intelectual; sí, individuos con un gran desarrollo, sin embargo no reconocen, o lo aceptan así, sin más, al absurdo, por temor que se nutre de la ignorancia, falta de entendimiento, nada más...

- ¿Por qué entonces estabas tan trastornado... aterrado, cuando estabas en la cama después de... regresar de tu "infierno", de tu... experiencia rara de Dios? - me reta ahora Norma a responderle.

- Porque obviamente tenía miedo... era algo natural instantáneo... al verme atrapado... sí, esa es la expresión adecuada, atrapado en una situación tan desvastadora, jamás imaginada, totalmente inesperada en un lugar impensado... ¡en el vacío, en la nada! Por eso salté en mi cama cuando parecía que otra vez iba a ser arrastrado a esa locura bestial; salté buscando el crucifijo, reconociendo que en algo había ofendido[a] a Dios...

El reconocimiento de la intervención de Dios fue mi reacción fundamental frente a la experiencia del infierno, por la que luego, con la guía de Dios mismo actuando por intermedio del Espíritu[b], yo encontraría la explicación que ofrezco hoy.

Después de ese reconocimiento, yo tenía que expander y entender lo que sentía, lo que sabía primordialmente luego de mi experiencia pero que no podía explicar todavía, ni a Norma acerca de toda ella, de la aterradora, desvastadora noche, ni a mí mismo acerca de ¿por qué Dios usaría ese medio para hacerme saber de mi equivocación a la que yo reconocí de inmediato? Ya lo vimos.

190

(a)

Luego entendería que en realidad no se ofende a Dios (no hay cómo ofenderle, pues todo lo que hagamos es permitido por Dios como parte del proceso de conscientización), sino que se actúa en desarmonía con Dios, y la indicación de nuestra desarmonía es dada, ya lo notamos, por las experiencias de infelicidades y sufrimientos de los seres humanos, individual y colectivamente.

(b)

Todo lo que Existe, Todo Lo Que Es, se halla inmerso en el manto energético al que llamamos espacio-tiempo. Este manto es, <u>en la dimensión energética primordial</u>, el manto espiritual. Espíritu es, entonces, la red energética consciente de sí misma formada por la fantástica inter-modulación, "entretejido" del manto energético en el que nos hallamos inmersos todos y todo lo que existe. Todo lo que vemos está inmerso en el manto primordial, espiritual, que no vemos.

Toda manifestación del Espíritu de Vida nos mueve hacia Él.

Instantáneamente me reconocí que había "ofendido" a Dios, que había hecho algo en desarmonía con Dios, de alguna manera.

Más tarde, fui reconociendo que fue con mi intento de una "creación" de un universo de tal manera que fuera eterno. Sin saberlo, *con esa "creación" estaba negando al Espíritu de Vida, es decir, estaba en desarmonía con el Espíritu de Vida Eterno.* Yo no podía darme cuenta por mi intenso deseo que me privó de revisar mi inconsistencia. Pero algo hice además de eso, del agrado de Dios, que estaba en armonía con Dios y que era más importante que la equivocación, por lo que entonces Dios me advirtió. *Al estar uno en armonía con Dios en un aspecto que es fundamental en nuestra relación con Él, tal como eternidad, lo que Dios piensa ¡queda al alcance del individuo que está en armonía con Él!* Ahora podemos entender nuestra relación íntima con Dios y el protocolo de interacción con Él.

Conforme fui interactuando con Dios, fui creciendo en consciencia, en el entendimiento de todo lo ocurrido. No, no fue nada físico lo que inició mi experiencia del "infierno" sino mi desarmonía con mi teoría racional contradiciendo el reconocimiento primordial.

Nada físico pudo provocar, pudo llevarme a donde fui llevado, con pleno y total uso de la consciencia de identidad primordial, aunque privado por un instante (no sé cuanto tiempo en realidad) de la consciencia ambiental y goce de mis facultades racionales y físicas, motoras. No, nada físico pudo originar tal experiencia.

Hubo una disociación temporal de mis dos identidades: *identidad primordial* en el alma, e *identidad racional*, temporal, cultural. Luego, y gracias a este reconocimiento, es que pude entender y describir la interacción de la trinidad humana con la trinidad de Dios, del proceso existencial consciente de sí mismo. Referencias (2), (I.1 a I.3) para todos, y (II.4) más avanzada.

Lo dije insistentemente, aunque no lo entendiera entonces, que **una manifestación que provenga del Espíritu de Vida, ¡en el que Dios mismo se halla inmerso!, solo puede moverme en una dirección: hacia Él,**

y sin dañarme, aunque me dejó perturbado y confuso por un tiempo, pues obviamente tenía que entender, y eso ya dependía sólo de mí.

No entender todavía en aquellos momentos no me iba a llevar a negar lo que sabía primordialmente, por el *reconocimiento en mi alma, de la experiencia ocurrida en mi mente*, en mi identidad temporal cultural.

Dios me dio un conocimiento que nadie puede tener a menos que Dios hiciera lo mismo con él. Dios me hizo reconocer la desarmonía con Él (lo que limitada, distorsionadamente se reconoce en religión como "pecador, ofensor" frente a Dios). Sólo Dios pudo llevarme de esa manera contundente hacia Él, advirtiéndome de la consecuencia de las desarmonías: la experiencia del infierno. Esta advertencia fue por Su amor, la fuerza primordial de la Unidad Existencial consciente de sí misma, por la que estamos co-nectados inseparablemente a Él, Dios, a Ella, la Unidad Existencial, todos los seres humanos y todas las manifestaciones de vida universal que son parte de la estructura de interacciones que sustentan la consciencia universal, la consciencia de Dios. *Esta fuerza es la que reconocemos como sentimiento de amor.* Dios me advirtió, por amor, de las consecuencias de una opción equivocada por apresurarme dejándome llevar por interpretaciones limitadas cuando yo tenía ya la conexión con Dios. La consecuencia, nuestra experiencia de infelicidad o sufrimiento, no es algo que Dios quiera que nos ocurra, y por eso es que Dios nos orienta para que no incurramos en ellas; pero es nuestra decisión la que se requiere, pues Dios, al habernos hecho libres, no va a interferir con nuestra voluntad. Si queremos entender, tenemos que hacer una tarea, nuestra tarea. Nadie va a hacer nuestra tarea frente a Dios por nosotros, pero Dios nos estimula y orienta, y envía a Sus mensajeros para ayudarnos a salir de nuestro patrón recurrente de experiencias de infelicidades y sufrimientos.

Supongamos que creyera, si acaso fuera posible y solo como un ejercicio racional, que hubieran fuerzas contra Dios. Luego,

una fuerza opuesta a Dios no me llevaría a reconocerme como "pecador u ofensor" (en desarmonía) frente a Dios; jamás lo haría pues se negaría a sí misma esa fuerza.

La posibilidad de una fuerza opuesta a Dios es absurda, pues siendo Dios la Perfección que ya hemos reconocido y por la que nuestra especie humana se guía para los desarrollos de sus modelos morales, no puede haber nada que afecte la perfección de Dios, no puede haber nada que se desarrolle hasta tal punto de afectar la perfección de Dios. Esto, simplemente expresado energéticamente, porque *eternidad es el estado de la existencia que induce, fuerza la armonía*, siendo armonía la característica de las interacciones entre los componentes que conforman la Unidad Existencial eterna, y esas interacciones, a su vez, son las que conducen a la distribución funcional perfecta de todos los componentes de la Unidad Existencial: Dios, Unidad Perfecta.

Por eso, desde el principio, desde el instante en que comenzaba a recobrarme de ser "asomado al infierno", sin entender la experiencia, supe que había "ofendido" a Dios y que lo que acababa de experimentar tenía que ver con Él, por lo que salté a tomar el crucifijo (una reacción aprendida culturalmente) y Le pedí "perdón por haberte ofendido" con mis teorías o escritos.

Con la reflexión, con la interacción con Dios mismo, como el Espíritu de Vida me indicó luego en la Confirmación por la Luz, es que comencé a entender la Revelación de Dios, poco a poco.

Comencé a entender por ponerme en ello, y no por delegar la interpretación a nadie, ni ahora en el presente ni en el pasado, en los libros, sino *por la interacción con el futuro*, algo que hoy está al alcance de todos entender.

Futuro es hacia donde nos desarrollamos, hacia Dios, y no lo hacemos en menor tiempo por temor; sí, por temor, y nada más. Pues llegaremos, es inevitable, pero podríamos hacer el camino más corto, mucho más corto y menos sufrido.

Interactuando con Dios íntima, personalmente, estamos interactuando con nuestro futuro.

Dios es la dimensión de consciencia hacia la que evolucionamos.

Entendí luego, que lo que Dios quería decirme era que yo no podía continuar en ese estado en desarmonía si yo Le había llamado a Su *"Puerta del Cielo"* con mi acto de FE: *mi decisión de buscar haciéndome libre de las limitaciones del mundo*. Mi reconocimiento frente a la eternidad mostraba un aspecto fundamental como parte inseparable de Dios, *eternidad*, y a ese reconocimiento y la decisión de usarle como guía en mi proceso racional fue a lo que Dios "respondió" con Sus orientaciones eternas, los *super conocimientos.* En realidad, como ya lo dijimos, una decisión fundamental, es decir, en armonía con el proceso existencial, en mi caso fue la decisión de *buscar en la Verdad, en la eternidad y no en las manifestaciones temporales,* cambia nuestro estado de vibración por el que nos "sintonizamos" con Dios y accedemos al Conocimiento.

La Revelación de Dios para Ciencia y Teología.

Origen del amor, la fuerza y el sentimiento de la Unidad Existencial.

También puedo reconocer, "ver" la Revelación de Dios, de la siguiente manera.

Es cuando Dios despierta en nosotros la consciencia espiritual, primordial, el *Sentimiento de Unidad Existencial Eterna,* SOMOS UNO, y que posteriormente se interpreta racionalmente y practica culturalmente como versiones limitadas, condicionadas, e incluso hasta distorsionadas, a las que llamamos amor.

El sentimiento de Unidad Existencial es el reconocimiento del *amor primordial,* del estado de pulsación o vibración primordial que sustenta la asociación de todo lo que establece y define a la Unidad Existencial consciente de sí misma, a Dios, y nos estimula a reconocernos a todos como parte de la Unidad, a extendernos mutuamente lo que nos hace felices: los derechos naturales, los bienes de todos, las mismas oportunidades para realizarnos individualmente, y a cuidarnos mutuamente. Tenemos el origen de la pulsación primordial. Referencia (1).

El estado de pulsación primordial genera las *fuerzas primordiales,* todas: las materiales, y las espirituales, de vida y del proceso

---

de desarrollo y conscientización de las especies de vida. De las *fuerzas primordiales* se derivan todas las versiones en nuestro universo, las que son sus modulaciones locales en diferentes dimensiones existenciales de espacio y tiempo.

Como una analogía, la pulsación de nuestro corazón genera la fuerza que hace fluir nuestra sangre que lleva todo lo que el cuerpo necesita para mantener su función, su proceso. Nuestra sangre es el *fluído de vida* del arreglo material biológico, el que lleva lo que luego genera energía, movimiento, por su intervención en los procesos que tienen lugar en los órganos y partes del cuerpo.

La Unidad Existencial pulsa, y a través de esa pulsación genera las fuerzas en todas las dimensiones y direcciones espaciales para llevar la información que se requiere para mantener la función de la Unidad Existencial, *el proceso existencial consciente de sí mismo.* El fluído de la Unidad Existencial, su "sangre", es la energía, a la que ahora podemos reconocer qué es exactamente, y cómo se origina. Referencia (1).

La fuerza del *amor primordial* es la fuerza de *asociación primordial*; es la que nos une a Dios en el dominio primordial que no vemos pero experimentamos, por la que recibimos la información de vida y las orientaciones de desarrollo de nuestra consciencia. Es la fuerza que nos mueve a la asociación en la especie, y en sus diferentes grupos culturales, en diferentes niveles de la fuerza. (La *fuerza de temor* es una *fuerza de disociación* con respecto a la Unidad Existencial, aunque puede inducir una asociación para protegerse mutuamente los integrantes de la nueva asociación, a expensas de la relación de esa nueva asociación con el proceso primordial. Lo vemos en nuestro planeta).

Como ya dijimos antes, la fuerza de amor primordial es también la fuerza de la que se derivan todas las fuerzas energéticas en el "plano" o dominio material en el que nos encontramos presentes e inmersos, nuestro universo. Esta fuerza es, mecánicamente, la *gravitación universal*, la que mantiene todo "junto", cuyo

---

origen y distribución espacial y sus modulaciones están a nuestro alcance. Referencias (1) y (2) II.4, vol. 1.

Cuando dos estructuras pulsan o vibran a la misma frecuencia y con la fase adecuada, en armonía, se produce un enlace entre ellas, una asociación que es total, absolutamente real. Es la asociación que define a las partículas, a los átomos; es la asociación que en nuestro universo vemos entre los sistemas estelares en las galaxias; entre el sol y sus planetas en nuestro sistema solar; entre nuestro planeta y su satélite, la Luna. No solo debe haber armonía entre las estructuras interactuantes sino entre éstas y el manto energético. Ya lo mencionamos al inicio del libro. Todo es parte inseparable de una sola Unidad Existencial.

La componente eternamente inmutable de la intermodulación consciente de sí misma del manto energético es el Espíritu de Vida.

Tuve FE al reconocerme eterno, cuando hice un reconocimiento espiritual; luego hice un acto de FE.

Dios me respondió, a través de Su Espíritu, de la red espacio-tiempo, manto energético en el que estamos inmersos, en la dimensión primordial. Esta red es la estructura consciente de sí misma a la que llamamos Espíritu de Vida.

« Yo, Dios, fiel a Mi promesa, respondo. Siempre ».

Estamos en esta red como el pez en al agua.

El agua tiene todo lo que el pez necesita para vivir.

El agua contiene oxígeno y alimento, y provee la presión que necesita el pez para vivir, y por la que le transfiere los cambios de temperatura y magnetismo que estimulan y orientan su migración a otras aguas. El magnetismo es parte de la intermodulación.

Igualmente, el manto energético universal tiene la presión, en otra dimensión energética, que una parte de nuestro arreglo biológico interpreta y por la que nos guiamos en relación con Dios.

Estamos inmersos en la red espacio-tiempo del manto energético, como los pájaros, que inmersos en nuestra atmósfera, no en el agua como los peces, migran del hemisferio norte al sur y viceversa. La atmósfera contiene líneas energéticas de campo magnético para guiar las aves en su migración, como nuestra dimensión en el manto energético tiene líneas, hebras energéticas que no vemos, que provienen del dominio primordial, espiritual, por el que recibimos las orientaciones que necesitamos para nuestros desarrollos, colectivos e individuales.

No puedo negar la Presencia e intervención de Dios.

Fue la respuesta de Dios, el proceso existencial, cuando "hallé" la explicación que buscaba para que la muerte del universo no ocurriera; fue cuando Dios me hizo saber que la explicación estaba en la luz como indicación de la interfase entre los dos dominios energéticos que establecen y definen la Unidad Existencial.

¿Quién sino Dios me haría saber eso?

Dios es la Verdad.

« La Verdad no puede ser negada ».

La Verdad Absoluta es Espíritu de Vida Eterno.

Espíritu es el Origen, principio de todo, y la razón absoluta, el Propósito final de todo lo que es, todo lo que existe: la vida, existencia consciente, para disfrutarla. Es el proceso primordial que anima todo lo que alberga la Unidad Existencial, eternamente.

Nuestra vida es la manifestación de Dios, siendo Dios la dimensión de consciencia final, universal, del proceso existencial, y Fuente de nuestro reconocimiento de sí mismos y de nuestra capacidad racional y poder de creación.

No entendemos la Verdad, es cierto; pero negar la Verdad no nos conducirá jamás a entender lo que negamos con nuestros actos y nuestros desarrollos en desarmonía con la Verdad que el alma sí reconoce y nos lo hace saber. No somos conscientes de las innumerables maneras en que a diario negamos la Verdad aunque mucho creamos en Ella y digamos que nos regimos por Ella; por ejemplo, creemos en Dios como amor incondicional que no puede dar lugar a discriminación o preferencias, sin embargo, nosotros discriminamos. Por lo tanto, podemos creer en Dios todo lo que queramos, pero no alcanzaremos a Dios hasta que dejemos de actuar negándole.

Creer no es suficiente.

La Presencia de Dios, la Fuente, está en nosotros; es parte de la trinidad energética que nos establece y define, una trinidad que reconocemos, pero no entendemos, y que es, a su vez, parte de la estructura energética trinitaria de Dios, la Trinidad Primordial.

Dios es la Luz, Consciencia, Conocimiento.

Luz, en lenguaje primordial, de Dios, es consciencia, el entendimiento.

Cuando me di cuenta que la luz era indicación del fenómeno físico que evita la expansión infinita, eterna, de nuestro universo físico, material, era Dios que comenzaba a responderme, a orientarme sobre el medio energético de interfase entre los dominios material y espiritual o primordial. Supe que había recibido una orientación verdaderamente fantástica.

Acababa de tener una orientación primordial para más adelante develar un misterio que los hombres de ciencia vienen persiguiendo por mucho tiempo.

La luz es indicación de un fenómeno energético que tiene lugar en una interfase de vida de la Unidad Existencial.

La luz es indicación del fenómeno físico que separa nuestro universo material de otro universo en el que estamos inmersos.

No cabía en mí de júbilo.

"¿Cómo pude yo llegar a esta conclusión?". Me asombré a mí mismo. Era fantástico. Había "encontrado", reconocido a la luz como la *pulsación de interfase entre ambos dominios que establecen la Unidad Existencial*. Aunque yo no fuera consciente de ello, mi identidad temporal, cultural, estaba lista para "saltar" a otro dominio de la existencia, mejor dicho, a otra dimensión existencial.

Dios me respondía.

Sí, Dios me respondía conforme a Su promesa eterna de no desoír a quienes le buscan como Dios espera desde la eternidad.

Dios es Amor.

(Revisitación para Teología).

Dios me hizo consciente de ser ambos Uno.

Dios y la Especie Humana Universal, no sólo la de la Tierra, somos los dos componentes interactuantes inseparables de la Unidad de Consciencia Universal (Binaria): *Dios es el nivel Padre y la Especie Humana Universal es el nivel Hijo.*

Dios me hizo reconocer la mejor versión de mí mismo frente a Él a la que puedo hacer realidad desde aquí, la Tierra, desde ahora, y junto a Él. ¿No es eso amor, amor primordial?

Dios se extendió a Sí Mismo a mí, y se nos ofrece a todos.

Encuentro con la Luz

4 de Julio de 2001

Trascendiendo a otra dimensión de consciencia, de realidad existencial

" .... Y Dios hizo la Luz ".

La Luz es manifestación del Espíritu de Vida señalando un fenómeno energético que tiene lugar en el límite entre los dominios espiritual (o primordial) y material de la Unidad Existencial; es una interfase energética de cambio de un dominio existencial a otro.

Dios me ha transformado espiritualmente.

He renacido en otra dimensión de consciencia, en otra realidad existencial.

La acción de la luz del sol entrando por mis ojos a mi cerebro, y de allí a todo mi arreglo biológico, fue para producir una transformación, una conversión espiritual o conscientización primordial.

La Luz, Dios, la consciencia de Su presencia en mí, me fue dada por la experiencia de Dios en mí en este encuentro.

La Luz es una analogía empleada por Dios a lo largo de la historia de Su comunicación con el hombre.

La sangre derramada en el concreto, en la Tierra, desde la herida de mi cabeza, es una marca. Es una marca eterna. En esa sangre, plasma de vida, se simboliza la comunión con el "plasma" universal, con la estructura de intermodulación de la red energética del espacio-tiempo consciente de sí mismo, Dios. Compartimos Dios y nosotros, la especie humana universal, no solo la de la Tierra, la información genética existencial contenida en nuestras asociaciones de moléculas de vida, y nuestro código genético tiene toda la información del proceso existencial. Nosotros, seres humanos, somos la re-creación del proceso existencial consciente de sí mismo, a otra escala. Ver referencia (2), II.4.

Podré saber todo lo que yo desee, pero nada es comparable con el saber por la experiencia de Dios en mí.

¿Es que hay algo mejor que ser tocado por Dios?

- ¿Como sé yo que a ti te tocó Dios verdadero, DIOS, y no otra versión más? - me preguntan.
- Porque extenderé en mis actos a Dios que alcancé, y regiré mis relaciones contigo y con todos mis hermanos por la misma Voluntad con que Dios se extendió a mí, con Amor.
"Por los frutos reconoces al Árbol", dijo Jesús.
Pues ve lo que hago, y entonces sabrás cuál es la experiencia de vida que deseo y por qué me rijo para hacerla realidad.

Iluminación

Expansión de Consciencia

Iluminación es el resultado del "salto" mental por el que se accede a otro nivel de la estructura de Consciencia Universal.

Iluminación es nuestra expansión hacia la estructura de Consciencia Universal, a la que accedemos al cambiar el estado de pulsación de nuestra trinidad energética que nos establece y define como SER HUMANO, como un sub-proceso de Dios, del proceso existencial.

Nadie puede hacernos expander o "saltar" a otra dimensión existencial.

El "salto" es resultado de nuestra decisión, de una decisión íntima particular, a la que responde el proceso existencial, Dios. Dios responde; no obliga nunca a dar este "salto", aunque nos estimula a darlo.

No "saltamos" a otra dimensión de consciencia sino hasta tener la oportunidad frente a lo que ocurre, frente a lo cuál mostramos si estamos listos para "saltar"; y estar listos es algo que sólo sabremos en ese momento, si frente a la circunstancia a la que nos enfrentamos en ese momento decidimos por el corazón, por nuestra esencia, por nuestra identidad primordial en el alma. No es cuestión de tener corazón, de tener esencia divina o no en ese momento, pues todos la tenemos, siempre, de lo contrario no existiríamos, sino que en ese momento es que decidimos mostrar lo que nos define frente a la eternidad, que es por lo que "saltamos" de nuestra dimensión de consciencia limitada y condicionada por este dominio material temporal, relativo, en el que estamos manifestados; decisión que es crucial pues usualmente es contra lo que nos definía hasta ese momento en relación a este dominio material, al mundo. En otras palabras, la iluminación resultará de la decisión íntima de desarrollarse libres del mundo por el que se conformó la identidad temporal cultural hasta ese momento, y sólo cuando ese nuevo desarrollo se hace siguiendo, conscientemente, la estimulación y orientación fundamental de desarrollo de consciencia: *Amor,* que se expresa racionalmente como *Somos Uno, Eternamente.*

Estamos listos si *reconociendo* en el alma a la estimulación primordial, a la presencia de Dios o uno de Sus atributos que Le definen (*eternidad, amor, felicidad*), nuestra identidad temporal cultural *acepta* el reconocimiento primordial y *actúa* conforme a él.

Por eso es que entiendo luego la orientación eterna que creer (que es aceptar por la identidad racional) no es suficiente, sino el actuar para hacer realidad lo que se cree o se acepta.

Estar listos es resultado de cultivar la armonía con el proceso existencial, con Dios, con lo que se "predispone" a la estructura trinitaria del ser humano para cuando se presente la oportunidad. No sabemos cuándo se va a presentar la oportunidad, pero sí sabemos que si no cultivamos nuestra predisposición no podremos estar listos cuando llegue la oportunidad. Cultivamos la armonía con Dios al vivir por lo que define a Dios o cuando buscamos en Dios nuestra realidad existencial. Referencia (2), I.1 y I.2.

¿Qué nos motivaría prepararnos para "saltar" a otra dimensión de consciencia, de realidad existencial?

En algún momento nos daremos cuenta que debemos intentar "saltar" para trascender a otra dimensión de realidad existencial porque en ésta, en la que estamos, no encontramos las respuestas que buscamos. De alguna manera sentiremos que debemos buscar fuera de nuestro entorno existencial, fuera de nuestro espacio o de nuestro mundo.

Para dar ese "salto" debemos y podemos prepararnos, a través de una decisión fundamental. Nos lo han dicho los profetas, los mensajeros de Dios, del proceso eterno: sólo nos preparamos por nuestros desarrollos de consciencia por las *orientaciones primordiales Somos Uno, Eternamente*, y por la vivencia, por la experiencia del proceso existencial siguiendo las *actitudes primordiales* por las que actúa Dios mismo Quien es el proceso existencial consciente de sí mismo en el que estamos inmersos. Referencia (2), I.1 y I.2, y II.4, vol. 2.

La vida nos presentará una oportunidad o circunstancia frente a la que podremos dar el "salto", si ya estamos listos.

Una circunstancia permanente, que nos debiera motivar a todos en cualquier y todo momento, que está al alcance de todos, y por la que todos sin excepción pasamos en algún momento, es fijada por,

las experiencias de infelicidades y sufrimientos en el mundo,

que estimula la pregunta de todos:

¿Por qué el mundo es como es? Referencia (2), II.4, vol. 2.

Iluminación es el fenómeno transitorio de *resonancia primordial* que indica el paso a la espiritualidad, a la vivencia por las *orientaciones primordiales*, y es también el nuevo estado de consciencia permanente luego de dar el "salto" o paso a otra dimensión de realidad existencial.

La iluminación nos permite conocer algo que aún no se ha experimentado, para luego experimentarlo. Se alcanza el conocimiento trascendiendo a otra dimensión existencial y luego se experimenta en esta dimensión en la que estamos ahora.

¿Qué podemos traer de la otra dimensión?

A Dios, a otro nivel de consciencia de la realidad existencial,

¿qué más?

A la iluminación le precede la *epifanía*, el fenómeno transitorio de acceso a información de Dios o de un aspecto de Él, de la Unidad Existencial Eterna de la que todos somos partes inseparables; y quienes la reciben trascienden al estado de *iluminación* si deciden seguir esa información como referencia para continuar el desarrollo racional en el aspecto por el que recibieron la *epifanía*. El mundo, la civilización o el modelo de asociación de la especie humana en la Tierra, que no se desarrolla por las orientaciones primordiales, a menudo no entiende a los iluminados y les rechaza ¡a pesar de que el mundo también busca llegar a ese estado y no puede por su desarmonía con el proceso existencial!

Imaginar es el proceso de "saltar" a otra dimensión existencial, de trascender a otra realidad existencial, incluso dentro de nuestro dominio material. El alcance de la imaginación depende de la actitud cultivada hacia el entorno existencial al que deseamos llegar racionalmente. Imagina el alma, que abre el horizonte a la identidad temporal cultural, al proceso racional consciente de sí mismo.

¿Es la iluminación de consciencia el resultado de una preferencia de Dios, de la Fuente, del proceso existencial consciente de sí mismo?

No. Ya vimos que no.

Dios no tiene preferidos. ¿Acaso una madre prefiere a un hijo por sobre otro? Preferencia niega al amor primordial.

Epifanía e iluminación resultan de las respuestas naturales del proceso existencial al ser humano que le "llama" a través de una decisión fundamental en armonía con el proceso existencial.

La Acción Liberadora de Dios

Resonancia Primordial
entre las estructuras energéticas trinitarias
del proceso universal (Dios) y el ser humano

Mi herida en la cabeza.

En mi interacción con la Luz el 4 de Julio.

Esta herida ocurrió al "aterrizar" de cabeza (esa fue mi percepción en el momento), después de recibir la luz del sol en mis ojos y ser llevado hacia atrás por una fuerza primordial (este efecto lo sentí clara, imborrablemente).

Aunque después del "aterrizaje" encontré una mancha aislada, (muy particular, diferente de lo usual, en el concreto del parque de estacionamiento donde ocurrió mi "aterrizaje", donde fui llevado desde la cerca de metal en la que recibí la acción de la Luz), que me hizo concluir que yo había sufrido un golpe contra el concreto, ahora entiendo que fui, yo mismo, un entorno energético sobre el que ocurrió un fenómeno particular de la estructura de consciencia universal, que tuvo lugar durante ese arrastre entre la cerca y el concreto cubriendo una distancia de unos cuatro metros.

En el momento de la acción de Dios a través de la Luz, tuvo lugar una *resonancia primordial* entre mi trinidad energética y la de Dios por la que se liberó una energía retenida en mi arreglo biológico.

———

La energía asociada con los arreglos en mi estructura de identidad temporal cultural en desarmonía con mi identidad primordial, al ser liberada por la resonancia subió por el sistema dorsal y escapó por la caja craneana, por la unión de los huesos parietales, causando la herida en el cuero cabelludo[*].

Esos arreglos en desarmonía habían sido generados por las distorsiones en el proceso racional, y éstas, a su vez, generadas por el conflicto entre lo que se había reconocido previamente en la identidad primordial (*la eternidad*) y aquéllo por lo que venía actuando la identidad temporal (*buscando una "creación" de la eternidad*).

[*]
Un tiempo después del Encuentro del 4 de Julio fue que me di cuenta de que a pesar de que yo sentí, en el momento del evento, un intenso dolor en el cuello y la parte superior del torso y hombros, no había sido realmente un dolor como cabría esperar de un golpe en la cabeza.

Realidad Absoluta

es la dimensión de Consciencia Universal, Dios, hacia la que evolucionamos, por nuestra voluntad

Si la Realidad Absoluta, Dios, está en la eternidad,
¿Tenemos que esperar ir a la eternidad para alcanzarla?
No.
Estamos viviendo en el presente eterno en todo y cada instante de la vida.

El problema es que no entendemos lo que es presente eterno porque no nos ponemos a desarrollarnos mentalmente para ello. Referencia (2), II.4.

Realidad absoluta es resultado de un proceso mental.

Dios es la Realidad Absoluta.

Dios es la dimensión de consciencia hacia la que se espera que evolucionemos, y para lo que tenemos en nosotros mismos todas las herramientas y medios para reconocer el proceso y las *orientaciones eternas* para poder hacerlo.

Si queremos trascender a la realidad absoluta tenemos que hacerlo nosotros mismos, cada uno por sí mismo. Nadie va a hacerlo por nosotros, aunque Dios, el proceso, ya ha dispuesto todo para que sea posible por quienes tomando la decisión, la ejecuten, la hagan realidad por sus acciones.

No necesitamos dejar este mundo para pasar a otra dimensión de realidad existencial, y solo es posible por la mente siguiendo un proceso a nuestro alcance, de todos, si es lo que se desea hacer. Referencia (2), I.1 y I.2.

Habremos pasado a otra realidad cuando nos hacemos parte consciente del proceso existencial e interactuamos con él, valga la redundancia, conscientemente.

Depende de nuestra voluntad, solo de nuestra voluntad, no de Dios. Hasta que no tomemos la decisión y comencemos a hacerla realidad por nosotros mismos, nada pasará en este sentido.

La realidad existencial se desarrolla por el proceso racional de establecimiento de relaciones causa y efecto en los dos dominios de la existencia, *material y primordial o espiritual*, pero hasta ahora nuestro desarrollo tiene lugar por las experiencias en el dominio material que alcanzamos con nuestros sentidos, y no conciliamos estas experiencias, las *emociones*, con lo que sentimos muy dentro nuestro. Lo que sentimos nos dice, indica que hay algo mal pues no estamos bien, sufrimos, o si somos felices entonces tenemos miedo de perder la felicidad o lo que nos hace sentir felices ahora. Los sentimientos provienen del dominio primordial, no son nuestros, son estimulaciones desde la estructura de consciencia universal, de Dios, pero no aceptamos revisar nuestras *prácticas culturales que generan las experiencias conflictivas frente a los sentimientos primordiales.*

Apenas comenzamos a incursionar, la ciencia, en las interacciones entre *mente y cuerpo*, pero nada se hace con las interacciones entre *alma, mente y cuerpo*, siendo que la consciencia, el acceso a la estructura de consciencia universal, tiene lugar por las interacciones entre *cuerpo y alma*. Las interacciones tienen lugar generando una modulación del manto energético que define a la *mente*. Referencia (2), I.2.

La realidad existencial es un estado mental que se alcanza por la estructura de pulsación, de vibración de la trinidad energética que establece y sustenta el proceso SER HUMANO, y ese estado depende de las decisiones del arreglo de identidad del proceso.

Espíritu de Vida

La naturaleza del Espíritu de Vida está a nuestro alcance

Para interpretar las *Orientaciones Eternas* que recibí de Dios, yo tenía que seguir la guía del Espíritu de Vida. Esta dirección surgió de la experiencia misma en el infierno, que no fue sino la experiencia ilusoria de ser privado del Espíritu de Vida, tal como Dios me confirmó temprano la mañana del 4 de Julio,

« La Verdad no puede ser ocultada ».
"El Espíritu de Vida Eterno no puede ser negado".

Dios me había hecho consciente de Su Presencia a través del Espíritu de Vida, sin duda alguna; luego, más adelante, retomadas mis reflexiones para entender todo, yo deseaba saber Qué, Quién era el Espíritu de Vida, y su relación con Dios, con nuestro Origen Absoluto, no con ninguna de las versiones racionales y, o culturales de Dios; y deseaba saber cómo actúa en nosotros, cuál es el mecanismo por el que interactuamos con Él.

Profundizar en el reconocimiento del Espíritu de Vida no fue algo simple. No puedo incluir aquí un aspecto tan complejo, no en naturaleza sino porque no estamos acostumbrados a manejar expresiones y conceptos en la dimensión existencial que no alcanzamos por los sentidos sino con la mente. El reconocimiento de la naturaleza del Espíritu de Vida es parte del *Modelo Cosmológico Consolidado,* referencia (1). Ahora, para no interrumpir la secuencia de mis interpretaciones de los hechos, voy a introducir algo

---

simple sobre Espíritu de Vida en esta sección, y luego de revisar mis interpretaciones de los hechos en la siguiente sección, regresaremos a la Guía del Espíritu de Vida, para ver cómo aplicamos Su Presencia para guiarnos en nuestro desarrollo de consciencia primordial, de entendimiento del proceso existencial y las manifestaciones espirituales.

Esta sección es fundamentalmente para motivar a buscar por sí mismos entender mejor al Espíritu de Vida. El deseo por llegar a Él "provocará" que se revele por lo que Es, a través de una experiencia particular de Paz. En mi caso, sin saberlo, yo Le había negado cuando quise "crear" algo inteligente partiendo de algo en ausencia de la inteligencia de vida. *Nada inteligente (vivo) puede ser re-creado sin la Presencia del Espíritu de Vida.* La inteligencia de vida es lo que, precisamente, provee el Espíritu de Vida. Esta Presencia es experimentada en nosotros mismos, somos manifestación del Espíritu de Vida; y es alcanzable y describible racionalmente, como ya notamos [Ref. (1)].

Simplemente definido,

Espíritu de Vida es lo "inmaterial" que nos da vida.

Espíritu de Vida es el principio, la entidad sobrenatural que anima, que mueve y sustenta a lo que define a las manifestaciones de vida;

es el poder de "creación" de vida (en realidad, de re-creación de las manifestaciones de vida universal, pues la vida es eterna y todo parte de algo ya presente en alguna forma o dimensión);

es una fuerza en el sentido que nos mueve a hacer algo o nos motiva u orienta a proceder en determinada dirección, conforme a un propósito que se establece como la referencia de lo que vayamos a hacer para llegar a él;

es un principio cuando lo tomamos como referencia para hacer una decisión específicamente relativa a la vida, como por ejemplo en "no violamos el derecho a la vida, incluso de quienes nos hacen daño". (Como un principio absoluto implica que éste proviene de una Entidad que es consciente de Sí Misma, que de alguna manera nos motiva, y la manera en que lo experimentamos es por la que definimos antes, como fuerza, y que incluso sentimos que actúa de esa manera en nuestra esencia, y por eso la hemos definido así);

es la razón y propósito que anima al proceso existencial y todo lo que lo compone.

Obviamente, nada de lo anterior nos dice mucho de la realidad energética, de la naturaleza del Espíritu.

Veamos ahora.

Si espíritu de vida es lo que anima la vida, entonces es energía; es una pulsación o vibración primordial que excita, estimula y energiza o sustenta la función o el proceso que define a la manifestación de vida.

Esa pulsación primordial análoga a la pulsación humana dada por el corazón, aunque en una dimensión que no alcanzamos con los sentidos materiales, mantiene el orden de interacciones entre todos los componentes que establecen y definen la manifestación de vida; es decir, es una pulsación que marca el "ritmo" y el orden en que todo tiene que ocurrir en la manifestación de vida para que pueda definirse y sustentarse como tal.

Cada parte, cada célula de la manifestación de vida, recibe la pulsación y la "cuenta" por un proceso que, aunque indirecto y no visualizable, es realmente eso, un conteo, una integración de pulsos frente a la que se toman decisiones, acciones que son parte de la inteligencia de operación de la manifestación de vida. Ese "conteo", esa integración lleva a cambios de los que no somos

---

213

conscientes. Por ejemplo, el alimento tiene calorías, energía, que es una cantidad de vibraciones que las células toman, integran, y en base a la cantidad tomada hacen algo que ya está programado en la cadena genética, y producen un resultado.

La pulsación de vida es como el batir del tambor que con sus pulsos controla una danza de innumerables movimientos de numerosas personas efectuando un gran número de movimientos.

La pulsación de vida es la que controla la armonía de las interacciones que establecen y definen a las manifestaciones de vida que son, siempre, imágenes de la Unidad Existencial en otras escalas energéticas.
La Unidad Existencial pulsa para transferir inteligencia de vida y estimular la vida universal.

La pulsación de vida está contenida en, y es parte del manto energético universal en el que estamos inmersos todos. Está contenida y es parte de lo que llamamos red espacio-tiempo. El espacio está compuesto de sustancia primordial y sus asociaciones, y todo pulsa de modo que solo percibimos una parte como "ruido" cósmico ininteligible.

Ahora bien.
Espíritu de Vida no es solo la pulsación primordial sino una *estructura de pulsación* **absolutamente inmutable, eterna, que es la componente inmutable de la Consciencia Universal, de Dios.**
No vamos a introducirnos en esta estructura. Es suficiente con lo que hemos dicho hasta ahora.
Antes de pasar a una analogía simple de una forma de vida y su espíritu de vida, notemos lo siguiente.
Esta componente constante de la *Consciencia* Universal es la *Conciencia* (sin s) de Dios, la referencia inmutable del proceso existencial que se reconoce y entiende a sí mismo cuya estructu-

ra es parte de lo que se ofrece en el *Modelo Cosmológico Consolidado.* El proceso existencial es el que se sustenta en la Unidad Existencial del que nuestro universo es un entorno temporal, y es energizado por una pulsación cuyo origen mecánico está hoy a nuestro alcance. Referencia (1).

Forma de Vida.

¿Qué define a una forma de vida?

Se define como forma de vida a una manifestación existencial, a un arreglo material, celular, que tiene la propiedad de crecer, adaptarse a los cambios, interactuar con el resto del universo, y reproducirse por sí misma a partir de una inteligencia que trae consigo, que es inherente a ella.

Se dice que diferenciamos entre los arreglos de vida y los materiales porque estos últimos son inertes, pero no es correcto referirnos a los materiales como cosas inertes. No hay nada absolutamente inerte. Todo lo que existe, todo lo que es, se define por alguna asociación de sustancia primordial que pulsa eternamente, aunque la pulsación cambia entre dos estados límites [referencia (1)]. Una roca, aparentemente inerte en nuestro dominio existencial, es una asociación de átomos que pulsan, y sostienen sus "nubes" de electrones que orbitan a frecuencias fantásticas, y sólo es "inerte" a nuestros sentidos la asociación de todos esos movimientos.

El arreglo que trae la forma de vida y por el cuál funciona, es la *inteligencia de vida;* es la manera en que todo está distribuído y ordenado en la estructura, en el cuerpo de la forma de vida. Lo que lo ha ordenado y mantiene el orden es el Espíritu de Vida.

Algo energiza a la forma de vida.

Lo sabemos pues nosotros mismos necesitamos alimentarnos, ingerir energía en alguna forma.

Los cuerpos "inertes" también se energizan.

Una roca se energiza para mantener su identidad. Lo hace en un sub-espectro de energía diferente al nuestro, no material. Se calienta [desprende, o toma energía interna (depende de la convención)] y se enfría [toma, o desprende energía] con los cambios de temperatura en la atmósfera; es decir, ingiere y desecha a un ritmo natural impuesto por la atmósfera, y en una cantidad tal de mantenerse siempre lo mismo. Sólo evoluciona a ritmo del universo, pero evoluciona, "vive", se mueve.

No sólo nosotros nos energizamos en ambos dominios, primordial o espiritual, y material. Las plantas también se alimentan desde ambos dominios energéticos; desde la tierra por sus raíces, y desde la atmósfera y la luz solar. Más allá de la luz se extiende el dominio primordial del proceso existencial, universal.

Analogía de una maquinilla de nuestra creación.

Terminamos de construir una maquinilla.

No tiene "vida" hasta que le colocamos gas o una batería que la anime, que la mueva; es decir, no tiene "vida" hasta que la energizamos.

Una vez energizada, ahora sí se mueve, opera, y decimos que tiene "vida".

La energía es la fuerza que genera la combustión del gas, o la pulsación que provee la batería a través de la corriente eléctrica. Energéticamente, la fuente de energía tiene el "espíritu de vida" de la maquinilla: la energía, la pulsación que la excita, estimula, y sustenta lo que hace. Pero la maquinilla tiene que tener una inteligencia, un arreglo, un programa, una distribución de cosas dentro de ella que le permite operar, hacer lo que debe hacer. Ese arreglo es la *inteligencia de vida* de la maquinilla, es el *algoritmo de proceso* de todo lo que tiene que hacer. Debe haber una compatibilidad entre la fuente de energía y la inteligencia de la maquinilla (una maquinilla de gas no puede trabajar con una batería, o viceversa), y *tiene que haber armonía entre la inteligencia (el algoritmo de proceso) y lo que se ha deseado por parte del diseñador.* Tiene que haber armonía completa, compatibilidad, entre el arreglo de proceso de energía, la inteligencia de la maquinilla, y la fuente de energía, el "espíritu de vida" de la maquinilla.

Análogamente.

Tiene que haber armonía entre el proceso SER HUMANO y el proceso ORIGEN del que proviene. Tiene que haber armonía entre el propósito del "diseñador", Dios o el proceso ORIGEN, y el proceso SER HUMANO. Tiene que haber armonía entre el combustible, lo que ingiere el proceso SER HUMANO, y el que ha sido previsto por, y provee el proceso ORIGEN.

El Espíritu de Vida está en la pulsación del manto energético en el que estamos immersos todos. Esta pulsación, energía, es la que mueve todas y cada una de nuestras células para establecer y sostener el proceso SER HUMANO; y nosotros, la unidad completa ser humano, ingerimos energía en otro sub-espectro material, para experimentar el proceso en nuestro dominio de los sentidos.

" No solo de pan vive el hombre (ser humano)".

La inteligencia de vida está en el arreglo de las moléculas de vida ADN del proceso SER HUMANO, en su cadena genética y su distribución en el cuerpo.

La distribución de las cadenas genéticas en el cuerpo humano es una colosal, fantástica estructura de resonancia del sistema de interacción del proceso SER HUMANO con el proceso ORIGEN.

217

Interpretación
de las Orientaciones Primordiales

(Continuación siguiendo la secuencia de ocurrencia)

« No puedes subir así (no has de llevar nada) ».

Entiendo.

No voy a "llevar" nada dentro de mí que me aparte de la Verdad que he reconocido y a la que deseo hacer realidad en mí.

Todo intento en seguir a Dios me va a conducir a Dios si el Dios que sigo es el que está dentro de mí, no en las interpretaciones del mundo; y el que está dentro de mí es Dios Único si reconozco y actúo por su Espíritu de Vida.

Retomaremos la secuencia de hechos al día siguiente de la noche de la experiencia del infierno, el 2 de Julio de 2001. En el Apéndice I se presenta un resumen de las *Orientaciones Eternas y Otras Estimulaciones*.

Antes, algunas notas pertinentes en este momento.

Lo que Dios me ha dado en mi "caminata por la eternidad" del 4 de Julio y previa y posteriormente a ella, son orientaciones eternas, válidas para todos, básicas desde el punto de vista espiritual, de la dimensión de consciencia de Dios, por lo que son de interpretación simple; sin embargo, al mismo tiempo, las interpretaciones son susceptibles de ser condicionadas a las prácticas culturales del individuo que las recibe e interpreta mientras se encuentre en el período transitorio de re-ajuste de su identidad temporal cultural durante el que debe, precisamente, re-definirse, re-crearse frente a esas orientaciones y estimulaciones.

Durante este período transitorio el ser humano que recibe la acción de Dios parece perdido, e incluso presenta un aspecto físico deplorable pues la mente está íntimamente ligada al arreglo biológico. El proceso racional tiene lugar en todo el cuerpo, no solamente en el cerebro, y ese proceso consciente de sí mismo (al que equivocadamente se considera como la mente) es el que se encuentra reaccionando a ambos, a la acción de Dios y al re-ajuste de sí mismo, de su identidad, del arreglo de relaciones causa y efecto que le define, ahora teniendo en cuenta la información espiritual, primordial. El re-ajuste mental se refleja en el aspecto físico. Cuando algo nos disgusta se refleja en el rostro, ¿no?

Todo libro de recuentos de manifestaciones espirituales e interacciones entre Dios y Sus profetas tienen alguna versión de las orientaciones eternas. No puede ser de otra manera ya que Dios orienta permanente, continuamente nuestros desarrollos, en todos los tiempos, en todas las asociaciones de la especie humana.

Lo importante es que Dios, el proceso existencial para mí, el universo o cosmos para otros, estaba haciéndome llegar, y por mi intermedio a todos una vez más, éstas, Sus orientaciones eternas para guiar nuestros desarrollos de consciencia de Dios, individual y colectivo, de entendimiento del proceso existencial a partir de la Verdad Absoluta que nos ha sido dada repetidamente: *Espíritu de Vida Eterna de cuya presencia todo se origina y re-crea.*

En mis interpretaciones, que son mías, íntimas, desarrolladas en interacción con Dios, no incluyo sino algunas interpretaciones de la Biblia (el único libro que yo conozco de la antiguedad que registró las manifestaciones de Dios, que son las manifestaciones del proceso existencial al hombre, al ser humano, en nuestra cultura judeo-cristiana) para ilustrar la procedencia común, única, de las orientaciones eternas. La Biblia, como todo libro religioso, es una colección de interpretaciones culturales de las manifestaciones de la Verdad a individuos de la especie humana que alcanzaron diversos grados de contacto personal, íntimo, directo con Dios. La Biblia no es la Verdad, pero la Verdad está en la Biblia, en las manifestaciones que le dieron origen a las interpretaciones. Quién establezca una interacción íntima consciente con Dios, siguiendo uno de los atributos que Le define, puede alcanzar la versión original de Dios. Este proceso es el que vemos en este libro. Una versión muy simple como guía diaria para todos se ofrece en la referencia (2), I.2.

Pueden compararse estas interpretaciones con las que se registran en los libros a los que acude el lector, y más importante, *compararse con los sentimientos íntimos del lector* pues son su Verdad en nuestro dominio existencial. Hay una manera de discernir si lo que se interpreta está en armonía con la Verdad, y es siguiendo la guía del Espíritu de Vida como ya hemos indicado en la sección previa. Si estamos dispuestos a hacerlo es una buena oportunidad para definirnos frente a lo que creemos, a lo que nos ha sido enseñado, o frente a la Verdad que sentimos en el corazón, en nuestra esencia divina que no es sino una "gota" a imagen y semejanza del proceso del que provenimos.

Entre las interpretaciones a las que podemos comparar luego, cada uno por sí mismo dependiendo de su interés en profundizar y entender la relación íntima personal con Dios, con el proceso existencial, veremos algunos casos introductorios antes de ir a las interpretaciones de las orientaciones específicas que Dios me dio en nuestro encuentro.

Dios me diría, más adelante, después de esta experiencia que nos ocupa ahora, que,

"Arbol de la Vida es obediencia.

Arbol del Conocimiento del Bien y del Mal es la desobediencia.

Obediencia es pensar en la dirección correcta.

Trinidad de Vida es Dios.

Obedezco cuando me acerco al Espíritu.

Desobedezco cuando me alejo del Espíritu",

que ya nos ha sido dado, y registrado en el libro Génesis del Antiguo Testamento con una interpretación incorrecta.

Veamos.

Debemos entender los conceptos primordiales de los que se derivan los nuestros.

Por ejemplo,

Desobedecer (concepto racional) a Dios es no estar en *armonía* (concepto primordial) con Dios;

luego, donde se dice "desobedecer", interpretación del hombre, debe entenderse el concepto primordial de armonía, ya explicado al inicio de este libro.

De modo que,

Árbol (Fuente) de la Vida (Eterna, obviamente) es la armonía. El proceso que nos lleva al Conocimiento, a la consciencia, entendimiento, es el proceso en armonía con Dios, la Fuente, el proceso del que provenimos y hacia el que evolucionamos.

Al "desobedecer" a Dios, al desarrollarnos en desarmonía, conocemos el bien y el mal, siendo el mal las experiencias por las que pasamos por estar en desarmonía con Dios.

Si no fuera por comenzar en desarmonía con Dios, no podríamos saber de la armonía con Dios; en otras palabras, por comenzar y pasar por la desarmonía con Dios, con el proceso existencial, es que podemos experimentar el proceso de regresar a la armonía, ¡que es la experiencia de Dios en nosotros! (Por eso dirá también Dios, luego, que "desobedecer" a Dios es un regalo, porque nos permite, a partir de allí, experimentar a Dios en nosotros una vez que entendemos realmente el proceso existencial).

La estimulación "obediencia es pensar en la dirección correcta" nos dice que la armonía del proceso racional debe ser para con la esencia divina, el corazón, el alma o el Espíritu de Vida dentro de nosotros, parte de nuestro arreglo trinitario.

Sí. Podemos interpretar correctamente por nosotros mismos a Dios. Dios es el nivel de consciencia hacia el que vamos, todos, hacia el que evolucionamos, y ¿qué otra cosa podría querer Dios de Sus hijos, *de Sus re-creaciones de Sí Mismo a imagen y semejanza de Sí Mismo*?

Muchas interpretaciones que nos llegaron desde el pasado no son correctas, pero podemos revisarlas; entre algunas de ellas, las siguientes.

En el libro Génesis.

" 'Al Árbol de la Vida no has de extender la mano; no vaya a ser que comas de él y quieras ser como Dios',
dijo Dios a Adán y Eva cuando les expulsaba del Paraíso".

(El Árbol es Dios. Si pudiéramos comer de este Árbol, entonces querríamos ser como Dios, por lo que Dios les expulsa, implicando que el ser humano no puede ser como Dios).

Ahora, la revisión.

Si esta versión bíblica es lo que se entiende, no está en armonía con Dios.

Comer, espiritualmente, es para saber, desarrollar consciencia, entendimiento. Dios no podría limitar jamás al ser humano en sus ansias por saber si para eso Dios le ha dado sus atributos de capacidad racional consciente de sí misma con poder de creación ilimitado; y le ha dado libertad para crear el camino para hacerse consciente de todo esto, aunque también con las orientaciones bajo las cuales ejercer su libertad natural.

En la orientación a Moisés.

" ...castigando a los hijos por la iniquidad de sus padres, hasta la tercera y cuarta generación de quienes Me rechazan...".
Revisamos.

Ahora entendemos que Dios no castiga.

Dios es amor primordial, irrestricto, incondicional.

Por otra parte, ¿por qué habría Dios de castigar por equivocaciones que son el resultado de la falta de consciencia, de entendimiento?

Consciencia es producto de un proceso de evolución.

Nosotros generamos las consecuencias que se arrastran en las generaciones que nos siguen. Eso es realmente lo que Dios nos quiso decir a través de Moisés, pero él o quienes interpretaron y, o transcribieron, lo hicieron incorrectamente.

En el libro de Génesis.

" ... y Dios descansó al séptimo día".

Revisamos.

Dios quiso decir que el proceso existencial tiene un arreglo en siete dimensiones energéticas. Dios no se refería a días sino a las etapas del proceso de re-creación de la Unidad Existencial.

Dios me confirmaría luego, Libro 3, lo que sirvió de guía para el desarrollo del *Modelo Cosmológico Consolidado*, referencia (1).

En el libro de Éxodo.

"Si vas a hacerme un altar de piedra, que no sea labrado".

Revisamos.

La orientación era que el altar de piedra (material representando el uso de la materia prima, *sustancia natural*, la esencia divina) no sea labrado ("deformado", mal interpretado) ya que el uso de herramientas (raciocinio del hombre) lo deforma, distorsiona.

Podemos equivocarnos. Nuestra condición humana es falible, y precisamente porque estamos en proceso de desarrollo. Pero el espíritu que nos guía no es otro sino el que está en armonía con Dios: es nuestra alma. La guía de Dios sobre nosotros es resultado de un proceso interactivo entre nosotros, nuestra identidad temporal, y el espíritu. Este proceso está a nuestro alcance, de todos. Referencia (2), I.1 y I.2.

Ahora sí, vamos a las interpretaciones de las orientaciones eternas recibidas en la experiencia que nos ocupa.

Secuencia de los hechos (Cont.).

3 de Julio.
(Al día siguiente de la experiencia del infierno).

Reconocí la naturaleza espiritual de la experiencia del infierno, de la manifestación de la noche previa, y nunca me aparté de mi reconocimiento. Era algo entre Dios y yo, solo entre Dios y yo, una y otra vez lo repetía; no era nada entre ningún profesional, científico o religioso, y yo.

Nadie puede interpretar una manifestación espiritual en otro. Dios tiene una manera particular, íntima, con cada uno de nosotros que somos una individualización única de Dios.

No dejé que el temor me impidiera buscar para entender la experiencia, ¡mi experiencia! No dejé que nadie interfiriera en mi proceso de búsqueda.

No delegué la búsqueda en nadie.

No tuve temor de revisar mi interpretación frente a las posibilidades físicas que Dios, proceso existencial consciente de sí mismo, hubiera podido usar para estimularme, tal como hice al considerar exceso de consumo de bebida alcohólica con pastillas para el dolor de cabeza, y los efectos de un ventilador defectuoso o de un sistema de ultrasonido. Sin embargo, no podía negar el conocimiento que de alguna manera llegó a mí, que era una cuestión con Dios que yo debía resolver en interacción con Él, con nadie ni nada más, pues "Dios tuvo que ver con la experiencia, con la Visión Espiritual". Ése era el sentimiento que yo iba a seguir.

"¿Tienes un cerillo (fósforo)?".

Calumnias.
Quemarse los ojos.

No tener fósforos, cuando alguien se acercó a preguntarme, me indujo a pensar que era una señal de Dios para que yo quemara las notas o escritos con los que yo había anotado sólo errores y puras "mentiras" (a eso se debió el pensamiento de calumnias traído por mi mente desde las historias religiosas, de aquel individuo que habiendo calumniado a otro se le pidió que escribiera un papel, lo redujera a trocitos y luego los arrojara afuera, a la calle, un día muy ventoso, sólo para pedirle días después que fuera a recoger todo lo que había "sembrado", esos trocitos irrecuperables tal como ocurre con las calumnias).

Este error inducido por las referencias culturales me haría reconocer, luego, las señales falsas desde el mundo, desde nuestras experiencias en este dominio material temporal, estimuladas por el temor y la ignorancia.

Nuestra mente toma información desde las estructuras de memorias individuales y de las consciencias colectivas de la especie y de la universal, dependiendo de su estado de pulsación, de excitación de la trinidad de la que la mente es componente.

Los profetas del pasado cometieron errores, como Abraham, a quién Dios detuvo muy a tiempo porque iba a hacer algo contra la vida de su hijo Isaac. Abraham pensaba que así él "obedecía" a Dios. Y también aquel otro individuo, aunque en un caso muy diferente, que llegó a quemarse los ojos para no pecar y por el miedo no pudo reconocer que estaba equivocado, pues miedo era la razón real por la que no quería pecar y no por armonía con Dios.

Pude reconocer la relación entre mi interpretación errada y la quema de viejos escritos por las iglesias e instituciones religiosas, y hasta la destrucción de otras culturas, por miedo, ignorancia, o errores en las interpretaciones de las orientaciones espirituales por las influencias culturales que precedieron a la que quemaba y destruía lo que no entendía. Y hasta el día de hoy no entienden muchos, ni a Dios ni a la relación de la especie humana con Él, a pesar de sus desarrollos intelectuales.

El aspecto fundamental en esta experiencia de los cerillos, una vez entendida, era la de mostrar cómo reaccionamos por las influencias culturales desde nuestra sociedad en la que fuimos educados.

Quema de mis escritos.

« *El fuego no destruirá la verdad* ».

Recuerdo la fuerza con la que se imprimió en mi mente este pensamiento. Era una confirmación con una orientación muy diferente a la que interpreté inicialmente.

"La verdad (mi mentira, lo que hice) no puede ser quemada (borrada, eliminada)", interpreté en aquel momento, y me dije "entonces, aunque ahora queme los papeles... ¡permanece la mentira!", y ante esto sentí más temor pues... "quemar los papeles no elimina lo malo". Pensando de esta manera generé un gran temor porque aunque quemara los papeles yo ya había hecho el daño.

El temor nos induce al error. El temor y la ignorancia se realimentan distorsionando el proceso racional.

En realidad, luego lo sabría, el mensaje era lo opuesto.

"La Verdad no puede ser quemada, destruída" *era un mensaje adelantado de Dios por el que nada que se hiciera podría afectar la Verdad*, y yo no lo estaba interpretando correctamente; no podía ni era para ese momento sino para después.

Yo había quemado un trozo de papel y no la Verdad. No debería preocuparme, más adelante, por haber quemado el papel escrito con información de Dios, porque la Verdad que se describía allí no se ha destruido. Lo que proviene de Dios no se destruye. Dios lo confirmaría luego. Si mi acción estaba mal por una falta de consciencia, el « *fuego no destruiría la verdad* »; lo que hubiera quemado que fuera Verdad no iba a olvidarlo, no iba a perderlo.

Yo quemé los escritos por mi falta de consciencia, de entendimiento de las orientaciones desde el dominio primordial.

El temor se apoderó de mí.

La ignorancia, falta de consciencia, estimula el temor.

Creía que el fuego destruiría el "mal" que había en los escritos. Fue una acción estimulada por la inducción de la consciencia colectiva que piensa que el fuego destruye todo por el efecto que tiene en la materia en nuestro dominio de la existencia.

Es la reacción típica de una identidad falta de consciencia: destruir lo que se ha hecho en lugar de reparar la causa de lo que se ha hecho mal, equivocado, o en desarmonía con el propósito perseguido o con el proceso existencial en este caso.

Esta acción de destruir ha ocurrido a menudo en el pasado, cuando se quemaron escritos que no se aceptaban y se temía que Dios "castigara" si esos escritos no eran destruidos.

Lo que estaba mal no eran los escritos sino yo, por mi falta de consciencia espiritual. Si me había reconocido eterno y reconocido eterno al universo, no era armónico con este reconocimiento, luego, el estar buscando una creación para que resultara eterna.

Más adelante Dios me orientaría « ***Rectifica, no destruyas*** ».

Frente a la "pérdida de mis escritos", Dios dijo, más adelante,

« ***Todo lo que te acerca a Mí lo traes contigo*** »,

que se haría realidad cuando pude rehacer todo, absolutamente todo, otra vez, y con todos los detalles.

« La Verdad (Espíritu de Vida Eterna) no puede ser ocultada (no puede ser negada, restringida o condicionada) ».

Vivimos inmersos en Ella. Es de todos, al alcance de todos.

"Si algo existe en cualquier momento dado, en cualquier parte de universo, cualquiera sea su magnitud, es porque existe una fuente eterna para que eso sea posible".

« Anticristo ».

La Verdad, Espíritu de Vida Eterna, como la luz, no puede ocultarse (no puede negarse, restringirse ni condicionarse).

Anticristo es el que niega la Verdad.

Jesús (el Cristo, el Ungido) nos habló de resurrección, de vida eterna y de nuestro paso por ella, por sus diferentes manifestaciones, por nuestra voluntad. La Unción en Jesús no fue un acto preferencial de Dios (Dios no tiene hijos preferidos pues eso negaría Su amor incondicional por todos), sino un logro personal de Jesús por su interacción íntima con Dios; logro esperado por Dios, puesto al alcance de todos por Dios, y posible de ser realizado por todos por actuar en armonía con Dios, no solo por creer en Dios.

La Promesa de Dios.

« El Fuego no destruirá la Verdad ».

La Verdad, Espíritu, esencia, no puede quemarse, no puede ser destruída por el fuego, como no puede quemarse la luz.

El fuego, la luz con calor, es el efecto de una disociación en nuestro dominio material, pero los componentes de esa disociación no pueden ser destruídos.

Puede interpretarse esta orientación tan ampliamente como lo deseemos hacia Ella, la Verdad, Eternidad por, y en el Espíritu de Vida.

Nada puede afectar nuestra eternidad, la eternidad de nuestra esencia, no del cuerpo que es una manifestación temporal de ella, de la esencia.

Donde hay armonía se recibe a Dios.

« En esta casa sí reciben a Dios ».

(Pelota blanca).

Dios usó esta analogía para decirme que el Universo (la Unidad Existencial) es *Armonía Absoluta*. En nuestro universo la armonía física se obtiene en una esfera blanca: es el espacio físico perfecto, con el color perfecto, blanco, suma de todos los colores, todas las frecuencias posibles.

Para la Ciencia.
Armonía se alcanza por extensión de la *Transformación de Fourier* a un hiperespacio multidimensional de naturaleza binaria.
Una vez consciente de la esfera perfecta, el tiempo no tiene validez. El tiempo se genera en nuestro universo por los movimientos finitos de rotación y pulsación cada vez más lentos conforme al tamaño de la partícula del sistema. El tiempo es una descomposición de la armonía. En el Universo Absoluto el movimiento es infinito, el tiempo no existe. En Armonía Absoluta, la suma infinita de movimientos parciales en armonía genera el movimiento infinito que hace a la Unidad Inmutable. *Modelo Cosmológico Consolidado*, referencias (1) y (2) II.4, vol. 1.

Orientación de Dios.

Tiembla la Tierra.

El Espíritu se anuncia. Es una señal de Dios.

Son los estímulos primordiales espirituales que provienen de Dios actuando sobre el cuerpo, donde se experimenta Dios a Sí mismo, y donde el hombre experimenta a Dios en sí mismo.

Que tiembla la Tierra, tiembla el mundo, nos indica que los problemas de la especie humana se deben a las desarmonías en sus desarrollos frente a Dios, al proceso existencial.

Donde no hay armonía no se recibe a Dios.

« En esta casa no reciben a Dios ».

(Pelota gris, sucia).

Dios advierte sobre la desarmonía, que racionalmente se interpreta equivocadamente como desobediencia.

En Génesis Dios advirtió a Adán (o a quién recibió Sus orientaciones en aquel momento) de las consecuencias de desobedecer. *"Si desobedeces, morirás, serás apartado del Paraíso, de la Casa de Dios"*, de la paz, felicidad. Morir se refiere a dejar de vivir en paz, en felicidad, y libre de temor para realizarse plenamente (el hombre lo que más teme es la muerte). El ser humano será apartado del Paraíso: dejará de disfrutar, de estar en paz, porque experimentará sufrimientos e infelicidades al estar en desarmonía (al "desobedecer" a Dios). No hay tal lugar físico como Paraíso sino que es un estado de consciencia, de realidad existencial en paz, en felicidad, en donde uno se encuentre manifestado.

A mí, Juan, en Julio 2 Dios me advirtió de las consecuencias de "desobedecer", de estar en desarmonía con Dios, con el proceso existencial. Es ponerse a sí mismo fuera del alcance de la Luz, de la estructura de consciencia de Dios, de la dimensión de realidad existencial absoluta.

Cuando morimos cruzamos una interfase, cambiamos de dimensión o no dependiendo de lo que hayamos creado durante nuestra vida antes del paso. En realidad, no nos damos cuenta de la transición cuando lo hacemos junto a Dios, en armonía, porque el Espíritu no muere jamás y su manifestación temporal sólo cambia de universo, de entorno existencial.

El Llamado de Dios.

« Es la Señal ».

Reconozco que Dios me llama.

Cuando ya estamos listos para reconocer a Dios, no hay dudas de que es Él. Reconocer a Dios es una experiencia íntima, única, que tiene lugar en el alma, no en el arreglo de identidad temporal, cultural. La identidad temporal "sigue" al alma cuando está lista.

La Respuesta al Llamado de Dios.

Dejo todo. Te sigo.

Una vez que se reconoce realmente a Dios Único, no se puede dejar de seguirle. Dios está dentro nuestro, somos parte inseparable de Dios a través del alma. Dios y nosotros somos Uno.

Dios me lleva por la misma senda intemporal por la que pasaron mis predecesores.

« De los árboles toma los frutos más altos ».

« No comas de los frutos bajos, del nivel del suelo (Tierra); saben amargos ».

Usa tus talentos, tu capacidad racional y el poder de creación, para crecer en el proceso existencial y en tu relación con él mientras disfrutas el proceso.

De la "Creación", Presencia Eterna, toma, persigue los frutos más altos: la consciencia, el entendimiento del proceso existencial del que eres parte inseparable.

Los éxitos, frutos de la Tierra, materiales, el conocimiento puramente material, la fama, saben "amargos"; es decir, son simples versiones limitadas de los que puedes alcanzar. Disfrútalos, pero no te detengas en ellos, y sigue creciendo a partir de ellos.

En la vida la meta debe ser ir hacia Dios, comenzando por la mejor versión de sí mismo que alcanzamos a reconocer o crear en cada momento de la vida.

Dios es el nivel de consciencia hacia el que vamos, hacia el que evolucionamos inexorablemente. Sólo depende de nosotros el tiempo que nos tome. Dios es la meta final.

No debo tratar de explicarlo todo. A su debido tiempo sabré. El Conocimiento proviene de Dios. Dios lo provee, ya lo ha puesto a disposición de todos, pero toma un proceso llegar a él. Hay un Universo Absoluto en el que nos hallamos inmersos, no es visible ni aparente a nosotros sino hasta que, en "obediencia" a Dios, en armonía con Dios, con el proceso existencial, podamos entrar en Él, "sintonizarnos" y hacerlo visible en nuestra mente.

Sín Dios, el razonamiento en este entorno temporal no va a

conducirnos a ninguna parte más allá de donde ya estamos ahora.

El conocimiento humano por las experiencias en este dominio material, temporal, es fruto del Árbol a nivel de la Tierra; la consciencia primordial, espiritual, del proceso existencial, es fruto del Árbol al nivel más alto, Dios.

Hay cosas que no puedo probar sino reconocerlas, y luego experimentarlas en mí mismo.
Dios es una de "esas cosas", precisamente.
Le reconozco a Dios en el alma, busco con la razón siguiendo al alma, el corazón, y Le experimento en mí, tal como ocurrió conmigo.

« No lo pruebes. Si lo pruebas, te mojas ».

Cuando el regador dejó de girar para dejarme pasar, no debí regresar para probar si era cierto.

Sí, es verdad: el regador pudo haberse parado respondiendo a su mecanismo de control, pero la coincidencia tenía un propósito y sólo Dios podía saber de ello en esos momentos. Yo fui conducido a pasar enfrente del regador en el momento en que se detendría, y eso no fue una simple coincidencia. Al dar un par de pasos atrás para probar si era cierto lo que yo acababa de pensar, que "se detuvo para dejarme pasar", invalido la acción de Dios, buscando una explicación en un nivel bajo, de la Tierra, y quedo en el "suelo", en la materia, perdiendo una estimulación para crecer. Es lo que Dios me había sugerido antes acerca de los frutos de los árboles.

Al mojarme, me desanimé, me desencanté por un instante; perdí mi fe en ese hecho, lo que creí, lo que especulé (en cambio, la FE no se pierde).

233

No habría avanzado nada, a pesar de que pueda explicarme físicamente lo que pasó con el regador, si no hubiera entendido lo que ocurrió. Habría dejado de ver que había una extraordinaria razón, en el otro dominio existencial, por la que yo pasaba por enfrente del regador en el preciso momento en que él se detendría. Era la voluntad de Dios guiando mis acciones a través de mi voluntad, en el momento adecuado. Es lo que sucede en la vida, toda.

Las leyes existenciales son inmutables.

Hay espacio. Hay materia. Hay relaciones inviolables.

Pero también hay un universo espiritual, tan real como el físico aunque no visible, no detectable sino por la mente, en otra dimensión existencial a la que no llegamos con los sentidos materiales. Existe realmente. Nosotros estamos inmersos en él y *podemos, sí, poner sus fuerzas en marcha por medio de nuestra voluntad*, porque estamos en un entorno modulable, flexible y parte de esas leyes inmutables. Podemos influir con FE en eventos en otra dimensión existencial y provocar "coincidencias" en éste, como estar en el momento preciso, en el lugar preciso, cuando le damos a Dios la oportunidad de "arreglarlo" en respuesta a nuestra FE.

¿Acaso no lo hizo Jesús?, como también otros en otras culturas, en todos los tiempos.

Cuando Moisés fue a cruzar las aguas del Mar Rojo en su salida de Egipto con su pueblo, aunque las aguas se hubieran retirado debido a algún fenómeno natural que sea explicable científicamente, tal "coincidencia" era sabida de antemano sólo por Dios. Dios le dijo a Moisés que fuera hacia ese paso y usara su bastón para "abrir las aguas". Moisés obedeció, creyendo absolutamente en Dios desde antes de llegar al Mar Rojo, antes de la "coincidencia", razón por la que se puso en marcha con su pueblo para posteriormente experimentar todos la acción de Dios a través de él, de Moisés.

« *No lo pruebes…* ».

Dios responde al hecho de que me siento bien al no mojarme.

Dios responde, orienta conforme a los sentimientos. Reconocemos el sentimiento primordial, que proviene de Dios, al *sentirnos bien en armonía con Dios*, no con las interpretaciones culturales de la sociedad que pueden afectar el reconocimiento del sentimiento primordial. Si yo me sentí bien creyendo que el regador se detuvo por mí para dejarme pasar, ¿para qué regresar a probar si era cierto? si ya había experimentado que me hizo sentir bien, que era más importante que comprobar si fue verdad que se detuvo por mí. ¡El regador se había detenido!, aunque luego rearrancara. Lo importante era disfrutar ese evento que me hizo sentir bien, agradecer a Dios, y preguntarle luego cómo lo hizo para que yo disfrutara la experiencia de sentirme bien ¡gracias a Su acción en la "coincidencia". No hay coincidencias en la vida. Todo es consecuencia de nuestras decisiones, conscientes e inconscientes, siempre.

« Detente, siéntate, observa, cruza. Luego vuelve a bajar la cabeza ».

Cuando llegamos a una encrucijada en la vida, debemos detenernos para reflexionar, revisar los diferentes puntos de vista. Cuando estamos ya seguros de que no tenemos conflicto, entonces avanzamos. Para eso tenemos señales, guías eternas válidas para todos y todas las circunstancias de vida. Debemos aprovecharlas, usarlas.

Cuando nos encontremos en una encrucijada, conflicto o duda, acudamos a la Fuente. No nos dejemos llevar por otros intereses, presiones, influencias, ni por el mero placer corporal o material más allá de lo que Dios ha previsto. Disfrutemos, sin distorsionar la experiencia del placer.

Bajar la cabeza es orientar hacia la humildad, hacia el reconocimiento de que todo proviene de Dios, para disfrutarlo nosotros.

No hay sumisión en la humildad. No hay mayor grandeza en este dominio material, temporal, que ser parte consciente de Dios, de la Unidad Existencial.

« En el verde está la vida. El verde es vida. Aquí tienes todo lo que necesitas, incluso agua. Si no quieres que te duela la cabeza, toma agua. Es suficiente. Una gota basta ».

El verde representa a la Vida. También, que en la vida vegetal está el Espíritu de Vida.

Debemos alimentarnos de vida vegetal.

Tenemos que respetar las diferentes manifestaciones de vida. Una gota, un poco, basta; es suficiente. No debemos tomar más de lo que necesitamos.

El agua es elemento de vida. Es lo que debemos beber.

Espiritualmente una gota de agua es la "semilla de espíritu" con la que nacemos, que nos es dada cuando somos concebidos; es el alma, y hay que regarla, cultivarla. Una gota, una virtud, es suficiente si la hacemos crecer para vivir por ella.

Si no quieres que te "duela" la cabeza, tener remordimientos, bebe espíritu; deja que la Luz, la Fuente de vida, el Espíritu de Vida entre a tí, y vive por Él. El remordimiento es una expresión de un nivel de nuestra identidad por sus acciones en oposición o en desarmonía con otro nivel que le estimula a revisarse, el alma.

En la vida está siempre el Espíritu de Vida. No lo rechaces.

Una gota de entendimiento basta para crecer, para calmar la sed e iniciar un proceso más grande.

El dolor de cabeza es más frecuentemente por lo que se bebe. El alcohol daña el cerebro y afecta al proceso racional. Debemos beber, tanto física como espiritualmente, cosas puras.

Una "gota" de recursos materiales es suficiente para satisfacer nuestras necesidades básicas, humanas, materiales (no hacer lo que hace una civilización de consumo). El criterio de utilización de los recursos naturales [puestos por Dios para todos (son partes del proceso existencial que nos da origen a todos)] debe ser de administrarlos y usarlos con sentido común, en armonía con el proceso existencial y su propósito para todos.

"Recibe, acepta, déjate guiar por el Espíritu".

Agua es analogía espiritual de manto energético ("plasma") que sustenta la vida.

Luz es analogía espiritual de alcanzar la consciencia, el entendimiento.

"... y Dios hizo la Luz (Dios es la consciencia del universo, del proceso existencial)".

Fui a buscar algunas definiciones.

Eran sólo algunas definiciones de palabras lo que buscaba.

Quise hacerlo en un libro dado, fuera del razonamiento inspirado por el Espíritu de Vida, y entonces tuve una muy mala noche. No sólo no dormí, a causa del dolor físico de mi cabeza, sino que un estado de duda, de desasosiego, se apoderó de mí. Era como un "dolor de consciencia", remordimiento, y luego sobrevino la confusión. Por momentos pareció que lo que me había sido dado iba a perderlo, y tuve temor, angustia, pues no quería perder lo que había alcanzado. Finalmente, cesó. Dios no sólo nos permite saber, estudiar, buscar, sino que nos alienta a hacerlo, pero, ¿para qué buscar en otras fuentes si tenemos a Dios para consultarle y guiarnos en la búsqueda? Si lo que buscamos está en alguien que ya haya alcanzado ese elemento de información que buscamos, Dios nos lo hará saber guiando nuestra búsqueda; y para ello pidámosle Su guía, siempre, antes de iniciar la búsqueda.

———

« Si no quieres que te duela la cabeza, toma agua (ingiere espíritu) ».

¿Cuándo me duele la cabeza, espiritualmente?

Cuando teniendo problemas no soy feliz. Cuando no estoy en armonía.

La felicidad es una expresión de nuestro espíritu de vida, una indicación de que estamos en armonía con Dios. La felicidad es un estado natural, sentimiento que hasta los animales experimentan, todas las especies, no solo las más avanzadas, que se reconoce en la especie humana como sentirse bien, el estado de "reposo" natural, tranquilo, calmo, en paz racionalmente.

Para ser feliz, para estar en armonía espiritual, entonces debo "beber" (alimentarme) del Espíritu.

La felicidad está en Dios. Dios es plenitud. Fuera de Dios sólo hay sufrimiento, infelicidad y temor.

Lo que sentimos espiritualmente se refleja exteriormente en todas nuestras acciones de la vida.

Que nuestra felicidad no sea afectada por las circunstancias desfavorables de la vida indica armonía interna con el Espíritu de Vida.

« Siempre caminarás por el verde ».
« Si no puedes evitar pisar el verde, pásale por encima ».

Caminar siempre por el verde es caminar por la Vida, buscando la guía del Espíritu de Vida. Si lo que estás por hacer contraviene el Espíritu de Vida, no lo hagas, déjalo, "pásale por encima". No actúes contra tu consciencia espiritual.

"No destruyas".

Si no puedes evitar "pisar el verde", el destruir o distorsionar el entorno de vida en lo que estás por hacer, no lo hagas.

No debemos actuar contra ninguna de las manifestaciones de

vida. Con nuestros hermanos, si algo proyectado está contra la armonía, que se expresa en amor primordial, no lo hagamos.

« Siempre vas a caminar por el borde, entre el verde, y el concreto ».

Siempre estarás expuesto a situaciones difíciles. Elige lo que te mantenga cerca de la Vida, en el "verde". Déjate guiar por el Espíritu de Vida (estar sobre el borde de concreto representa la materia, la muerte; la "separación" de, o desarmonía con Dios).

En desacuerdos con tus hermanos, todos, extiéndeles tus mismos derechos y oportunidades para lograr la armonía.

Elimina, aún a tu propia costa, la posibilidad de salirte de la guía por la Vida.

Para todos, y para los científicos y teólogos,
la vida es posible por el balance en las interacciones entre los dos dominios existenciales, material y primordial o espiritual, y no por separación entre ellos.

« Te serán dadas indicaciones (señales) ».

Recibirás el Espíritu de Vida.

Bajo una acción del Espíritu de Vida las señales a seguir solo pueden provenir de Él. Los sentimientos primordiales son las señales de Dios. Los tenemos dentro nuestro, o mejor dicho, les reconocemos en nuestro arreglo trinitario, en el alma. Desafortunada, casi constantemente, la inducción cultural distorsiona nuestros sentimientos naturales, por lo que aún más necesitamos de la interacción con Dios para regresar a ellos.

" ... *una vez Dios habló, dos veces le oí"*. Salmo 62.

Una vez le oí cuando me habló. Otra vez le oí cuando reflexioné sobre lo que me habló.

"Si no encuentras la respuesta espiritual, Búscame".

"Te responderé. Es la Promesa de Dios de responder a tu llamado".

¿Quién va a responder a mis llamados primordiales, espirituales, si no es la misma Fuente de mi vida? ¿Cómo sé que le busqué a Dios como Él esperaba? Dios respondió a mi manifestación de FE. Su respuesta es Su confirmación.

Dios me respondió, confirmando Su promesa con Su advertencia, pues yo no soy sino un "pecador", una manifestación falible, que ha llamado a Su puerta. Solo puedo saber de Dios lo que Dios mismo me dice de Él, y reconozco al Dios que me habla, al que he "contactado", por el Espíritu de Vida.

« Busca las grietas ».

« Si no las hay, usa las líneas blancas ».

Busca a Dios, para crecer en consciencia del proceso existencial.

Las líneas blancas nos conducen a Dios.

En las grietas hay polvo, y donde hay polvo hay vida.

Para enfrentar la vida siempre busca la espiritualidad, la realidad absoluta que se completa con el dominio existencial más allá de los sentidos materiales. Dios es el nivel, la dimensión de la consciencia universal hacia la que debemos ir, evolucionar.

« Tendrás falsas señales ».

Son las señales que provienen del mundo, de las experiencias de las relaciones causa y efecto establecidas con información limitada obtenida por los sentidos materiales.

" ... ya no vemos signos de Tí, no hay entre nosotros un profeta ni quién nos diga hasta cuándo... ". Salmo 74:9.

La Manifestación de Dios en mí vino a poner remedio a esta situación expresada en este Salmo.

"Punto" blanco en mi mente.

Lo sigo. Es el Espíritu de Vida que me guía.

« No debes tentarte ».

« Siempre tomarás el camino más difícil ».

No intentes hacer algo incorrecto esperando que Dios lo corrija.

Saltar al vacío esperando que Dios me rescate no está en armonía con Dios.

"No puedes hacer algo contra Dios, contra su Espíritu, diciendo que tu fe en Él te va a salvar. No podemos invocar a Dios clamando fe en Él para que en respuesta a esa fe Dios detenga una acción nuestra en contra, en desarmonía con el Espíritu. Si en cambio tienes FE, es decir conocimiento, consciencia de Dios, nunca actuarás en desarmonía con el Espíritu de Vida".

Dios, Espíritu de Vida, Verdad, no puede negarse a Sí mismo.

Dios no va a probarnos pidiéndonos que Le "ofendamos", que actuemos en desarmonía con Él, ni que tratemos de ir contra las leyes existenciales.

No debemos pedir a Dios que produzca actos físicos por nosotros para que Se revele a otros. Mostramos a Dios en nuestros actos de vida en armonía con la Presencia que reconocemos.

Dios confirma nuestros actos de FE, actos en armonía con Él en un nivel, y así nosotros causamos conscientemente, luego, lo que esté en armonía con Dios (hacemos realidad nuestro acto de FE en otro nivel de la realidad existencial que podemos controlar con la mente).

No debemos pedir a Dios que Se nos revele. Nuestro reconocimiento de Su presencia en nosotros es Su revelación; *pedirlo es negar Su presencia en nosotros, lo que nos impide reconocerle.* Podemos pedir a Dios para los demás. Sobre nosotros, Dios obra de acuerdo a nuestra entrega, seguimiento, vivencia por Su presencia que reconocemos en nosotros.

Dios nos concede lo que pedimos para otros; somos recipientes de lo que esté en armonía con el Espíritu de Vida que pedimos para otros.

Pidiendo a Dios para nosotros mismos no "servimos" a Dios, no seguimos a Dios, sino a nosotros mismos. Incluso el perdón que pedimos a Dios para nosotros (que no es necesario porque Dios nos ama incondicionalmente) lo experimentaremos si lo otorgamos, tal como lo esperamos de Dios para nosotros, a los que nos hieren y nos ofenden. No podemos esperar el perdón (que experimentamos en la paz, calma) que no estamos dispuestos a conceder, a extender a otros.

« Es suficiente ».

Me bajo del pasamanos.

Dejo el camino fácil (que es que pase lo que creo, espero) y tomo el difícil (que es buscar la respuesta correcta desde el principio, trabajando, interactuando con Dios dentro de mí).

Renunciar a la tentación (seguir lo fácil inmediato pero no beneficioso a largo plazo) es invocar al Espíritu Santo, Eterno.

Es lo que Dios sugiere. Al seguir a Dios, Él nos guía. Por eso

Dios me dijo « *Es suficiente* », « *Yo me hago cargo* ». Todo intento en seguir a Dios me va a conducir a Dios si el Dios que sigo es el que está dentro de mí, no en el mundo.

« No puedes subir así (no has de llevar nada) ».

Tuve que desnudarme.

Ir desnudos hacia Dios es subir a Él en espíritu de vida, con acciones de vida. Tenía que quitarme mi dependencia de lo material, no lo material en sí.

Con nuestra consciencia llegamos a Él y nos hacemos parte de Él, no con nuestros logros materiales.

Con nuestros logros disfrutamos el poder de creación inherente al ser humano; y por la interacción con Dios crecemos en consciencia universal, en la Verdad, en la Realidad Existencial, por lo que disfrutaremos a otro nivel el proceso existencial y experimentaremos la gloria, el verdadero propósito de la existencia consciente, para lo que necesitamos hacernos co-creadores con Dios.

No podía permanecer en desarmonía con Dios (en pecado, dicen los religiosos) si yo buscaba llegar a Él, y entenderle, a través de uno de Sus atributos absolutos: la eternidad.

Notemos cómo se distorsionaron las interpretaciones en el pasado: hablar de "pecado" cuando es desarmonía; hablar de "desobediencia" cuando es desarmonía; hablar de "mal" cuando es experiencia de desarmonía. Armonía es el concepto primordial del que se derivan nuestras versiones racionales que aplicamos en diferentes circunstancias.

Armonía con Dios nos lleva a disfrutar plenamente la vida. Dios es la Fuente de Vida, ¡es la existencia consciente de sí misma!

No hay otro propósito en el proceso existencial: la vida, y disfrutar del proceso de conscientización, para lo que nos orienta Dios, para desarrollar nuestra consciencia del proceso existencial que se rige por el Espíritu de Vida.

Tengo que cambiar. Tengo que reflexionar. Tengo que desarrollar más mi consciencia si deseo realmente llegar a Dios, buscando a Dios que ya está dentro de mí. Entiendo esto muy claramente. No tengo dudas al respecto. Tengo que vivir en armonía con Dios; tengo que pensar, hablar y obrar, actuar, en armonía con Dios. Tengo que seguir el ejemplo de Jesús. Tengo que crecer reflexionando y hablando, interactuando con Dios, con Su presencia en mí; "escuchando" y siguiendo su Presencia en mí en los sentimientos primordiales.

« *Aquí comienza el aliento de vida. Con este jadeo* ».

En esta interacción está el Espíritu de Vida.

Esta interacción es parte del mecanismo primordial de la re-creación de sí mismo de Dios, del proceso existencial consciente de sí mismo, a través de Sus individualizaciones en las diferentes dimensiones de espacio y tiempo que lo conforman.

"Con este acto de comunión (de armonía) comienza tu vida espiritual".

Mi consciencia espiritual acababa de ser despertada. Había sido dado a la vida consciente en otra dimensión que me conduciría de regreso a Dios, a vivir en interacción consciente con Dios, y con ello... ¡ser parte consciente del proceso existencial!

Todo lo que define a la individualización, a la identidad a nivel primordial de la nueva vida a la que da lugar este acto, ya está presente desde el instante en que comienza a llevarse a cabo la interacción sexual. Este acto provoca la convergencia de los dos componentes, material o biológico de ambos interactuantes y espiritual desde Dios, desde el proceso existencial en el que estamos inmersos, para dar lugar y definir la nueva manifestación de vida.

El acto sexual es un acto de comunión en los dos dominios, material y espiritual, en los tres niveles energéticos en los que tiene lugar, *alma* o espíritu, *cuerpo* y *mente*, de ambos, hombre y mujer en la Tierra, que es analogía de la comunión entre Dios y el ser humano, a nivel universal.

Científica y teológicamente se nos indica que el apareamiento humano es analogía de un colosal apareamiento energético que tiene lugar entre ambos dominios de la Unidad Existencial, y del que resulta el entorno o sub-dominio material por un mecanismo que está a nuestro alcance. Del colosal apareamiento energético en la Unidad Existencial es que tuvo lugar el Big Bang que generó el universo, el entorno temporal que alcanzamos desde la Tierra. Tenemos una introducción a este evento en el *Modelo Cosmológico Consolidado* en la referencia (2), II.4, vol. 1.

« *Estás listo. Puedes irte* ».

Tu FE te ha "salvado", te ha llevado a otra realidad existencial.

Dios te ha escuchado. Estás "perdonado" (curado, convertido, en, y por la armonía). No obstante, la curación no es automática. Necesitas rectificar, reparar.

« *Antes, reflexiona* ».

Búscame dentro de ti. Sígueme.

"Regresa a donde 'pecaste' (reconócelo) y no vuelvas a hacerlo. Todo lo que 'pecaste' o erraste en el pasado se te 'perdona', borra, si no vuelves a hacerlo y Me sigues; si buscas la armonía

---

con Mi presencia en ti y la vivencia orientado por Ella".

« Cúbrete. El hombre siempre debe cuidar su pudor ».

"Cuida (guarda, conserva) tu espiritualidad".

En el lenguaje espiritual *cuidar el pudor* es cuidar nuestra espiritualidad, la esencia divina.

Mi cuerpo no me pertenece; me ha sido dado, con un propósito. Debo cuidarle. Debo honrarle, respetarle; en mí, en los demás.

No es un llamado a ocultar el cuerpo, cubrir nuestra desnudez, sino a cuidarnos de lo que hacemos con el cuerpo por ignorancia por una parte, y por temor por otra parte.

Hoy, en este mundo, en nuestra civilización tan "avanzada" en ciencia y tecnología, no estamos nada más cerca de Dios de lo que estábamos hace miles de años atrás.

Nuestro verdadero avance hacia Dios está en la consciencia espiritual, la consciencia de Dios, en el entendimiento del proceso existencial y nuestra relación con Él, y del propósito de nuestra manifestación en este entorno temporal.

Una cosa es creer en sí mismo, reconocerse a sí mismo como parte de Dios; otra es ser soberbio, creerse fruto de sí mismo.

Somos soberbios.

Nos creemos autosuficientes. Queremos regular la vida de los demás, imponer criterios de moralidad negando la vida. No hemos llegado a nada más, desde que arribamos a la Tierra, que no sea avance intelectual y material. El desarrollo de la capacidad racional no es necesariamente indicación de desarrollo de consciencia del proceso existencial, Dios. El desarrollo intelectual tiene lugar en un *entorno temporal* de la mente universal de la que cada ser humano ocupa un sub-espectro. El desarrollo intelectual se hará parte permanente, eterna, de la mente universal, sólo si está en armonía con el proceso existencial, con Dios.

Tenemos un potencial racional extraordinario, es cierto, pero *siempre usando a Dios*, al proceso del que provenimos y somos partes inseparables. Debemos reconocer nuestra capacidad como tal para acceder a la estructura de consciencia del proceso existencial, y para crear las experiencias que deseamos, pero es Dios, siempre, el que permite que tenga lugar todo cuanto generamos y hacemos.

La necesidad de buscar cesa cuando hallamos lo que verdaderamente nos satisface, lo que verdaderamente nos llena, y eso no será nunca nada puramente de este dominio material. El alma, componente de la trinidad SER HUMANO, está interesada en llegar a Dios, donde se es la fuente de todo lo que ahora se puede desear. *La vida material en este dominio es un medio, una "herramienta", para tener las experiencias de vida que necesitamos para pasar a otra realidad existencial.* Nunca dejamos la vida material. Siempre estamos en alguna dimensión de materialidad que ahora no podemos entender por desarrollarnos mentalmente limitados al sub-dominio de los sentidos materiales: *vista, oído, olfato, gusto y tacto.*

« *Debajo del sol debes siempre mostrar respeto* ».

Cubrirme bajo el sol es tomar una actitud de respeto, de armonía con Dios, con todo lo que permite y sustenta la vida, y con todas Sus manifestaciones, todas, que conmigo conforman la Unidad Existencial.

Frente a la fuente de la consciencia (luz), de nuestra consciencia que nos permite disfrutar el proceso existencial, fuente simbolizada por el sol, debemos ser respetuosos, concepto racional que expresa el agradecimiento, primordial.

Científica y teológicamente tiene que ver, además, con el proceso de modulación, por la presencia y actividad solar, en el "entretejido" de la información de vida presente en el manto energético universal, la red espacio-tiempo, y en el "ruido" cósmico. Referencia (2), II.4, vol. 1.

« No necesitas instrumentos ».

No necesitas instrumentos para "ver", reconocer la Verdad. Te han sido dados. Tienes la Verdad. Tienes en ti al Espíritu de Vida.

> *"Tú eres instrumento de vida, de Dios".*
> *"Todo cuanto necesitas para acercarte a Dios ya te fue dado".*

Todo cuanto necesito para reflexionar y "ponerme en el camino de Dios", regresar a la armonía con Él, ya me fue otorgado; es inherente al arreglo trinitario que me define como *Su re-creación a Su imagen y semejanza, divino, con Su atributos de consciencia y poder de creación*, como todos los seres humanos. Tengo los elementos necesarios. Sólo debo reflexionar y buscar las respuestas en interacción con Dios dentro de mí.

No tengo nada que buscar afuera que no me haya sido dado por Dios.

Por una razón Dios me confirmó. Hay un propósito. Ahora sólo tengo que responder a Su confirmación; es lo que siento y lo que deseo.

« No necesitas nada material ».

"Eres. No necesitas nada material para tener identidad espiritual".

No necesito nada material para "llevar", tener a Dios conmigo.

Podemos "saltar", trascender a otro entorno existencial por nosotros mismos, una vez que hemos alcanzado el desarrollo que nos lo permite, y éste sólo es posible interactuando con Dios para lo que ya tenemos en nosotros mismos todo lo que necesitamos. Nos fue dicho y mostrado por Jesús dos mil años atrás.

« Vete en paz ».

« Armonía » es el camino de la paz.

Tengo que llevarme algo. Decido tomar una ramita de ligustro. Simboliza la paz, calma, el estado natural del ser humano en armonía con el proceso existencial, con Dios.

Para Ciencia y Teología.

Armonía es el Principio Absoluto Inmutable que rige las re-distribuciones energéticas y las interacciones entre estructuras de información que conforman el Proceso Existencial; re-distribuciones e interacciones inducidas por la presencia eterna de la sustancia primordial y sus asociaciones que establecen la Unidad Existencial.

No hay interacciones para llegar a la eternidad, sino eternidad, la presencia eterna, que se expresa en las interacciones a las que induce, da lugar, y por las que se sustenta la consciencia de sí misma de la Unidad Existencial.

« Sabrás ».

Dios me hará saber lo que necesite para desarrollarme hacia Él.

Otras Estimulaciones, después del 4 de Julio.

Dios emplea eventos en nuestro dominio existencial como estimulaciones del proceso racional para la interacción con Él. Se nos muestra aquí los diferentes canales de comunicación con Dios en diferentes estados de "sintonía" con Él.

En negrita se indican las estimulaciones y, o hechos ocurridos a explicar. Su ocurrencia fue descripta en el Libro 1. Un listado sin interpretaciones se ofrece en la segunda parte del Apéndice I.

Me paso una luz roja y decido no manejar.

Si estoy en dudas frente a lo que debo hacer, espero por la señal del Cielo, la que me hace sentir bien en mi relación con Dios que pongo en práctica frente a todo y todos.

Me siento cansado. Tengo los pies pesados. Camino lento.

Debo pausar, darme tiempo para reflexionar.

Me cae mal la hamburguesa que comí.

Debo cambiar mis hábitos alimenticios (ambos, energéticos y de conocimientos).

« En el verde está la vida. Todo lo que necesitas para la vida está en el verde ».

Debo dedicarme más a las cosas del espíritu; las de la carne (material) me saben mal.

En la camioneta creo estar en una cápsula de tiempo.

(Veo a uno de mis empleados muy viejito, como si estuviera en el futuro, en otra dimensión de la existencia).

Los mensajes y orientaciones de Dios son para la eternidad.

Somos manifestaciones temporales de un proceso eterno.

En una oportunidad me parece que soy una marioneta.

Siempre estaremos expuestos a fuerzas que se "oponen" a Dios, es decir, que están en desarmonía con Dios. Dios es nuestra protección natural.

Recibo un mensaje "lejano" de un tal Ricchie.

En un estado de hipersensibilización espiritual estaba reaccionando a la estimulaciones de Dios. Dios me confirmaba en ese momento algo que reconocería más adelante: fue una estimulación para reconocer el presente eterno que solo depende del estado de mi consciencia.

En el taller, mientras espero por mi hermano, agarro una lata de refrescos, llena. Pareciera estar magnetizada.

Estoy bajo la Presencia del Espíritu de Dios por la que puedo sensar fuerzas que por el desarrollo limitado de la capacidad racional (la mente, como decimos erróneamente) está normalmente fuera de mi alcance. El "magnetismo" es la inercia del líquido, pero yo estoy muy sensible a la inercia de una masa tan pequeña como la contenida por esta lata. Esto muestra que *en determinadas circunstancias mentales nuestros sentidos se hipersensibilizan.*

Norma me llama cuando estoy hablando con mi hermano. No respondo al teléfono. Luego escucho la grabación. Suena lejano, distante, de otro mundo.

Una estimulación, por adelantado otra vez, para mantenerme atento al hecho de que estaba adquiriendo sensibilidad espiritual y no dejarme interferir con las "cosas del mundo", con sus expectativas y reacciones que espera de nosotros, todos. No es nada en contra de Norma sino que es una imagen espiritual para conllevar un mensaje a quién ya puede "leerlo", interpretarlo primordialmente. En experiencias en el pasado ha ocurrido que algunos no supieron interpretar correctamente estas estimulaciones y actuaron contra el elemento o individuo usado como imagen y, o mensajero. Norma actúa todavía como el mundo, tal como le enseñaron; luego, es la inducción desde el mundo a la que hay que cuestionar y revisar, no a Norma. A Norma, y a todos los individuos, se les debe estimular a entender las manifestaciones espirituales por acciones en armonía con Dios, por acciones de amor primordial y no nuestro amor que es una interpretación limitada del amor primordial, una interpretación fuertemente condicionada y hasta distorsionada culturalmente.

Amor primordial es la expresión y la vivencia de la armonía con Dios, y no se puede negar a Dios para satisfacer una versión cultural que no nos permite la armonía con Dios. Por amor a mi esposa no puedo negar la acción de Dios sólo para que ella no se sienta mal. Eso sería traicionarme a mí, y a ella también pues entonces yo estaría dejando de estimularla.

Esperando por mi hermano, sentado en el banco del taller, veo mis pies con dos huecos en forma de estrella. Viene a mi mente el concepto de Apocalipsis.

« *Es la Revelación de Dios a Juan* ».

Dios se ha revelado, hecho consciente en mí.

Aún esperando, "veo" llegar a Norma y presencio su accidente en frente del taller.

Más adelante, entendería que Norma había sido fuertemente herida, afectada por algo que todavía, para ese momento, yo no advertía. [Por su susceptibilidad a situaciones que ella no sabe manejar].

Una tarde me esfuerzo en encontrar la llave que me llevaría al Conocimiento. Pienso en *Amor, la llave que abre las puertas del Corazón*, de la esencia divina.

El *amor primordial* nos conduce adonde queramos en armonía con Dios, Quién es, precisamente, la Fuente del Conocimiento. *Amor primordial* es expresión de la armonía con Dios.

La única Ley Absoluta del Proceso Existencial es el *Principio de Armonía Universal*. Nuestro universo se rige por una expresión en nuestro dominio temporal de este principio. Por éste, todo lo que se hace afecta a todo el resto, de una manera u otra, pues la Unidad es Inmutable, por lo que todo cambio en un "punto" induce la re-distribución en todo el resto. Nuestra mente no alcanza a concebir esta re-distribución real que se introduce en las referencias (1) y (2), II.4, vol 1.

Amor primordial es la manera por la que manifestamos nuestro reconocimiento primero, entendimiento luego, de la Unidad Existencial: *Somos Uno, eternamente.*

Del *amor primordial* nosotros derivamos nuestra versión racional limitada y sus aproximaciones o prácticas culturales.

Mato una víbora de coral. La entierro a paladas.

De la Tierra, del mundo, de la materia, de la dependencia a lo material, es que proviene el mal.

Veo ojos de víbora en los ojos de una señora que me pide un estimado.

Nosotros abrimos el camino al mal, a las distorsiones del proceso de conscientización, por ignorancia y temor que generan la preconcepción sobre la que se rige el proceso distorsionado.

Una noche "resucito" a Norma aspirando por su cabeza.

Todos tenemos la capacidad de "resucitar", de cambiar las experiencias de sufrimiento e infelicidad.

Casi me arrojo de cabeza por las escaleras de casa.

Hay pensamientos distorsionados de los que debemos cuidarnos. Se generan por nuestras asociaciones distorsionadas de experiencias pasadas o presentes, y, o información en memoria, o provienen de fuente externa, de la estructura de identidad colectiva de la especie humana en la Tierra.

No todos los pensamientos, fuera de los míos propios, provienen de Dios.

Tuve que sacar el crucifijo grande, pesado, de hierro cromado, de nuestra habitación.

Pensaba que la gran masa de metal era lo que me provocaba las perturbaciones.

En la materia, en nuestra dependencia de las experiencias de vida limitadas al dominio material, es que residen las fuerzas que se "oponen" a la armonía con Dios.

[La verdadera razón me sería dada casi diez meses después].

Otra noche, mirando a través de la cabeza de Norma, veo a un feto. Podía ver a través de ella, de su cuerpo, y allí dentro veo cómo una partícula puede pasar de un medio a otro, por un fenómeno parecido a la ósmosis.

Norma, como mujer, madre y esposa, lleva, representa al Espíritu de Vida,

« Estás en Mi Vientre (inmerso en la Unidad Existencial) »,

y más adelante vi, entendí el mecanismo de transferencia de la información de vida en el universo.

Huelo a azufre en mi habitación.

Estaba venciendo a las fuerzas del mal, rectificando la desarmonía.

La influencia de la identidad colectiva se usa en esta imagen que relaciona azufre con el demonio, fuerzas del mal generadas por las desarmonías con el proceso existencial.

Acerca de la muerte.

Durmiendo, o semidormido, tengo el espontáneo pensamiento que, como el sueño de cada noche y despertar al día siguiente, nuestra muerte no es sino una interfase, el paso de una manifestación de vida a otra, de un "día de la eternidad al otro".

La muerte es simplemente eso: el paso a otra manifestación de vida en la secuencia absolutamente infinita, inacabable, eterna.

Evolución de la manifestación de vida.

Fui a dormir a la habitación de Omar.

En la pared, cubriéndola, se me presentaron imágenes, sucesión de pececillos de mayor a menor. Vi los dinosaurios y los reptiles.

Nuestro arreglo biológico de vida se ha generado en el agua, obedeciendo a un Plan (proceso) Eterno de Dios, parte del mecanismo de re-creación periódica, absolutamente infinita, de Sí Misma de Dios, la consciencia de la Unidad Existencial.

Una noche soy Dios, en mi casa.

Tomo decisiones para lograr que el objetivo de reunirnos en una familia eterna en Dios se pueda cumplir.

Que "Norma debía 'morir' " se refería al mundo y su dependencia de lo material, que en ese momento era representado por la actitud de Norma. Es una imagen, no es algo referido específicamente a Norma.

"Hay una Razón, un Propósito" para lo que estaba ocurriendo conmigo.

Nuestro "destino" es la eternidad; debemos aceptar un orden para llegar a ella, hacerse consciente de ella y comenzar a vivir en ella. Es parte del Plan (proceso) de Dios.

Tengo que dejar todo. Una fuerza me impulsa. No puedo estar en mi casa.

Bajo la Acción Espiritual, mi voluntad no es que fuera "manejada" por Dios sino que Él respondía a mi "salto" a otra dimensión, a mi propia decisión, aunque todavía no sabía manejarme yo mismo en ese "salto". Dios dejaba que tuviera lugar temporalmente esa apariencia pues servía a Su propósito para mostrarme algo a entender más adelante.

Por ello ocurrían mis reacciones, aquéllas que Norma no podía entender, que yo no las controlaba ni deseaba hacerlo, cuando debí dejar nuestra casa en Missouri City. Mostró también mi incapacidad momentánea de sentir emociones... ¡siendo consciente de lo que ocurría en relación a Norma! Consciencia y emociones ocurren en niveles diferentes de nuestro arreglo trinitario. Yo no podía reaccionar, en realidad yo no sufría, aunque era consciente de lo que ocurría, o mejor dicho, reconocía todo lo que ocurría, pero no era consciente del dolor de Norma en ese momento. Yo no podía hacer nada para detener lo que estaba sucediendo aunque afectara a mi compañera, porque simplemente yo no era consciente de su sufrimiento. No era la voluntad de Dios la que manejaba la mía, mi disposición a actuar, sino lo que ocurría en mi propio arreglo trinitario; todo esto era parte del proceso de conscientización, de ambos, aunque yo, y muchísimo menos Norma, no entendiéramos nada en ese momento.

Norma decide acompañarme, a pesar de su dolor, de no entender nada.

Dios me mostraba una "obediencia" o fidelidad inconsciente primordial en Norma, mi esposa, mi compañera.

Me siento extraño viajando a San Antonio.

Ése no era mi lugar.

No era lo que tenía que hacer, pero no lo sabría sino hasta más tarde.

Me siento bien cuando pasamos el límite de entrada a la ciudad de San Antonio.

Dejaba atrás lo que causaba mi perturbación [el cuarto con las imágenes que no necesitaba, crucifijos, y que no representaban nada en armonía con la Verdad, pero yo no me daría cuenta sino hasta bastante más adelante, en Abril de 2002].

« *Acabas de pasar la línea (alejándote). Ahora estás seguro* ».

Tengo ciertas manifestaciones, "señales" en el cuerpo.

Siguiendo esas señales sabría que tenía que regresar a mi trabajo, días después. Inicialmente esas señales eran confusas y me producían cierta angustia y temor, pero luego reconocí que me orientaban a regresar. Yo pensaba en algo y esas señales ¡confirmaban, validaban lo que pensaba! Así se desarrollaría finalmente el *protocolo de interacciones conscientes* con Dios.

Eran las señales que Dios me había dicho que me serían dadas.

En la noche tengo la visión de ¿*Tablas de Mandamientos*? Creo haber visto otras.

La influencia cultural me inducía asignar esa posibilidad a una serie de números que Dios me mostró como etapas del proceso existencial y que eran, en mi caso inmediato, etapas o fases de conscientización de la experiencia por la que yo estaba pasando.

« *Hay una Razón, y un Propósito; por lo tanto, hay un Orden, un Plan* ».

Más adelante conocería, entendería, el Plan (proceso) de Dios y el medio para llevarlo a cabo.

No hay Mandamientos de Dios.

Dios no nos obliga, no nos exige nada, porque eso limitaría la libertad que nos ha concedido.

Dios nos sugiere qué hacer si deseamos liberarnos de las experiencias de sufrimientos e infelicidades, de nuestras experiencias de infierno.

Comienzo a leer la Biblia, por primera vez en mi vida.

Pude comenzar a entender la Biblia, su verdadero alcance. Pude comenzar a leer la "letra pequeña", la que no está escrita, la Verdad detrás de la interpretación del hombre. No puedo describir la euforia íntima que se iba manifestando dentro de mí conforme Dios mismo me permitía ir entendiendo Su palabra contenida en la Biblia, más allá de las interpretaciones del hombre.

Comencé a entender el lenguaje espiritual detrás de las Manifestaciones de Dios en el hombre.

Me canso mucho al leer la Biblia.

Tenía que hacer un gran esfuerzo. Inicialmente no supe por qué me sentía así.

Sabía que Dios había hecho un cambio en mí cuando me "golpeó" en la cabeza el 4 de Julio, y pensé que a eso se debía mi cansancio inusual. No obstante, yo no iba a dejar de leerla; de alguna manera sabía que la Verdad estaba allí, en la Biblia. Luego, Dios me hizo ver que mi cansancio era una manera de desestimular lo que yo podía hacer en interacción directa con Él. Entonces dejé de leer la Biblia, excepto para comparar lo que yo entendía de las orientaciones recibidas durante mi "caminata por la eternidad de la Mano de Dios".

"Norma, tenemos que regresar".
Fue luego de mi reacción del 16 de Julio en casa de Mariano, en San Antonio.

...

Entiendo que no debo dejar de trabajar.

Debo buscar a Dios en mi vida, en mi trabajo, allí en el recodo de esta manifestación de vida donde Dios me llamó y me habló. No es necesario entregarse a Dios dejando de vivir, de disfrutar el proceso existencial. Pero, al entrar en contacto con otra realidad existencial, he cambiado, y el mundo creerá que lo que hago es renunciar a disfrutar porque el mundo vive una versión limitada y en numerosos casos hasta distorsionada, y muchos de los que creen estar haciéndolo en armonía con Dios, con el proceso existencial, lo hacen a expensas de los sufrimientos y las esperanzas de muchos otros, consciente e inconscientemente.

Dios quiere orientar nuestra vivencia para disfrutarla plenamente, todos.

Puedo regresar a estudiar, dentro de mi mente, el universo, todo, y maravillarme de las manifestaciones de la "Creación", de la Presencia Eterna de Dios, ahora sabiendo por dónde recomenzar: en armonía con Dios.

La observación y estudio del universo es la observación y estudio de Dios, por lo que debo seguir las orientaciones absolutas que definen a Dios que yo ya he reconocido; una de ellas es la *eternidad*, que también ya ha sido reconocida por la teología y la ciencia para sus áreas de competencia. Nuestro conocimiento todo, las relaciones causa y efecto establecidas en la fenomenología energética universal está basada en el *Principio de Conservación de la Energía*, que no es sino la expresión de la eternidad en nuestro dominio de la existencia.

« La Verdad no puede ser ocultada ».

258

« El Espíritu de Vida Eterno no puede ser negado ».

Si creemos en la eternidad, ¿por qué la negamos buscamos un origen que no sea por una re-creación? Nuestra mente es limitada cuando dejamos de seguir la orientación, *eternidad,* desde el mismo proceso existencial, y nos perdemos en especulaciones que sólo confunden el proceso racional. Ya he aprendido, creo, por los efectos perturbadores de especulaciones con referencias conflictivas, que dejamos de reconocer, precisamente, por el "caos" dentro del proceso racional. Sin embargo, y bajo otra modalidad, tan solo un poco más tarde reincidiría en el error de olvidar la eternidad en otra especulación racional diferente. Lo veremos en la siguiente sección, La Experiencia del 1 de Agosto.

No tendremos límites hasta dónde podemos saber; pero será Dios mismo Quién nos lo hará saber ya que el conocimiento proviene de Él; nos dejará, mejor dicho, nos llevará a saber tanto como Dios mismo lo ha dispuesto, sin limites, sin restricciones, excepto por la armonía con Dios. Dios, proceso existencial, nos ha dado la capacidad racional. Debemos usarla para el propósito de vida, no contra la vida, no contra el Espíritu de Vida. Sin embargo, la "desobediencia" a Dios o desarmonía con el proceso existencial es parte del proceso de conscientización del ser humano. Si el ser humano no conoce antes lo que es estar equivocado, lo que es el mal, no puede experimentar ir hacia el bien. No hubo nunca un castigo de Dios en la historia del libro Génesis en el Antiguo Testamento de la Biblia al "expulsar" a Adán y Eva del Paraíso; lo que quiso decir Dios es que por desarmonía de Adán y Eva en sus desarrollos en relación con Dios, ellos se "expulsaron" a sí mismos, dejaron solos el estado natural, el Paraíso, que es el estado natural cuando estamos en armonía con Dios, en "obediencia" a Dios. Todo lo que Dios ha estado tratando de hacer, decirnos, siempre, es orientar al ser humano para crecer en consciencia del proceso existencial y su relación con él, siguiendo las orientaciones de Dios, las orientaciones del proceso existencial.

La Experiencia del 1 de Agosto.

Reincidencia del error en el proceso racional.

Se me ocurrió aquéllo del "punto inteligente" a partir del cuál se podía originar el universo físico. Era eterno, sí, pero no dejaba de ser un "punto", un entorno energético pequeño, infinitesimal, desde el que se originaba el universo, ¡todavía seguía yo influenciado por la teoría del Big Bang! que es un evento temporal de la Unidad Existencial.

Esa noche Dios me hizo sentir esa condición: la de un "punto" inteligente, solo, aislado en el universo. "Con un solo ojo como mi cuerpo físico, yo comenzaba a desplazarme para dar lugar al universo". Era sumamente perturbadora esa visión desde mi cama a la que yo había ido a dormir aquella noche del 1 de Agosto. Sentía que no podía controlar mi mente. Imploré a Dios que me sacara de esa "realidad" que otra vez yo generé con mis pensamientos. "No quiero estar otra vez allí. Ya entendí". Eso ocurrió la noche del mismo día que Dios me advirtió sobre tal error, cuando luego del descanso de mediodía iba manejando la camioneta y paralizó mi corazón. Fue absurda mi línea de pensamiento. ¿Cómo no me di cuenta de que Dios es Dios de vida, y de que yo estaba planteando el origen "a partir de un punto inteligente", esto es, *dando inteligencia de vida a algo que no puede sostenerla todavía*? El universo es para sustentar la vida. Se necesita todo el universo para sustentar la vida, su propia vida, su inteligencia o arreglo consciente de sí mismo. No cabe dudas de qué tan insensatos podemos llegar a ser con nuestros atributos cuando nos desviamos de Dios.

¿Qué había ocurrido?

Cuando sentí recuperarme al regresar desde San Antonio el 16 de Julio, tomé la lenta y perceptible salida del estado bajo acción espiritual, de hipersensibilidad espiritual bajo el cuál me encontraba, como la "aprobación" y estimulación de Dios para retomar las especulaciones teóricas.

Era verdad que podía regresar a la exploración mental del universo, pero una vez más cometí el error de negar, de olvidar aspectos fundamentales. En este caso, olvidé que Dios es Todo Lo Que Existe, Todo Lo Que Es. Sólo la Unidad Existencial es inteligente. Mejor expresado aún: sólo la Unidad Existencial es consciente de Sí misma y de la inteligencia del proceso existencial que le hace consciente.

Reconocí el error, y reaccioné otra vez como antes.

Volví a quemar los papeles, y me sumí otra vez en un nuevo profundo estado de angustia y confusión tratando de resolver lo que era una nueva "ofensa" a Dios.

Casi tres semanas más tarde, tuve la orientación definitiva en la mañana del 18 de Agosto. Provino de la estimulación espiritual cuando vi la telaraña, y entonces Dios imprimió en mi mente,

« Armonía ».

Entendí que mi problema era la falta de armonía espiritual, la falta de armonía con Dios. Eso era lo que había estado causándome los errores racionales, y sus consecuencias, todo lo que había experimentado, todo lo que me había angustiado, confundido, perturbado.

A pesar de haber reconocido la referencia absoluta, *eternidad*, para el proceso racional en armonía con la Verdad, con Dios, continuaba tomando otra en su lugar debido a la influencia cultural en mi identidad temporal.

Después de reconocer *armonía* pude volver a comenzar a reflexionar en calma sobre los aspectos que iniciaron mi experiencia con Dios, y escribir poco a poco todo.

Es lo que hago hasta ahora.

Guía del Espíritu de Vida

Señales Espirituales

Espíritu de Vida.

Ya vimos que, muy simplemente definido, y entre otras aceptaciones prevalentes mencionadas,

Espíritu de Vida es lo "inmaterial" que nos da vida; es lo que anima, mueve, sustenta a lo que define a las manifestaciones de vida.

Yo prefiero trabajar con el reconocimiento de la pulsación primordial; mejor aún, con la extensión también ya mencionada,

Espíritu de Vida no es solo la pulsación primordial del universo, del cosmos o de la Unidad Existencial, sino una estructura de pulsación absolutamente inmutable, eterna, que es, a su vez, la componente inmutable de la Consciencia Universal, de Dios.

El Espíritu de Vida es el nivel de consciencia eternamente inmutable de Dios, del proceso existencial que se reconoce a sí mismo; es la Referencia Absoluta del proceso existencial.

Luego,

Espíritu de Vida es el alma del proceso existencial.

La gran confusión general se debe a no conocer el proceso existencial y su estructura energética, razón en la que insisto frecuentemente, y al empleo de diferentes palabras, símbolos de nuestra creación, para expresar lo mismo en diferentes ambientes de consciencia, de entendimiento de aspectos del proceso existencial, del proceso universal.

Conciliar nuestras versiones no será una tarea sencilla, pero si no comenzamos no podremos realizarla. Entonces, cada uno por sí mismo debe tomar una decisión muy íntima acerca del reconocimiento de sí mismo frente al proceso existencial, y de su relación con él y propósito de sí mismo en él, y por él.

¿Podemos llegar, racionalmente, más profundamente al Espíritu de Vida que lo que hemos alcanzado hasta ahora?

Sí, si razonamos siguiendo Su guía dentro nuestro, tal como nos lo dice Dios,

« Búscame con el corazón, no con la razón ».

Esta orientación de Dios significa buscar siguiendo la esencia, la naturaleza (el "corazón") y no con la "razón", no con el proceso de información limitada al dominio de los sentidos, al dominio material, sino incorporando la información primordial, espiritual.

¿Cómo comenzar?

Si deseamos profundizar racionalmente,

necesitamos ir a la estructura energética de la Unidad Existencial para reconocer allí a los componentes de la Trinidad Primordial de su arreglo de consciencia. Todos podemos, si lo deseamos, introducirnos en el proceso de las interacciones entre Dios, el Espíritu de Vida, y la especie humana, explorando un arreglo simple de control universal donde aprendemos a identificar los tres componentes que interactúan entre sí. Introducción en las referencias (1) y (2), II.4, vol.1.

Sín embargo,

en esta participación el aspecto más importante, una vez visualizado al Espíritu de Vida como la Consciencia Inmutable, *la referencia del proceso de conscientización universal*, es saber cómo seguirle como guía para nuestro desarrollo de consciencia.

No obstante, vamos a mencionar brevemente algunos aspectos para quienes quieran considerar hasta qué nivel desean explorar, luego, a Dios y nuestra relación con Él. Una vez más, la dificultad en visualizar la naturaleza del Espíritu de Vida es, precisamente, por no haber reconocido la estructura energética de la trinidad primordial del proceso existencial, del proceso universal.

Luego retomaremos la participación para todos.

(Podemos pasar a la siguiente sección Para Todos, si deseamos ir de una vez a prepararnos para seguir al Espíritu de Vida, o a la que le sigue más adelante, Guía del Espíritu de Vida).

Hay una diferencia entre Espíritu de Vida y Dios cuya analogía en nuestra estructura trinitaria es la diferencia entre nuestras dos identidades, primordial y temporal. De modo que si podemos visualizar separadamente estas identidades en nosotros, también podemos hacerlo entre Espíritu de Vida y Dios. Una herramienta racional de la ciencia (*Transformación de Fourier*) nos permite reconocer y entender que la Identidad Primordial de Dios es la Identidad Inmutable, Conciencia (no Consciencia), y ésta es la suma de todas las identidades temporales en la Unidad Existencial. Para esto último debemos entender las dimensiones de tiempo, una ilusión frente al presente eterno. Luce complicado, sin embargo, está a nuestro alcance.

Debemos tener siempre presente que,

Espíritu de Vida es el estado de consciencia absoluto, inmutable, que rige al proceso existencial consciente de sí mismo, Dios, siendo Dios la Identidad del Proceso Existencial,

análogamente a como se espera que sea en el ser humano el desarrollo de su proceso racional: que sea regido por su *conciencia*, por la componente primordial inmutable de su identidad primordial, su referencia primordial, y no por la identidad temporal cultural. (*Consciencia* es reconocimiento a un nivel, entendimiento a otro; *conciencia* es un arreglo de referencia de la estructura de

---

264

proceso racional que resulta en la consciencia del proceso).

Nota.

Enseguida veremos una analogía simple para ilustrar lo siguiente.

En la Trinidad Primordial, que para la Teología Cristiana es *Espíritu de Vida (Alma del Proceso Existencial), Padre (Dios)* e *Hijo (Especie Humana)*, [la trinidad es *alma-mente-cuerpo* en el ser humano],

a veces confundimos identidad de Dios con Su *mente*, pero *mente* es un sub-espectro del manto energético universal sobre el que se desarrolla la Identidad, el *Algoritmo del Proceso Existencial*, la Inteligencia de Vida.

La mente de Dios es un sub-espectro energético del espectro existencial de la Unidad Existencial. No todo el espectro existencial es para la identidad sino que parte es para re-energizar todo el proceso.

En el caso del ser humano, *mente* es la modulación natural del manto energético del espacio, y la identidad es, precisamente, la sub-modulación que el hombre hace a través de su proceso racional, la que le da individualidad a esa sub-modulación que la distingue de otras presentes en el mismo manto. Para la estructura de consciencia, modulación es una codificación del manto energético para transferir información.

La confusión es porque llamamos *mente* a nuestro *proceso racional* por el que respondemos a la identidad para mantenerla frente a todas las estimulaciones existenciales.

Proceso racional es la interacción que tiene lugar en la *mente*, en el sub-espectro asignado del espectro energético existencial.

Mente es también la dimensión de modulación del manto energético, del sub-espectro asignado.

Modulación es una asociación de vibraciones, pulsaciones, que conlleva información, instrucciones y, o *inteligencia de interacción*.

Veamos ahora la analogía de *mente* como modulación de un manto energético o manto de vibraciones, pulsaciones.

Lo antes dicho es como ocurre en los equipos de comunicaciones que construye el ser humano: las estaciones transmisoras de radio.

Los equipos electrónicos modulan un sub-manto energético de electrones con la información que se desea transmitir, transferir al espacio, al manto energético, a la atmósfera.

Todas las estaciones modulan el espacio, la *mente universal*.

Cada estación de radio tiene un sub-espectro de modulación del espacio, de la *mente universal.* Cada sub-modulación tiene una identidad propia que la diferencia de las otras, pero sigue siendo parte de la *mente universal,* del manto energético universal.

Pues bien, cada "estación de radio" es ahora el ser humano.

La mente del ser humano ("estación de radio") es un sub-espectro de la de Dios.

La mente de Dios es un sub-espectro del espectro existencial de la Unidad Existencial.

Para Todos.

Preparándonos para seguir al Espíritu, la Presencia que sustenta las manifestaciones de vida universal.

Espíritu de Vida es un componente de la Trinidad de Dios, conforme a la interpretación teológica que aunque cierta, es limitada; pero lo importante es que Espíritu es parte de la Entidad Consciente de Sí Misma cuya Identidad es Dios. Así como nuestra alma es la identidad primordial de la trinidad humana, Espíritu de Vida es el "Alma" de Dios, de la Trinidad Primordial, es el nivel de consciencia absoluta por la que el mismo Dios se rige a Sí Mismo.

Estas almas, la nuestra y la de Dios, son Una sola, pero nosotros somos un nivel de Ella; en realidad somos, cada uno de los seres humanos, un sub-espectro elemental de Ella, en crecimiento, en desarrollo hacia Ella. Yo lo hemos dicho, somos una estructura de consciencia en un nivel ¡que está en desarrollo hacia el nivel que le dio origen!

« ¿No os dije que sois dioses? ».

La relación entre Dios y Espíritu de Vida es que Espíritu es el componente de la Unidad Existencial (cuya *identidad* es Dios) que rige todo el proceso dentro de la Unidad, Dios.

Espíritu de Vida es lo que mueve a Dios, por lo que se mueve Dios, para lo que se mueve Dios: para sustentar la vida conscien-

te de sí misma, eternamente.

El Espíritu de Vida es la Consciencia, la "Ley Absoluta" inmutable, inviolable, que rige a Dios, al proceso por el que se sustenta eternamente la vida a través de las re-creaciones de Sí Mismo del Espíritu de Vida.

Una confusión adicional a las que ya mencionamos es porque todo es una estructura en "capas" o niveles de energía, todo entremezclado en un manto invisible.

Estructura en "capas de cebolla".

Efecto de "filtro" en la estructura de identidad consciente de sí misma en el ser humano, que limita, distorsiona, o inhibe el reconocimiento de la información desde el dominio primordial.

Perturbaciones en la estructura de identidad.

El universo tiene una estructura en "capas de cebolla" a la que no podemos ver con nuestros sentidos materiales ni con los instrumentos. Esas "capas" se definen por frecuencia de pulsación en una escala inalcanzable por el ser humano y su instrumentación. Nosotros estamos en una capa interna de la "cebolla" universal. Referencias (1) y (2), II.4.

Cuando crecemos en consciencia, <u>nuestra mente</u> alcanza una capa más cerca de la superficie, hasta que al final llega a ella y "ve" toda la existencia en la que nos hallamos inmersos; mejor dicho, accede a toda la información existencial. El Espíritu de Vida es la última "capa" que rige la evolución de todo lo que se encuentra fuera y dentro de ella, de la "cebolla universal" o de la "Cebolla Unidad Existencial". La ciencia tiene cómo entender esta estructura de dos dominios energéticos: uno fuera de la "cebolla", otro dentro de ella.

En cada "capa de cebolla" hay delgadas sub-capas.

Es lo que ocurre dentro de nuestra identidad. *Una capa interna es el alma, otra externa es la identidad temporal,* al revés de lo que pasa en la Unidad Existencial. Lo importante aquí es que las delgadas "sub-capas" de nuestra propia "capa" de identidad temporal que no están en armonía con el resto de la estructura (porque son más "gruesas" que lo que debería ser naturalmente) no nos deja ver más allá del entorno immediato. El espesor inadecuado filtra las señales desde la "capa" exterior. Es como si tuviéramos vidrios opacos que no nos dejan ver, aunque pasa la luz a través de ellos. *El "espesor" extra es dado por las relaciones causa y efecto en desarmonía con el proceso existencial.* En realidad, son arreglos con otras frecuencias portadoras de vibración que no les permiten asociarse con la estructura de identidad primordial, y por eso afectan a los otros arreglos de la identidad temporal que sí se asocian, causando las *perturbaciones* de la estructura de identidad.

Señales desde el Espíritu de Vida.

Son las señales desde Dios, desde Su consciencia como Principio y Fin de todo proceso de re-creación de Sí Mismo, para estimular y orientar los desarrollos de consciencia de Sus re-creaciones de Sí Mismo.

El proceso existencial, Dios, sustenta la consciencia de Sí mismo por la interacción con Sus re-creaciones de sí mismo.

« Yo Soy,
Alfa y Omega, Principio y Fin (de la vida eterna) ».

Las señales son como las de radio, a otra frecuencia, por un mecanismo algo diferente al que usamos en nuestras comunicaciones. Esas señales llegan a nuestra estructura de identidad primordial, el alma, y de allí excita a la identidad temporal, que decide si la sigue o no, si responde en la dirección que se le estimula o no.

El Espíritu de Vida estimula en una sola dirección: por la vida.

El Espíritu de Vida tiene un solo propósito: *la vida eterna.*

La manera en que entra en nosotros la señal espiritual es por un cambio en la densidad energética del manto universal en el que estamos inmersos; cambio que la materia no puede reconocer sino una estructura de vida, a través de su estado de pulsación, de vibración.

Las señales espirituales provienen del Espíritu de Vida y entran en nosotros a través de nuestro propio espíritu, por el alma. Esas señales estimulan nuestras reacciones mentales para provocar y, u orientar nuestras decisiones. Esas señales son pensamientos y estados de vibración que nos llegan de Dios, desde la "capa" externa de la "cebolla universal"; señales que nos permiten comunicarnos con Dios cuando sabemos reconocerlas y responder a ellas.

En el caso de provenir de boca de otros que claman armonía con Dios, sus palabras serían también señales de Dios si son validadas por nuestra identidad espiritual cuando hay una comunión espiritual. Por reflexión (por la identidad racional) guiada por el Espíritu de Vida (en nuestra identidad espiritual), "vemos", sentimos en qué dirección nos mueven u orientan esas palabras en relación a *las Orientaciones Primordiales (Somos Uno, Eternamente*, y que se expresan en el *Amor Primordial*, incondicional, irrestricto), y así podemos saber si realmente provienen de Dios o son interpretaciones limitadas del que las dice. Si algo nos mueve hacia Dios, hacia Su Espíritu de Vida, entonces proviene de Él.

Dios establece una relación particular, única, entre Él y todos y cada uno de nosotros; y con nuestra aceptación y continua búsqueda de Él, por medio de la reflexión e interacción, podemos entender Su palabra y la que recibimos de quienes claman reconocerle y vivir por Su presencia.

Las señales falsas.

Las señales falsas entran por los sentidos, y por la razón cuando ésta no sirve al espíritu sino al "mundo", a nuestros propios intereses en relación con la vida material, temporal, que no están en armonía con el propósito del proceso existencial: disfrutarlo, todos, eternamente.

« *El Espíritu de Vida no puede ser negado* ».

No habla de Dios quién discrimina, cualesquiera que sean las razones que esgrima; tampoco quién no tiene a la vida como bien sagrado, inviolable.

No habla de Dios quién comete actos en contra de Dios; mucho menos si lo hace a nombre de Dios.

No habla de Dios quién no extiende a todos, indiscriminada e incondicionalmente, los derechos, los bienes naturales de todos y las oportunidades que reclama para sí mismo.

Guía del Espíritu de Vida.

Seguir el Espíritu de Vida, al interpretar las orientaciones eternas y las manifestaciones espirituales, es regirse por la *divinidad (que proviene de la Fuente Absoluta, Eterna) y santidad (inviolabilidad) de la vida.*

El **Espíritu de Vida** tiene un solo propósito: *la vida eterna.*

El **Espíritu de Vida** estimula siempre en una sola dirección: por la vida.

Dios es el proceso de hacer realidad eternamente al Espíritu de Vida.

"La Vida es Sagrada".

Nada que no tome a la vida como sagrada proviene de Dios, aunque Dios permite que violemos este espíritu, principio absoluto, como parte del proceso de conscientización, por lo que generamos consecuencias a las que tendremos que enfrentar.

Dios es Vida.

Dios no nos pide nada. ¿Qué, y por qué habría de hacerlo, si es la Fuente de todo?

Dios jamás nos pediría ningún sacrificio, menos de una vida.

Pedir el sacrificio de una vida es actuar contra el Espíritu de Vida.

Dios jamás pide pruebas a Sus hijos, a las re-creaciones de Sí mismo.

Dios deja que hagamos nuestra voluntad; es decir, Dios hace nuestra voluntad pues somos parte inseparable de Dios.

Sí; siendo Dios el proceso existencial del que provenimos y con el que interactuamos para crear nuestras experiencias de vida, nos alienta y permite que hagamos realidad nuestras propias creaciones en este entorno temporal de la existencia. Nuestras creaciones y su realización sólo depende de nosotros, aunque empleando al proceso existencial, a Dios. La capacidad racional del ser humano es parte inseparable de la capacidad racional del proceso consciente de sí mismo, Dios; nuestra consciencia es dada por el resultado de nuestra interacción con el proceso existencial, con Dios.

Aplicación de la Guía del Espíritu de Vida.

Caso Abraham.

(Revisitación).

¿Pediría Dios a Abraham la vida de su hijo Isaac?

No pudo haberlo hecho, jamás, pues habría sido actuar contra el Espíritu de Vida, algo que Dios no va a hacer, obviamente.

¿Qué ocurrió entonces?

Veamos.

« De los árboles (de la Vida) toma los frutos más altos ».

Consciencia es el *fruto*, el resultado esperado por Dios de los hombres, de Sus re-creaciones de Sí mismo.

El hombre es un proceso de desarrollo de consciencia de sí misma de una estructura trinitaria de interacciones energéticas.

El fruto esperado de este proceso SER HUMANO es su consciencia.

Dios no pidió la vida de Isaac.

« La Vida es Sagrada ».

Dios es la Vida.

Dios no va a ponernos a prueba pidiéndonos hacer algo que está en contra de Sí mismo, de Su Espíritu de Vida.

Dios pidió el fruto de la vida de Abraham, no su hijo biológico.

Espiritualmente, el *hijo* es nuestra creación; es lo que buscamos hacer realidad, nuestro fruto. Esto es a lo que se refirió Dios en su interacción con Abraham.

"Mi hijo me llevará a casa", pensaba yo al dejar el lugar de la Conversión el 4 de Julio de 2001. Es nuestro "hijo", el que llevamos dentro nuestro frente a Dios, el que nos lleva de regreso a casa, a la *Casa de Dios*. Nuestro hijo espiritualmente es nuestra alma, es nuestra identidad primordial que deseamos hacer realidad en este dominio material, experimentar en este dominio temporal. Lo que hay que entender es la identidad de la trinidad del ser humano, una estructura en "capas de cebolla".

Dios no demanda sino que nos sugiere nuestra "obediencia", armonía con Su presencia, que se expresa entre nosotros como amor, fuerza primordial que nos mantiene a todos siendo parte de la Unidad Existencial. Esta fuerza es como una "fuerza gravitatoria" que une a todas las unidades de la estructura de consciencia del proceso existencial a las que da lugar la Presencia Eterna de la sustancia de la que todo se genera y se re-crea. Esta fuerza es alcanzable racionalmente dentro de la estructura energética de Dios, de la Unidad Existencial. Referencia (1).

Abraham creyó en Dios. Más aún, le reconoció como Dios.

Abraham deseaba fervientemente un hijo. Su hijo, su medio para continuar la vida, *su destino en la eternidad conforme a su alcance cultural de la época*. Dios le prometió un hijo, en el sentido espiritual, en respuesta al reconocimiento de Abraham; sin embargo, Abraham aún no estaba preparado para entender a Dios, y entonces Dios actuó como Abraham entendía, sobre su esposa Sara, para que pudiera tener el hijo que Abraham tanto deseaba y sabía que Dios le concedería. Abraham sabía que Dios le daría el hijo; no tenía esperanza sino FE.

Dios les dio Isaac a Abraham y Sara.

Luego, Dios volvió a estimular a Abraham, hablándole de su "hijo" como su fruto, su consciencia, su entendimiento de Dios, del proceso existencial, y la relación con él, con Abraham. Abraham reconoció que Dios le hablaba, pero aún no entendía lo que Dios le trataba de decir, y creyendo que era su hijo biológico a quién se refería Dios, Abraham se dispuso a ofrecer, a sacrificar a su hijo Isaac.

Dios no pedía, no demandaba ofrendas a Abraham.

Dios sólo estimulaba a Abraham a crecer en consciencia, en entendimiento.

"Tu 'hijo', lo que tú 'generas', lo que tú desarrollas, *tu consciencia*, dirígela hacia Dios, 'ofrécela' a Dios, hacia donde debes evolucionar, crecer".

Dios no le pidió a Abraham que sacrificara a su hijo biológico, mucho menos del modo que Abraham entendió. Pero sacrificar animales era un rito cultural para "agradar" a los dioses primero, a

Dios luego, y esa influencia cultural interfería con Abraham, tal como hasta hoy ocurre independientemente del desarrollo intelectual del ser humano en este dominio de la existencia.

Abraham entendió a su modo. Abraham reconocía a Dios en un nivel de su identidad, la primordial, y obedecía conforme a lo que le había sido enseñado sobre su identidad cultural, temporal, en otro nivel de su estructura trinitaria.

Dios detuvo a Abraham por medio de Su Ángel.

Dios respondió a la obediencia de Abraham, a su modo de expresar su deseo de estar en armonía con Dios, a Su presencia que reconocía pero que no podía entender aún. Dios obviamente sabía que Abraham buscaba responder a Dios a Quién Le reconocía, aunque lo hiciera mal. Abraham estaba "obedeciendo" a su reconocimiento de Dios, sí, pero haciendo algo malo, equivocado, que él no alcanzaba a reconocer todavía: algo contra el Espíritu de Vida.

Dios podría haberle dicho a Abraham qué quería decirle exactamente, pero entonces hubiera privado a la especie humana de experimentar el proceso de conscientización, el que sólo puede tener lugar de una única manera: por la interacción directa, íntima, personal con Dios, con la Fuente, con el proceso Origen.

« Dios, Espíritu de Vida, no puede ser negado ».

Dios, Espíritu de Vida, no puede negarse a Sí mismo.

Dios, Espíritu de Vida, no puede pedirnos a nosotros ir contra la vida, contra Sí mismo.

Podemos dejar que otros hagan lo que deseen con nosotros, si con ello deseamos dar FE de nuestra relación con Dios por la que no tememos a las circunstancias temporales ya que somos eternos. Si es así, es una decisión sobre nuestra vida, no la de otro; y esto, porque no afecta a nuestra relación con Dios sino que la fortalece. Pero, ni Dios pide la vida de nadie, ni nadie debe pedir la vida de otro, aunque a veces es necesario actuar contra una manifestación de vida para evitar que atente contra la vida de otros, y en este caso, sólo porque no hay otra opción.

Nuestra muerte es solo un cambio de manifestación de vida. No hay nunca muerte de lo que es eterno, pero es la voluntad de vida lo que cuenta para crecer en el proceso de conscientización de lo que es eterno.

Podemos entender lo anterior; sin embargo, no entenderemos fácilmente por qué matamos y Dios nos permite que lo hagamos. Obviamente, necesitamos conocer el proceso existencial y cómo trabaja el mundo que nosotros creamos, no Dios, y por qué y cómo erramos, aún siguiendo a Dios. Sí. A pesar de que todo el tiempo Dios está orientándonos, nos equivocamos y continuamos errando porque no hemos entendido a Dios ni al amor, sino a versiones limitadas racionalmente y condicionadas culturalmente, a las que no nos atrevemos a revisar simplemente por temor que se nutre de la ignorancia, de la falta de consciencia, de entendimiento de Dios.

¿De dónde salió el rito de ofrecer vidas humanas y animales a los dioses?

Del temor generado por la ignorancia, la falta de consciencia.

Los eventos naturales, terremotos, erupciones volcánicas, descargas eléctricas y los incendios asociados, tormentas e inundaciones, afectaban fuertemente las condiciones de vida de todo el grupo social, además de cobrar un cierto número de vidas.

El hombre primitivo aprendió a moverse con los cambios estacionales (es una reacción natural) pero no podía hacer nada contra los eventos catastróficos imprevisibles.

El ser humano interpretó que esos eventos eran provocados por los dioses para reclamar sus ofrendas ya que se llevaban vidas. Tal vez ofreciendo vidas, las de otros, protegerían las suyas los que ofrecían los sacrificios (una clara acción, por ignorancia y temor, contra el Espíritu de Vida). Por otra parte, quién reclama el sacrificio de otro no está en armonía con el proceso existencial, jamás.

« Domina los animales ».

Fue una estimulación para dominarnos, controlar nuestra condición humana temporal; para evolucionar por sobre el "animal" remanente y comenzar a desarrollar la parte espiritual, "dormida" entonces en el ser humano, y todavía hasta hoy, pero que es siempre parte inseparable de nuestra naturaleza divina.

El proceso existencial nos estimula permanentemente y espera por una respuesta para iniciar una interacción consciente, con todos y cada uno de nosotros.

Las diversas respuestas, las interpretaciones del ser humano a las estimulaciones de Dios, son afectadas por la condición temporal del hombre y su ambiente cultural. Las interpretaciones en el pasado son las que originaron las antiguas y diferentes religiones.

Las respuestas, o la falta de ellas, dicen a Dios del estado de desarrollo espiritual del hombre dada su condición humana.

Finalmente, Dios recibió de la especie humana en la Tierra la respuesta esperada por "diseño" natural, eterno, del proceso existencial.

La respuesta que Dios esperaba, en nuestra versión judeo-cristiana-musulmana la dio Abraham.

Abraham reconoció a Dios de inmediato, sin cuestionamientos, por la fuerza espiritual, FE, que fue reconocida en el arreglo trinitario del ser humano Abraham. Esta fuerza que nos mueve en el universo hacia Dios, hacia el reconocimiento de Dios, es una pulsación, vibración presente en el manto energético universal en el que estamos inmersos, y que se integra en nuestro arreglo biológico. Abraham la recibió, como todos, pero solo él la reconoció entonces.

Abraham reconoció que Quién le llamaba y hablaba era Dios, y nadie más. Era lo que Dios esperaba.

Dios confirma "automática, indiscriminadamente" la respuesta que "espera", que está en armonía con Él por "diseño" natural.

Dios no elige a un individuo o un pueblo, sino que les confirma como Su hijo, Su pueblo, a todos quienes buscan desarrollarse en armonía con Su presencia. *El hombre es el que elige*, y Dios confirma por la armonía con Él.

Abraham no sólo reconoció a Dios, que es mucho más que creer en Dios. Abraham hizo mucho más que "agradarle" a Dios al reconocerle o diciéndole que creía en Él. Abraham expresó, actuó, demostró cuán cierta y auténtica era su FE, de la única manera que Dios esperaba, y espera, de todos Sus hijos: por la decisión de ejecutar o de hacer realidad la "obediencia", la armonía. Aunque Abraham todavía entendiera mal, lo que importaba entonces y como ahora, era la voluntad de hacer realidad lo que él, Abraham, entendía; y lo que entendía era ¡Dios, eternidad! Luego, Dios no dejaría de re-orientarle.

Dios recibió la obediencia irrestricta de Abraham, mal dirigida por la influencia cultural, pero Dios veía que Abraham estaba preparado para "obedecer", dispuesto a seguir, responder a Dios por sobre cualquier consideración material, cultural, temporal. Abraham se hacía libre del mundo para responder a Dios, aunque fuera una interpretación equivocada la de "obedecer" a Dios, y la de sacrificar a su hijo. Lo importante era la relación íntima entre Dios y Abraham que este último perseguía por FE, por reconocimiento íntimo de Dios dentro de sí mismo, no en el mundo, aunque luego se equivocara influenciado por el mundo, por los ritos de ofrecer animales a Dios, y en este caso, sacrificar a su hijo. Una vez más, *lo importante es establecer una relación íntima con Dios dentro de* *uno, y no con el Dios del mundo.* Abraham se equivocaba en el rito[(*)], pero no en la esencia: Dios dentro de sí mismo.

Dios confirmó en Abraham lo que Dios esperaba de él, lo que espera de todos.

Abraham, hombre de FE, fue el que hizo la elección al reconocer y "obedecer"; al seguir el reconocimiento de Dios dentro de sí mismo.

Abraham sería el padre del pueblo confirmado por Dios; el pueblo conformado por los que "obedecen" a Dios, los que siguen a Dios dentro de sí mismos, no al Dios del mundo.

En Abraham tuvo lugar la realización de la estimulación que Dios le había hecho en la figura de su *hijo*, fruto. Aunque Dios se había referido al crecimiento de consciencia de Abraham, y de todos los seres humanos, Dios también la hizo realidad previamente en este dominio material: que junto a Sara tuviera a su hijo biológico, como respuesta a la FE, al reconocimiento de Abraham.

"No entrarán al Plan de Dios", dicen muchos que creen en otras interpretaciones de la obediencia a Dios. Pues no es así. Dios no exige obediencia, sino que sugiere estar en armonía con el proceso existencial para disfrutar el proceso, la vida.

No por no obedecer a Dios los demás no van a "entrar" en el plan de Dios. No. Lo que ocurre, como vemos en nuestro mundo de nuestro tiempo, es que quienes no busquen la armonía con el proceso existencial no van a entender el plan de Dios sino hasta que interactúen con Dios. Todos estamos en el plan de Dios, pero no lo entenderemos, no nos haremos conscientes de él sino hasta interactuar con Dios, y no sólo por creer en Él. Podemos creer, pero haremos realidad, entenderemos, por la interacción directa, íntima con Dios, con el proceso del que provenimos.

Al no estar en armonía con Dios generamos las experiencias por las que sufrimos.

Dios deja que Le busquemos de todas maneras. Dios respeta nuestra autonomía que Él mismo nos concediera. De lo que no nos hemos dado cuenta en realidad, todavía, es que Dios mismo, obrando con Su Espíritu en todos y luego con Sus confirmaciones a nuestro reconocimiento, *nos va mostrando el camino a través de los sentimientos,* a los que tomamos como nuestros y no los reconocemos como estimulaciones de Dios porque los confundimos con los que generamos nosotros. Continuamos siendo incapaces de entenderlo todo aún, porque no tenemos una verdadera consciencia espiritual. Todavía dejamos que nuestra condición humana temporal se interponga, en nuestra esencia y en nuestro desarrollo por ella que es el único objeto de la atención de Dios para el que estando listo lo expresa reconociéndole a Dios, o a uno de Sus atributos que le definen, *Amor Primordial, Felicidad, y Espíritu de Vida Eterna, la Verdad Absoluta*, y lo muestra viviendo por ello.

(*)
« No son los ritos los que te acercan a Mí ».

Dios da las mismas oportunidades a todos.

Sín embargo, no todos responden de la manera que Dios espera.

Tenemos que aprender a interpretar y entender a Dios en Sus manifestaciones.

La conscientización espiritual del hombre es parte de su evolución que no depende de las condiciones ambientales físicas externas sino del ambiente mental, de las condiciones mentales, para alcanzar primero su reconocimiento frente a Dios; luego depende de su voluntad para su entrega racional a seguir la presencia del Espíritu de Vida en sí mismo; y finalmente depende de su capacidad de raciocinio para entender, capacidad que se desarrolla por la interacción con la Fuente de la que provenimos.

La conscientización espiritual es otro paso en su evolución; el hombre tiene que decidir a quién va a seguir frente a lo innegable, la Verdad, el Espíritu de Vida, y frente a las experiencias que nos ofrece este mundo, este nivel de la realidad existencial, empleando su capacidad racional y su voluntad, el atributo que lo hace autónomo frente a Dios para tomar decisiones que afectarán el proceso de su desarrollo de consciencia.

Mensajeros de Dios.

Portadores conscientes del Espíritu de Vida.

Creer y hacer realidad lo que creemos acerca de Dios.

¿Por qué Dios emplea mensajeros, profetas, en la Tierra?

Antes que nada, porque necesitamos ser orientados.

La consciencia es resultado de un proceso de interacciones. No hay desarrollo de consciencia por sí solo. Los primeros seres humanos desarrollaron sus consciencias por las interacciones entre ellos y con otros seres de mayor desarrollo presentes entre ellos, tal como siempre ocurre en todas las manifestaciones de vida y sus asociaciones por especies.

Todos somos mensajeros de Dios cuando Le reconocemos, establecemos una relación consciente, y damos testimonio de ello. Todos podemos hacernos profetas, mensajeros de Dios, del proceso existencial, y sólo por nuestra decisión.

No podemos desarrollar consciencia por sí solos.
Tampoco hacer realidad lo que creemos por sí solos.
Realidad, consciencia, es un nivel de Dios al que tenemos que acceder por nosotros mismos, crear un camino por nosotros mismos, a partir de un reconocimiento en el nivel primordial de nuestra estructura energética que nos define, y *luego, interactuando con Dios, con el universo, o con Quién reconocemos como nuestra fuente, podremos hacer realidad lo que creemos.* Siempre interactuamos con Alguien, con otro nivel de consciencia universal, seamos conscientes de ello o no.

En palabras más simples, para el caso de "crear" un Dios, "creamos", reconocemos un Dios de Bien, que es el orientado hacia el bien para todos por igual, y luego interactuamos con ese Dios *viviendo ese Dios en nosotros*, y en la vivencia comienza la interacción real que nos llevará a experimentar a Dios, a "sentir" Su Presencia.

Necesitamos ser constantemente estimulados.

No tenemos realmente consciencia de Dios aunque creamos en Dios, porque no hacemos realidad el Dios en el que creemos, y entonces acentuamos nuestra dependencia de la información en este dominio temporal, material, y nos aferramos más a los aspectos ilusorios de esta vida temporal que es tan sólo una realidad aparente del proceso existencial.

Por nuestra fuerte y casi exclusiva dependencia del dominio material por la que nos desarrollamos, dejamos de reconocer la información primordial, espiritual, que proviene del otro dominio al que no alcanzamos por los sentidos materiales sino con la mente, siempre y cuando ella haya sido preparada para eso, cosa que no se hace dadas las limitaciones de la consciencia colectiva de la especie humana en la Tierra.

Nuestra fe, la creencia, expectativa o esperanza (que no es FE, consciencia primordial) está muy fuertemente condicionada a nuestra vida material, a los logros terrenales, materiales, temporales, lo que no nos deja tiempo para reconocer y entender a Dios, mucho menos para interactuar con Dios. Además, existe la distorsionada idea que seguir a Dios, es decir, estar en armonía con Dios, es perder libertad y disfrute del proceso existencial ¡cuando es todo lo contrario! Tenemos una interpretación muy limitada y condicionada de Quién es realmente Dios, de nuestra relación con Él y del propósito de nuestra manifestación temporal. Estamos atrapados por las fuerzas de este mundo que son de nuestra creación. Estamos atrapados por nosotros mismos, por nuestras debilidades, a tal punto que teniendo un camino para "saltar" a otra realidad, no lo hacemos. Referencias (2), I.1 y I.2.

Interpretaciones de las *Orientaciones Eternas*.

Las interpretaciones de las *Orientaciones Eternas* de Dios en "obediencia" al Espíritu de Vida, es decir, en armonía con el Espíritu de Vida, tienen que orientar hacia la vida, que es sagrada, y respetando la voluntad de toda manifestación de vida para crear y hacer realidad su propia experiencia del proceso existencial, con una sola "restricción" que es válida para todos, incluso para el Espíritu de Vida: *vivir en armonía con todas las manifestaciones de la Unidad Existencial, pues todo lo que existe es parte inseparable de ella.* La Unidad Existencial es definida por todos, sin excepción.

Armonía es el Principio Absoluto de interacciones por el que se sustenta la Consciencia Universal, la consciencia de Sí Misma de la Unidad Existencial, y que rige el desarrollo del acceso a la Consciencia Universal por las manifestaciones temporales.

No necesitamos entender la estructura de la Unidad Existencial para estar en armonía con ella. Solo necesitamos desarrollarnos por el *amor primordial*, que es: respetar toda manifestación de vida; cuidar el ambiente energético que permite la concepción de vida y sustenta sus desarrollos y experiencias; velar por los bienes y recursos de todos; extender a nuestros semejantes lo que se desea para uno mismo, sin condicionamientos ni discriminaciones, y las mismas oportunidades a todos para experimentar la mejor versión de sí mismo a la que visualiza por sí mismo; y velar por el derecho de todos al acceso a los bienes naturales y recursos de todos que han sido puestos a disposición de todos.

Dicho de otra manera más compacta,

tenemos que buscar y encontrar siempre la interpretación que no depende del tiempo, que es inmutable, y que no depende ni de las culturas ni los prejuicios racionales.

El Camino hacia Dios

Las reacciones del que es tocado por Dios, de sus seres queridos inmediatos, y del mundo

Necesitamos, todos, revisar lo que entendemos por las manifestaciones de Dios y los diferentes efectos transitorios y permanentes que resultan de la experiencia con Dios.

El camino hacia Dios es el proceso para regresar a la armonía con Él, con el proceso existencial.

No es un camino nada fácil para el que se pone en él, ni para el mundo, ni para los seres amados de quienes toman este camino. No es fácil no porque Dios lo haya hecho así sino porque nos hemos desarrollados en desarmonía con el proceso existencial.

El individuo que toma el camino hacia Dios pasa por un proceso de cambio, de re-creación de sí mismo, que vemos en el testimonio ofrecido en estos libros. Los demás, a menos que sean testigos directos del proceso de cambio en el individuo que toma el camino de Dios, no sabrán nada de este camino.

Abrí las *"Puertas del Cielo"* reconociéndome frente a la eternidad personificada en Dios, y Dios me respondió, sí, y luego tuve ¡una experiencia en un infierno de mi creación! en donde también estaba Dios.

"¡Eso no es de Dios!", es la reacción generalizada en el mundo de quienes, como mi compañera de vida y yo mismo antes de mi encuentro con Dios, tienen una idea muy limitada, condicionada culturalmente, de Dios:

Los seres queridos del que toma este camino pasan también por una experiencia que puede resultar desvastadora por sus propias desarmonías que fueron inducidas por el mundo, por sus mayores, la sociedad, sus instituciones y líderes, en sus identidades temporales desarrolladas cuando niños.

Cuando tomo el camino hacia Dios, el de crear una nueva experiencia de vida ahora en armonía con Él, muchos se compadecen de mí por lo que yo me "pierdo" de la vida y las cosas buenas del mundo, y otros me rechazan o rechazan lo que digo y mi nueva realidad, mi nueva consciencia de la vida, del proceso existencial.

El rechazo a lo desconocido, más aún a lo que luce inalcanzable o "extraño" a lo que nos define, es una reacción aprendida, cultural, estimulada por el miedo.

El mundo y quienes le componen tienen miedo.

Incluso, el mundo no se da cuenta que detrás de muchas manifestaciones individuales de gran valor por otras circunstancias hay, sin embargo, un temor oculto por haberse desarrollado "separado" de Dios, es decir, en desarmonía con Dios, con el verdadero Dios, que hace que al individuo, por depender del mundo, le dé miedo. *Hay muchos actos de valor que son estimulados por el miedo a las consecuencias de no hacerlo, no por un reconocimiento primordial.* Muchos tienen miedo de dejar este mundo, esta vida temporal; es el miedo a la muerte que no existe tal como la concebimos. Muchos tienen miedo miedo de revisar sus interpretaciones y, o referencias por las que se han definido.

El mundo cree que yo he renunciado a disfrutar las cosas del mundo. No, nada de eso. A lo que he renunciado es, precisamente, a aquello que me limita disfrutar plenamente y crecer en consciencia, en entendimiento de Dios.

Dios no me pide que deje las cosas del mundo sino que yo estoy, desde este entorno de la existencia, en otra realidad existencial que me permite reconocer y disfrutar más el proceso de la vida en lugar de dedicar tanto tiempo a cosas que me inhiben de crecer frente a la infinidad, a la eternidad, a hacerme parte consciente del proceso existencial.

« De los árboles toma los frutos más altos ».
« No comas de los frutos bajos, del nivel del suelo (Tierra); saben amargos ».

"Maestro, ¿cómo puedo ser perfecto?", preguntó el joven rico a Jesús.

"Deja todo y sígueme", respondió Jesús.

Pero el joven rico se apartó de Jesús. No entendió a Jesús. No estaba listo todavía.

Dejar todo era dejar lo que le impedía crecer en consciencia, en entendimiento, hacia la perfección, hacia Dios, hacia el nivel de consciencia a la que se esperaba que creciera.

Dejar todo es apartarnos de lo que nos inhibe de "saltar", trascender, que tiene que ser por nuestra voluntad, dicho sea de paso, y no forzado por nadie, ni por Dios siquiera.

- Yo creo - me dice la esposa de un amigo, y agrega,

- ¿Por qué no le pasa esto mismo (el toque de Dios) a mi marido?

Pero, luego de un rato, aclara frente al comentario de otra persona que dice que "Juan dejó todo a causa de ser tocado por Dios",

- Bueno, yo no creo que si le pasara eso a mi esposo sería necesario que él tenga que dejar todo. Eso no es lo que Dios quiere, ¿no?

No, no es lo que Dios quiere, es verdad; pero cuando uno alcanza a Dios, se da cuenta que lo que antes tenía valor y sentido

---

ya no lo tiene, y no puede evitar ir hacia la realidad a la que ha sido asomado y para la que no es necesario perseguir lo mismo de antes, pues ya no le atrae y no desea dedicarle todo el tiempo como solía hacerlo.

Si mi propósito es entender a Dios, entonces necesito dedicarle tiempo para entender a Dios. No es Dios Quién me lo dice, ni me lo exige. Soy yo quién desea entender a Dios y para eso voy a hacer lo que necesito hacer. Yo soy el que decide hacer realidad lo que deseo.

El mundo, o quienes dependen de este dominio existencial, rechazan lo que no pueden saber sino hasta que lo experimenten en sí mismos; pero, no saber no justifica rechazar a quien desea experimentarse a sí mismo en este mundo frente a la nueva realidad que ha alcanzado y que no afecta a nadie excepto a quienes le rodean. Y quienes rodean al iluminado, a su vez, tienen que definirse a algo que no podrán entender si siguen al mundo. El toque de Dios es tanto para el tocado como para quienes le rodean.

El mundo no entiende las manifestaciones de Dios ni a quienes las reconocen. El mundo se ha desarrollado "separado" de Dios, en desarmonía, y por eso teme. Por temor generado por ignorancia, la falta de consciencia primordial, se originaron las reacciones del mundo, de instituciones humanas desarrolladas que, a pesar de sus grandes desarrollos intelectuales y simplemente por no entender las experiencias de otros, quemaron escritos, testimonios, eliminaron a quienes reportaron lo que ellos no podían entender, y destruyeron asociaciones humanas. El temor no solo se expresa de la manera que creemos, como miedo, sino en el rechazo a todo lo que creemos que pueda afectar aquéllo por lo que nos definimos y de lo que dependemos para ser una versión minimizada de Quienes Somos en la eternidad. Si nos definimos por el poder sobre otros, entonces todo lo que nos quite poder, o que lo reduzca, va a ser rechazado y, o destruído. Ya sabemos de quienes en todos los tiempos, que teniendo poder, mejor dicho, considerándose a sí mismos poderosos, sin embargo, destruirían a otros por temor a perder su poder. Sin poder para subordinar, o suprimir, o destruir, esos individuos no se consideran ser algo frente a ellos mismos, y por ello temen, precisamente, perder el poder, porque es por lo que se definen.

No es el materialismo lo que debemos rechazar sino el ponernos a depender de él para realizarnos o "sentirnos" ser alguien. Generamos esta dependencia por definirnos por las señales que recibimos por los sentidos materiales, ignorando las que nos llegan por la mente desde el otro dominio del que somos parte inseparable. Nosotros ya somos. Somos seres de naturaleza divina, espirituales, que venimos a experimentarnos Quiénes Somos.

« Puedes irte ».

« El Espíritu de Vida está contigo ».

Entiendo.

He venido aquí, a la Tierra, a experimentar mi naturaleza divina, Quién Soy,

« No necesitas instrumentos (tú eres instrumento del Espíritu de Vida) »,

y disfrutar el proceso de conscientización, que es el proceso existencial que llevo, como todos, impreso en mi arreglo biológico.

El mundo se basa en su dependencia de su componente en el dominio material porque no ha reconocido el dominio espiritual como parte inseparable de nuestro ser, como parte de lo que nos define ahora, en este momento y aquí, en este dominio material temporal, y lo rechaza; y rechaza a los que alcanzan una consciencia de su integridad definida por los dos dominios inseparables (integridad por lo que esos que han "saltado" a otra realidad dejan de depender del mundo material, aunque no por eso renuncian a él). Pero ese "salto" no puede ser entendido por el mundo que ignora y, o rechaza de plano al componente espiritual como parte inseparable aquí y ahora, siempre. El mundo cree que espiritualidad es algo del otro "lado" de esta vida, y no sabe que después de la muerte no vamos a ir a ninguna espiritualidad que no se alcance antes aquí, ya que no existe ninguna muerte como es considerada ahora, sino que es el paso a otra manifestación de vida cuyos parámetros son fijados en gran medida por lo que hacemos aquí. La vida es eterna. No pasamos a un destino final nunca, aunque sí a un estado de consciencia final.

« El Espíritu de Vida Eterno no puede ser negado ».

- Todo es muy bonito - me dice un viejo amigo, y agrega - pero mira... mira lo que eres ahora, ¡un don nadie!, limpiando toda la basura de otros siendo que tú eres un hombre preparado...

Pues eso es lo que creen por los prejuicios culturales.

Yo ahora quiero usar mis talentos para crecer en el proceso existencial, universal, del que soy parte consciente.

En respuesta a mi amigo le cuento a continuación el siguiente sueño de Dios, que tuve hace poco y que su comentario trajo a mi mente ahora, ya que él mismo me dijo en una oportunidad que cree en los sueños como un medio de comunicación de Dios con el ser humano.

"No estoy recibiendo la compensación económica que yo creo merecer por mi trabajo. Me ponen en una posición con un sueldo más bajo. No obstante, yo opto por no irme. Sé (tengo FE) que luego algo va a suceder en mi beneficio. Más tarde, cuando voy a sentarme en una silla en el salón al que hemos sido llamados todos los trabajadores, veo que en la silla que me ha sido asignada hay un letrero que dice NOMBRE, a pesar de que mi sueldo, la compensación, no sea compatible con ese tipo de silla.

Me despierto.

Espontáneamente entiendo que el NOMBRE es más importante que la compensación.

La interpretación es la siguiente.

Ser hijo de Dios (NOMBRE) es lo que me llevará a donde Dios espera que lleguemos".

288

Quién "salta" a otra dimensión existencial experimenta efectos transitorios, re-ajustes en su identidad en desarmonía con el proceso existencial. Ocurre realmente un cambio de personalidad luego del re-ajuste, y pasa a ser un hombre nuevo, transformado, cuando toma el camino de Dios para la creación de una nueva vida para experimentar lo que ha alcanzado. Pero, ni el mundo ni sus seres queridos entienden lo que ha ocurrido, por sus propias desarmonías frente a Dios con las que se han desarrollado aunque crean en Dios y crean en que hacen lo que le "place a Dios". El mundo no sabe de Dios como proceso existencial ni lo que Él desea y espera realmente de nosotros, Sus individualizaciones; no sabe de nuestra real relación con Dios.

Paradójicamente, el mundo busca a Dios negando Sus manifestaciones por las que Él actúa para orientar nuestros desarrollos en armonía con Él.

Nosotros siempre buscamos a Dios, no importa cuánto nos esforcemos en negarlo de palabra y acción. Nosotros buscamos ejercer nuestro poder de creación, un atributo de Dios, y buscamos, todos, la felicidad, la verdad, y experimentar el amor incondicional, siendo todos estos aspectos... *¡aspectos que definen a Dios!*

Buscar crecer en entendimiento, es buscar crecer en consciencia; es buscar "escalar" el arreglo de consciencia de Dios en el que estamos inmersos, crecer en consciencia hacia el nivel de Dios.

Tenemos, la especie humana en la Tierra, un serio problema, por nuestra interpretación racional limitada de Dios y las diversas versiones, o aproximaciones, o prácticas culturales, de las que dependemos para desarrollarnos, sin darnos cuenta que nos inhiben o limitan el desarrollo de consciencia del proceso existencial, de Dios. Las mentes que se proclaman a sí mismas como las más desarrolladas en las áreas de interés científico y teológico, ¿acaso han llegado a la estructura energética de Dios, siendo que es la Trinidad de la que venimos nosotros, los seres humanos, a otra escala?; ¿acaso han reconocido que la especie humana comparte con Dios una dimensión energética en la estructura biológica de las moléculas de vida, las moléculas ADN? Llevamos impreso el proceso existencial en nosotros mismos... ¡el proceso eterno!

Evolucionamos hacia Dios.

Si lo negamos es simplemente por nuestro temor cultural.

¡Fue Dios!

Desde el principio he pedido que crean.

"¿Qué va a suceder de ahora en adelante?", me pregunto frente a la actitud de quienes no pueden creer por la inducción desde el mundo.

No lo sé.

No puedo saber en detalle lo que Dios tiene preparado para mí. Pero no es Dios Quién tenga que tener algo preparado, disponible para mí, como siempre lo tiene para todos, en todo y cualquier momento (hay que conocer el proceso existencial), sino que depende de mí, de lo que yo haga, o deje de hacer, para crear mi camino bajo esta nueva realidad que he alcanzado.

Acepto que no se me crea. Entiendo las razones.

Pero yo no puedo negar la Presencia del Espíritu de Vida en mí.

Los demás son quienes deben creer, aceptar, y tener FE de que Dios les hará entender lo que ahora no pueden, cuando estén listos. En realidad, Dios no les forzará entender, sino que ellos se moverán hacia una interacción con Dios por la que van a entender; esto tendrá lugar cuando estando listos hagan un acto de FE esperado por Dios para iniciar y realimentar una interacción consciente. Estarán listos cuando formulen el deseo profundo de buscar una interacción íntima, particular, consciente, con Dios, para crecer en consciencia, y estén dispuestos a hacer lo que se requiere. Lo sabrán cuando quieran hacer realidad este deseo y para ello renuncien a lo que les impide hacerlo realidad. Referencia (2), I.2.

"Dios está primero", se dice constantemente.

Pero no se hace realidad lo que se dice; se evade con excusas o basados en interpretaciones desarrolladas a nuestra conveniencia. Que Dios está primero debe ser tomado como hacer lo que está en armonía con Dios; no es dejar de hacer lo que estamos haciendo sino velar por lo que estemos haciendo sea en armonía con Dios.

Señales de Dios.

¡Queremos una Señal del Cielo!

Muchos se la pasan implorando, rezando, suplicándole a Dios que les conceda una señal, o esperan un milagro.

Para provocar la acción de Dios comienzan una vez más a leer "Su palabra", van a la iglesia, a visitarle a "Su casa", y dejan algunas pocas monedas al que limpia los vidrios de los autos en las esquinas de las calles, para atraerse la atención de Dios con sus buenas acciones. Tienen algunos arranques de bondad. Llaman a un viejo amigo o un familiar al que dejaron de hablar. Quieren hacer las paces con los que se enojaron hace un tiempo. Se arrepienten de sus malas acciones. Hacen muchas promesas. Sí, sobre todo eso, las promesas.

Todo, porque quieren una señal de Dios.

Y cuando tienen la señal de Dios, la cuestionan, o peor aún, ¡la niegan!

No fue lo que creían, lo que esperaban.

No vieron descender a los ángeles desde el cielo.

O, si han recibido o percibido algo como lo que estaban esperando, entonces dudan; se preguntan si eso que experimentaron es verdad. Lo experimentaron... ¡pero luego dudan de su propia experiencia! Más aún, dejan que otros les convenzan de que lo que han recibido, sea una orientación o un estímulo, es solo cosa de sus mentes; dejan que les digan y convenzan de que es bueno tener esos lindos sentimientos y experiencias tan bonitas, pero hay que "aterrizar, vivir en la realidad"; en otros casos, dejan que esos "expertos" les digan que quieren hacerles ver que no están solos, y que eso que dicen que les pasó no es real, que "no tienen que dejarse dominar por sus mentes" y ellos les van a ayudar a entenderlo así, como ellos lo interpretan.

(Obviamente, necesitamos redefinir qué entendemos por realidad, pues la mente no puede hacer experimentar algo que no exista, aunque sí puede estar, lo que provoca a la mente, en otra dimensión de realidad existencial).

Entonces, todo comienza a esfumarse en el que recibió una acción real de Dios y se deja convencer por el mundo. Esa emoción inexpresable que tenía después de recibir la acción, comienza a perderse; comienza a decirse a sí mismo que ha tenido una buena fantasía, cuando quizás está dejando escapar uno de los eventos más reales que podamos tener en esta vida; cuando quizás está dejando escapar, nada más y nada menos, que la manifestación de Dios.

Las señales más simples permanentes que nos llegan de Dios son los sentimientos de amor, paz, felicidad, y sin embargo... ¡todavía creemos que somos nosotros los que generamos los sentimientos primordiales!

Experimentamos constantemente a Dios en nosotros, pero nos perdemos las experiencias simples de Dios en nuestras emociones. *Nuestras emociones son las experiencias de aspectos de Dios en nuestro arreglo trinitario.*

Obviamente, como no reconocemos estas señales permanentes de la Presencia de Dios en nosotros, porque se nos ha enseñado equivocadamente inhibiendo nuestra capacidad inherente de reconocer a Dios en nosotros, es que Dios hace algo más cuando Le llamamos de la manera correcta.

Nosotros somos quienes perdemos las señales que Dios nos da. Las perdemos por nuestra falta de FE, inconsciencia espiritual, debida a nuestra susceptibilidad a las influencias y, o presiones de los demás; a las flaquezas de nuestra condición humana, material; y a la debilidad debido a nuestros intereses inmediatos fuertemente condicionados por los sentidos materiales.

Somos nosotros mismos, sólo nosotros, los que nos dejamos atrapar, los que fallamos en ayudar a conscientizar a quienes nos rodean cuando nosotros comenzamos a tener más consciencia.

Las señales primordiales provienen del Espíritu. No pueden ignorarse, no pueden confundirse.

Las falsas señales provienen de nuestro ambiente temporal. Provienen del mundo, de sus intereses, de la cultura que se transmite de generación en generación, de sus tradiciones y sus prejuicios.

Que nadie se equivoque.

Lo que yo soy y me individualiza, proviene de Dios.

El reconocimiento de la Presencia de Dios en mí es la señal primordial permanente en mí.

Mis fuerzas, mi FE, mi voluntad, mis capacidades, mis habilidades, mi determinación, son todas alimentadas por Dios, Espíritu de Vida.

Si algo hago que sea de mí mismo, es decidir frente a las diversas opciones que se me presentan, guiado por las orientaciones eternas que me fueron dadas y por el Espíritu de Vida.

Tengo a Dios, Espíritu de Vida.

Yo no creo sino que sé de la Vida Eterna, Verdad Absoluta.

No tendremos señales de Dios sino a través de nuestra consciencia espiritual, reconocimiento primordial.

Dios se manifiesta en nuestra identidad primordial, en el alma; se reconoce en ella, y se acepta por la identidad temporal, cultu-

---

ral, dependiendo del desarrollo de consciencia de sí misma de la estructura de identidad, que depende a su vez, del arreglo de causas y efectos de los eventos existenciales en ambos dominios de la existencia: material, el nuestro, y el primordial, espiritual. El arreglo de causas y efectos está en la estructura trinitaria, en diferentes dimensiones energéticas.

Para Ciencia y Teología.

Dios y la especie humana comparten la Única Estructura Energética Trinitaria de la Unidad Existencial, en el nivel de interfase entre ambos. La trinidad del ser humano es un entorno, un sub-espectro de la Trinidad Primordial de la Unidad Existencial. El Libro 3 es testimonio de la Acción de Dios por la que finalmente accedo a la información que me conduciría a asomarme a Dios, y conmigo, todos. Referencia (2), II.4.

Cuando en Greatwood alguien me pidió cerillos para encender su cigarrillo, debido a mi estado de perturbación yo interpreté ese evento simple pero imprevisto, inesperado, como una señal. No fue tal señal. Las falsas señales son las que provienen del mundo y no del dominio espiritual dentro nuestro. Decimos dentro nuestro porque un arreglo particular muy profundo de nuestra estructura biológica es el que nos permite el acceso a la consciencia universal en la que estamos inmersos. Yo mismo, razonando mal, fui el que generó la falsa señal. Fue mi identidad temporal, cultural (parte de toda la estructura de identidad de la trinidad) la que estaba fuera de armonía con Dios. Fue por mi falta de consciencia primordial (que no puede completarse sino hasta que los dos componentes de la identidad, primordial y temporal, estén en armonía) que tomé a un simple evento inusual como una señal espiritual que no era.

Para Ciencia y Teología.

Cuando se explora esta interacción como una interacción entre señales electromagnéticas de diferentes frecuencias en un sintonizador electrónico, es muy sencillo visualizarla a nuestro nivel humano si tomamos un espectro de señales como material y otro como espiritual, ambos con una frecuencia portadora particular.

La verdadera señal provino de adentro, a la mañana siguiente, con las frases impresas en mi mente,

« La Verdad no puede ser ocultada »,

« Anticristo »,

« El fuego no destruirá la Verdad ».

Cuando quise quemarme los ojos, mirando al sol, fue una inducción desde el mundo que yo en ese momento interpreté como una señal espiritual.

Miré hacia el sol, pero no pude sostener la mirada hacia la quemante luz solar.

"¿Por qué haces eso?", recibí en mi mente.

En ese momento reaccioné dándome cuenta que no era eso lo que se esperaba de mí.

Las señales de Dios entran por nuestra identidad espiritual por la que se accede a la consciencia primordial.

Las señales de Dios siempre nos mueven en acciones en armonía con Dios, con el Espíritu de Vida.

Una señal de Dios nos mueve hacia Él.

Esto nos enseña cómo interpretar señales espirituales.

Proviniendo del Espíritu de Vida sus señales sólo pueden movernos en acciones hacia la vida. Toda señal que se reciba que provenga del Espíritu de Vida nos mueve hacia el Bien, hacia la Vida.

Reconocer la señal no basta.

Debemos entenderla y para ello debemos seguirla.

Debemos ir a la interacción con Dios.

Si lo que alcanzamos a entender está en armonía con Dios, lo sabremos por el sentimiento de amor primordial (amor irrestricto, incondicional, por el que se acepta y protege toda forma de vida, y por el que se extiende a nuestros semejantes todo cuanto se desea para sí mismo), por la calma primordial (paz infinita, inespeculada, imperturbable, ausencia de temor) y por la felicidad en toda y cualquier circunstancia de vida.

Una Gran Señal.

Nuestro universo, la colosal estructura energética temporal que se alcanza desde nuestro planeta.

Tenemos esta señal enfrente nuestro todo el tiempo.

Pero no la reconocemos como tal.

Si la más grande señal energética de vida ya nos ha sido dada, ¿qué otra señal esperamos que no sea en nuestra consciencia espiritual ahora?

Como no podemos entender todavía, por no usar nuestra capacidad racional para desarrollar consciencia en el dominio primordial, permitimos que una actitud absurda prevalezca: la negación de Dios... la negación ¡de la eternidad en el *Principio de Conservación de la Energía*! ya reconocido, pero por otra parte sin reconocer que solo la Presencia de Dios, la Consciencia Universal, puede provocar o estimular en nosotros tal reconocimiento.

Como no podemos ver a Dios, en nuestros términos comunes, entonces dudamos. Nos perdemos. Al fin y al cabo, nos decimos luego, es la ciencia la que nos lleva al espacio extraterrestre; es la ciencia la que nos hace ver el fondo del océano a diez mil metros de profundidad; es la ciencia la que nos explica algunos hechos "inexplicables" de la Biblia.

Nos olvidamos del Origen que permite el espacio extraterrestre, el océano y las manifestaciones de vida todas, y de la Fuente del Conocimiento de los seres humanos que experimentaron lo "inexplicable". Nos olvidamos de la Fuente de la Vida, de la Consciencia Universal de la que se nutre nuestra mente.

Queremos ver a Dios, a la Consciencia Universal.

¿Acaso vemos nuestra consciencia?

No.

Nuestra consciencia se expresa en nuestras acciones.

De igual manera, la Consciencia Universal se expresa en todo lo que vemos, percibimos, experimentamos.

No reconocemos que no somos creadores del Conocimiento.

No reconocemos a la Fuente siendo que vivimos en Ella, que somos parte de Ella, y Ella está en nosotros.

« *La Verdad no puede ser ocultada* ».

La Fuente es el universo eterno (mejor dicho, es la Unidad Existencial, Origen Absoluto del que nuestro universo es un entorno temporal). Todo proviene del Origen Absoluto.

Pero nosotros no "vemos", no reconocemos la Verdad. Queremos usar los ojos. No nos damos cuenta de que tenemos que usar la consciencia en Dios, consciencia espiritual. Tenemos que alimentar el espíritu que nos anima, que nos da vida; tenemos que creer, tener fe, y obrar en consecuencia con lo que creemos, en palabras, en pensamientos y en obras, para desarrollar FE.

A todos nos han sido dadas las señales.

No es ciencia ni religión (las interpretaciones racionales limitadas y, o prácticas culturales) lo que debemos seguir sino al Espíritu de Vida. Dios nos lo dijo ya.

Estamos hoy aquí porque hay una Fuente Eterna para que esto sea posible.

Una vez más,

creer no es suficiente.

Pero, no nos atrevemos a creer que creer no es suficiente.

Dios nos orienta para que busquemos la armonía (Abel); Dios no está interesado en los frutos de la tierra (Caín). Libro Génesis.

Dios no responde a nuestras obras materiales; el proceso existencial no "reacciona" naturalmente a nuestras obras materiales, a menos que ellas sean para experimentar aspectos que tienen que ver con crecimiento de consciencia de la Unidad Existencial, que se siente como amor y se experimenta fundamentalmente en extender a todos lo que le hace feliz a uno.

"¿Estás listo Juan?".

Sí, Señor. Estoy listo.

Dios me había anticipado que no iba a ser un camino fácil el que yo iniciaba, pero que confiaba en mi determinación; y me hizo saber en varias oportunidades que siempre estaba junto a mí, por medio de pensamientos y sueños. Veamos uno de ellos.
"Estoy con personas, familiares y amigos.
Me invitan a celebrar, a parrandear. Me opongo, no me atrae la manera que proponen para divertirse.
Ellos insisten.
De pronto siento un gran y creciente dolor en mi brazo. Algo me picó. Necesito ayuda. No veo a nadie. ¡Desaparecieron todos!
Siento, sé que hay un desconocido cerca de mí. Acabo de percibir la presencia de alguien junto a mí. Si es necesario le pediré ayuda. Sé que me la dará".
Interpretación:
Es lo que pasa en la vida real.
Todos tratan de persuadirnos, de desviarnos del camino difícil a seguir por la FE, por el camino espiritual.
Quieren hacernos ver las cosas buenas de nuestra vida material y aprovecharlas, que para eso están, lo que es cierto; pero no están realmente disfrutando sino una versión limitada, y a veces distorsionda, y he aquí el punto a revisar.
En un momento dado, cuando algo sucede que requiere de su atención, ya no están disponibles. No habían entendido, y por lo tanto no desarrollaron, las relaciones como compañeros de la experiencia de vida en todas las circunstancias, no solo las buenas, no solo sus interpretaciones sino las de todos.
Sólo hay Alguien disponible que aquí está, junto a nosotros, dentro nuestro, todo el tiempo. Si no lo habíamos advertido ahora lo sabemos.

———

¿Cómo reconocer que un sueño proviene de Dios, y cómo interpretarlo?

No podemos dejar de reconocerlo una vez que estamos en armonía con Dios.

Su interpretación usualmente es espontánea, en el mismo momento de despertar. Si requiere de alguna revisión, sólo puede hacerse interactuando con Dios y siguiendo la guía del Espíritu de Vida.

¿Por qué no entendemos a Dios?

Porque no tenemos tiempo para Dios, para interactuar con Dios, ¡a pesar de que está dentro nuestro!

Una noche estaba con mis ojos cerrados, en mi cama.

No estaba soñando ni pensando en nada, solo estaba dejando ir mi mente.

De repente,

¡otra vez me encandiló la intensa luz del sol dentro de mi cerebro!

No podía ver al sol directamente; estaba entre las ya desaparecidas torres gemelas de Nueva York, pero no podía llevar mis "ojos" hacia él. También veía una iglesia que estaba por debajo del nivel de las torres, cerca de ellas.

"Es Dios que me comunica algo", me dije.

"En este país, el dios es el dinero, aunque se niegue. No importa lo que digan, nuestras acciones nos lo demuestran.

No es malo buscar el dinero, sino depender de él y dejar de dedicar una parte de nuestro tiempo a crecer en consciencia de Quiénes Somos en la eternidad y la razón por la que estamos en este mundo.

Creemos en Dios, pero nuestros mayores esfuerzos de nuestras vidas están puestos sobre la situación económica, financiera, que perseguimos, que buscamos lograr y que en la mayor parte de los casos no necesitamos, sino que creamos la necesidad.

El sol representa a Dios. Lo tenemos por entre las torres, "debajo del nivel de las torres", nuestro símbolo del dinero. Relacionamos la Presencia de Dios entre nosotros con nuestra prosperidad económica. La iglesia, el símbolo de nuestra afinidad con Dios, está por debajo de las torres, debajo del dinero".

Nada es más cierto en la práctica.

(En la *Segunda Manifestación de Dios a Juan* Dios será mucho más enfático en esto).

La prosperidad a la que se refiere Dios es la del crecimiento de consciencia del proceso existencial, nuestra relación con Él, y nuestro propósito en Él, y por Él.

Si queremos buscar el dinero, tenemos derecho, y es parte de la voluntad de Dios que hagamos lo que deseamos; pero si decimos que buscamos a Dios y nos entregamos a otra cosa sin dedicarle tiempo a Dios, a crecer en consciencia, no podremos llegar a Él. Es lo que se ha interpretado como que "no se puede servir a dos dioses."

Dios es la referencia del proceso consciente de sí mismo. Referencia (2), II.4, vol. 1.

A lo que nos dedicamos mayormente es el *objetivo* de nuestra vida, es nuestro dios, y es la *referencia* del proceso racional para llegar a eso que deseamos. Si el objetivo fundamental es llegar a nuestra mejor versión de nosotros mismos, ese *objetivo* es Dios, es nuestra *referencia absoluta*.

Dios no nos obliga a nada, sino que nos llama la atención para que seamos consistentes entre lo que deseamos y lo que hacemos para hacer realidad lo que deseamos; y que no nos engañemos cuando fijamos las prioridades a las que les dedicamos el proceso racional.

Encontrando la calma

Noviembre de 2001

Calma es nuestra experiencia del estado de armonía de la identidad temporal con sus propósitos, a un nivel, y de la trinidad toda con el proceso existencial, a otro nivel.

Sentirse bien, felicidad, es el estado natural del ser humano, de la trinidad energética que lo establece y define como proceso racional consciente de sí mismo, proceso SER HUMANO.

El proceso racional es el proceso de establecimiento y reajuste de las relaciones causa y efecto de la información existencial que llega a la unidad de proceso SER HUMANO.

Un arreglo de relaciones causa y efecto define la *estructura de identidad del proceso*, que es nuestra identidad consciente de sí misma que tiene dos componentes: primordial y temporal, cultural. Esta estructura está en todo el cuerpo, no solo en el cerebro. La identidad primordial, alma, reside en todo el cuerpo; igualmente, el proceso racional tiene lugar en todo el cuerpo, no solo el cerebro. Referencia (2) II.4, vols. 1 y 2.

Las emociones afectan al proceso racional de re-establecimiento de relaciones causa y efecto para resolver todo disturbio del estado natural de reposo o calma del individuo, disturbio que es indicado por, precisamente, la emoción de que se trate.

El resultado que se persigue por el proceso racional, siempre,

---

301

es sentirse bien, nada más. No hay otro propósito. El proceso consciente de sí mismo busca entender para sentirse bien; busca cómo resolver problemas que le afectan, para regresar a sentirse bien; busca maneras para divertirse, para sentirse bien; busca amar a otra persona, para compartir lo que le hace sentirse bien; busca desarrollar más consciencia, entendimiento del proceso existencial, para sentirse bien; busca constantemente crear cosas nuevas por las que experimentar su poder de creación, para sentirse bien.

De manera que sentirse bien es el propósito absoluto de la vida; es la razón por la que hace todo lo que hace el ser humano.

El ser humano es, insistamos, una unidad de proceso racional consciente de sí mismo, que se supervisa y controla a sí mismo.

La identidad del ser humano es el algoritmo de control del proceso racional.

Su *referencia* es sentirse bien.

Sentirse bien es la "señal" de entrada del proceso.

Su *propósito* es sentirse bien.

Sentirse bien es la "señal" de salida del proceso.

Sentirse bien está en dos niveles de la unidad de proceso con respecto al algoritmo de proceso, a la identidad del proceso: a la entrada, y a la salida.

Es decir, la unidad de proceso tiene tres componentes que están claramente definidos:

la referencia del proceso (señal de entrada, el *deseo* de sentirse bien);

el algoritmo de proceso (estructura de identidad); y

el resultado del proceso (señal de salida, la *experiencia*, buena o mala, "se siente bien o mal").

Estos tres componentes son los de la trinidad que establece y define al ser humano, a los que reconocemos como *alma* (referencia), *mente* (identidad temporal), y *cuerpo* (que experimenta las emociones, las respuestas del proceso). Puede verse en detalle esta estructura y cómo funciona, en la referencia (2) II.4, vol. 1. Estos componentes de la trinidad, en parte y más relacionados con la estructura de identidad, se conocen en la ciencia y medicina mental como *sub-consciente, consciente y super-consciente.*

¡Atención!

En realidad, *mente* es el ambiente energético en el que tienen lugar las interacciones por las que se define la identidad del proceso SER HUMANO. Las interacciones son entre dos sub-arreglos energéticos, *alma y cuerpo*, que ocurren en dos dimensiones energéticas de la estructura trinitaria del SER HUMANO, y las interacciones definen un tercer componente del manto energético que sustenta el proceso. Ese tercer componente es la *mente*, es la intermodulación resultado de las interacciones de las dos identidades.

Me siento bien hoy.

Estoy tranquilo, en calma.

Calma mental no es ausencia de actividad mental, sino actividad en armonía con lo que me defino y con lo que resulta de vivir por lo que me defino, aún en un mundo que no entiende lo que hoy me hace sentir bien.

Energéticamente no hay nunca reposo, calma, sino armonía. ¿No lo vemos acaso en el mismo universo?

"Mi Padre no cesa nunca de trabajar", nos dijo Jesús, y todavía persiste la polémica acerca del significado de ese comentario.

Estoy en una gran actividad mental todo el día, en reflexiones, en armonía entre lo que me mueve, o estimula a reflexionar, y lo que voy alcanzando. Y la armonía me permite, precisamente, mantener esta gran actividad interna mía, sintiéndome bien por ello y no "a pesar de ello".

Habiendo reconocido el origen de mis perturbaciones y confusiones racionales en mi desarmonía con el proceso existencial, con Dios, frente a Su estimulación en la telaraña el 18 de Agosto pasado, y luego de casi tres meses de reflexiones siguiendo las orientaciones eternas recibidas durante mi encuentro con Dios el 4 de Julio, hoy me siento bien, tranquilo por el avance de mi entendimiento de mi relación con Dios y por haber profundizado mi exploración mental del universo y el mecanismo por el que se sustenta su eternidad [aunque luego vería que en realidad la eternidad dada por el cierre absoluto del universo es lo que genera el proceso, el único proceso que puede tener lugar en un espacio inmensamente grande, cerrado eternamente. Eternidad es entonces, la Ley Absoluta, el Estado Absoluto de Inmutabilidad de la Unidad Existencial, que rige todo lo que se genera y re-crea dentro de ella, y del universo, nuestro universo. *Eternidad se expresa por la armonía entre todo lo que se genera dentro de la Unidad*].

Es una bella y soleada tarde de viernes.

Ya estamos otra vez tocando el fin de semana.

Siempre esperamos con muchas ansias el fin de semana, aunque usualmente es para seguir haciendo otra gran cantidad de trabajo, Norma por un lado, yo por el otro. Ojalá no nos encontremos con nada grande para mañana cuando más tarde revise los mensajes en casa, porque entonces Norma tendría que salir con su grupo ya que yo tengo que ir al taller con Rogelio, el mecánico, para el mantenimiento de las máquinas, y después seguir en la oficina para procesar todo el papeleo semanal. Durante el invierno vamos a hablar de ir diseñando un cambio en el negocio para que Norma pueda dejar de una buena vez este trabajo, y luego veré por mí. Yo sé que algo va a ocurrir. ¿Lo sé, o solo es una esperanza? Uhm... Hay una gran diferencia entre saberlo y esperarlo, entre FE y esperanza. No, no; yo siento que algo va a ocurrir. Estoy seguro, no es esperanza. De todos modos, tenemos el fin de semana por delante, y aunque con trabajo para hacer, es al menos una interrupción en la rutina. ¿Interrupción de qué rutina? Bueno, creo que es la monotonía de cortar césped todos los días, aunque en realidad poco es lo que yo trabajo ahora. Sí, la rutina es lo que más me afecta, no es la clase de trabajo. La falta de creatividad es lo que realmente me afecta después de no tener tiempo libre. Al principio fue una gran experiencia creativa el comenzar de la nada, cambiando radicalmente de ambiente social y de actividad, ¡de ingeniería a cortar gramas y arreglar jardines! Había mucho de creativo después de todo, en aspectos de la vida que no conocíamos, ni Norma ni yo. Ahora ya no es así. El cambio ha cumplido el propósito de financiar los estudios de nuestros tres hijos, y si yo pensaba que se iba a constituir en un medio para permitirnos ir más adelante hacia otra cosa, a Norma y a mí, pues ya he sido mostrado algo que jamás se había cruzado por mi mente, y ahora no quiero regresar a mis proyectos previos. Tengo que arreglar una salida para ambos, Norma y yo. Se me ocurre que como hicimos antes, con un nuevo proyecto a la luz de lo que he sido mostrado, podemos ir hacia la creación de una salida. Es cuestión de un poco más de tiempo. Podré regresar al estudio, a la ciencia, sí, pero ahora será para mostrar por qué no se habían podido resolver dos de las inquietudes fundamentales del ser humano: el universo, su "origen" y evolución temporal como parte de un proceso eterno, y el origen del hombre y la relación con Dios.

Regresando a BCHS, es nuestro negocio, de la familia, pero en la práctica yo soy el único responsable de su conducción pues yo he hecho el diseño y he tomado las decisiones fundamentales, y ahora tengo que buscar primero una salida para Norma. Ella siempre había confiado total, ciegamente en mí, por lo que le afectó muchísimo lo ocurrido durante el período transitorio por el que pasé después del encuentro con Dios. Algo ha cambiado entre nosotros en ese aspecto, su confianza en mí, y yo deseo hacer algo para ayudarla a entender que no ha habido nunca un propósito de nada a expensas de ella, de sus propios sueños, de sus expectativas, sino algo que el mundo tampoco conoce, no solo ella. Una vez que resuelva para ella buscaré una salida para mí; entre todo lo que hago mentalmente siempre está este objetivo. Por ahora, puedo reflexionar acerca de mi encuentro con Dios y los super conocimientos, y escribir algunas notas durante mi trabajo; siempre me doy a mí mismo unos minutos para "ir" hacia otra cosa, menos monótona, en mi mente. [*Voy sembrando un cambio*, sin saberlo, al desear y mantenerlo allí, como el objetivo a llegar]. Éste es un trabajo simple, sencillo, saludable, al aire libre, pero también absorbente. Los clientes no cesan de llamar y dejar mensajes a toda hora, los siete días de la semana. Obviamente, ellos no saben que la oficina está en casa. Tengo mi tiempo para reflexionar durante el trabajo afuera, es verdad; puedo atender el trabajo sin perder la concentración de mis pensamientos. Pero quisiera estar más libre, tranquilo. Quisiera ir escribiendo más tiempo, leer y re-escribir. Ahora tengo que estar interrumpiendo mis escritos para supervisar, revisar el equipo, y conducir la camioneta a la próxima casa. Es una pequeña lucha entre escribir a mi antojo y cumplir con el programa del día. Espero el día que llueve para dedicarme a pasar en limpio mis reflexiones, pero no es suficiente. En esos días, y como siempre, hay cosas pendientes para hacer, ya sea del trabajo, la casa o el taller. A veces, finalmente abrumado por la cantidad de cosas, no hago nada; descanso, aunque a medias, pues queda la presión por lo que se ha dejado nuevamente postergado. ¿Cuántas veces le he dicho a Norma que no podemos seguir con este ritmo, ninguno de los dos? Sin querer, forzados por la situación que nosotros hemos creado con el trabajo, estamos desatendiendo aspectos importantes de nuestras vidas. Hoy más que nunca, pues ahora tengo una experiencia que me ha transformado y que quiero compartir. Necesito más tiempo para ordenar y re-escribir cuanto he reflexionado hasta hoy. Bueno, bueno... si pienso mucho en esto comienzo a "desbarrancarme", como me dice Norma, a agitar mis deseos por salirme de este trabajo.

Sin embargo, a pesar de todo, hoy me siento bien. Hasta diría que me siento diferente, como "normal", como si estuviera regresando a antes de Junio. Pero, no puedo olvidar lo que pasó. Hoy es como si una presión, algo dentro de mí, se hubiese aliviado. Es como si Dios estuviera "dejándome solo" nuevamente. ¿Será así? Voy a revisar todo lo que pasó, una vez más, con más detalles. No quiero perderme nada de lo que pasó, nada de lo que Dios me dijo. "¿Otra vez?", me preguntaría Norma si le digo. "¿Acaso tenés dudas de todo lo que hiciste después de tu gran 'experiencia' con Dios?", agregaría. Pero no, yo no me refiero a lo que a ella le ha afectado tanto, mi estado extraño y mi "indiferencia" al dejar todo para resolver mi perturbación. No. Yo me refiero a la acción de Dios, Sus orientaciones eternas, *el propósito de Su acción para mí* y para todos quienes deseen escucharme. No me cabe ninguna duda. No tengo dudas de mi encuentro con Dios; eso sí que no. Lo que deseo es revisar exhaustivamente todo, y anotar todos los detalles antes que el tiempo diluya, no las acciones, porque eso es imborrable, *sino mis propias reacciones, mis experiencias dentro de mí*. No hay forma que pudiera dudar de lo que experimenté, de lo que me fue dado. ¿Podría alguna vez ser contundente en esta afirmación? Sé que por siempre voy a ser retado a enfrentar esta convicción, este conocimiento dado por mi experiencia con Dios, y no por mí mismo sino por mis semejantes y mayormente por mi propia familia. Pero yo no busco demostrar nada sino vivir lo que recibí. Lo que mejor podrá decirles a los demás lo que experimenté junto a Dios será mi vivencia por lo que experimenté. No puedo ser más categórico, excepto por vivir de acuerdo a lo que sé (FE), no a lo que creo (fe).

Sentado dentro de la camioneta, esperando por los muchachos que hagan el trabajo de colocar la tierra del trailer en unos canteros, prepararlos, y luego plantar las flores, lo que les tomará un buen tiempo, puedo revisar en mi mente las razones por las que nuestro mundo se "desconecta" cada vez más de Dios, del proceso existencial en el que todo lo que existe está inmerso, y del que nosotros somos partes, unidades inseparables de su estructura de consciencia. En este mundo, tan avanzado científica y tecnológicamente, no se espera ninguna experiencia espiritual incompatible con la interpretación racional de Dios que prevalece en su civilización tan desarrollada intelectualmente pero que no tiene consciencia, entendimiento del proceso existencial. La interpretación racional de Dios y sus versiones, aproximaciones culturales en el mundo presente, son limitadas con respecto a Dios Único, al Dios Original, Absoluto.

Creemos en la eternidad. La ciencia ha basado su desarrollo en la eternidad. *Todas las leyes causa y efecto se derivaron del principio de la eternidad*, pero luego se busca un origen del universo y de la vida negando la eternidad, el estado absoluto de la existencia que ya reconocieron.

Creemos en los atributos por los que definimos a Dios, y luego vivimos violándolos. Creemos en el amor incondicional de Dios, pero nosotros discriminamos.

Creemos en las manifestaciones espirituales, pero cuando suceden no entendemos, y entonces las negamos.

Carecemos de consciencia espiritual. Decimos que tenemos consciencia espiritual. No es cierto. De la manera en que actuamos negamos la espiritualidad que decimos tener; dicho de otra forma, no hacemos sino confirmar que carecemos de ella. Nuestra creencia es más un "salvavidas" que compramos frente a lo innegable, el Espíritu de Vida, Dios, pero que hipócrita, inconscientemente las más de las veces, rechazamos con nuestro apego al modelo de desarrollo y experiencia de la vida que nos impide realizarnos plenamente conformes a Quiénes Somos. Destruímos nuestro propio planeta, las condiciones energéticas que permiten y sustentan la vida; destruímos formas de vida a las que deberíamos proteger; y luego nos consideramos desarrollados.

¡Creemos, pero no actuamos conforme a lo que creemos!

Somos individualizaciones *a imagen y semejanza* del proceso existencial, a otra escala, en otro "contenedor": nuestro cuerpo.

No creamos inteligencia. Desarrollamos la que nos es dada al venir a este mundo, que es inherente al arreglo trinitario que define y sustenta al ser humano.

No creamos conocimiento. Re-creamos la estructura de conocimiento del universo en un espacio temporal, mental, siguiendo orientaciones desde el mismo proceso existencial en el que estamos inmersos.

Creemos que vamos a llegar a Dios por creer. No es verdad; algo tenemos que hacer para hacer realidad lo que creemos,

« Tocaste a Mi puerta, pero así no puedes subir, no puedes venir a Mí (así no puedes entrar en armonía) ».

Ir hacia Dios es ir hacia otra dimensión de consciencia, y para eso debemos dedicarle tiempo para interactuar con el proceso existencial, Dios, hacia el que deseamos crecer, hacia el que queremos entender.

Creer en Dios es hacer a Dios referencia de nuestro desarrollo racional. ¿Qué puede ser lo que obtengamos si tomamos a Dios como referencia al creer en Dios, y luego lo negamos por dejar de hacer lo que define a Dios, dejamos de seguir nuestra propia referencia? El proceso racional es uno solo. No hay proceso racional material y proceso racional espiritual, sino "capas", niveles de un mismo y único proceso al que nosotros separamos por nuestras definiciones culturales.

Creer no es suficiente.

Hay que actuar de acuerdo a lo que se cree.

Lo que realmente se cree se expresa en todos nuestros actos, obras, palabras y pensamientos.

Si decimos que creemos en Dios y luego actuamos diferente, en realidad creemos en otra cosa, no en Dios; o podríamos estar siendo instrumento de una identidad externa, a la que nos subordinamos y hacemos nuestra, tal como cuando "seguimos" al mundo en lugar de Dios que está dentro nuestro, en nuestra esencia, en el alma, ¡al alcance inmediato! y sin tener que depender de nadie.

¿Tocamos a las "puertas" de Dios?

Debemos hacerlo en armonía con Dios y el Espíritu de Vida eterno.

Es lo que Dios estimuló que yo reconociera aquel día frente a la telaraña, cuando todavía estaba abrumado por Su segunda advertencia ante mi reincidencia de una "creación" de un universo eterno desde una cantidad de energía también eterna pero ¡sín inteligencia de vida! Allí entendí que la raíz de mi problema estaba en la falta de armonía de mi proceso racional con Dios, Espíritu de Vida Eterno.

Una vez estimulado a pensar, a reflexionar sobre la armonía con Dios, *con el proceso energético y el Espíritu de Vida Eterno*, nuestro Origen Absoluto, encuentro la paz frente a mis desasosiegos y confusiones profundas que me habían tenido tan perturbado. No solo encuentro finalmente la paz interior (espiritual decimos, cuando en realidad es integral en mi trinidad que me abre el camino a una reflexión ordenada, interactiva, lógica, constructiva crecientemente) sino que puedo volver a escribir. Sí, puedo volver a escribir, y esta vez, sobre todo lo acontecido y sobre el mecanismo que "sustenta" a la eternidad del universo (o mejor dicho, sobre el mecanismo, la re-distribución energética a la que llamamos evolución del universo, inducida por el cierre eterno de la Unidad Existencial de la que nuestro universo es un entorno temporal que se re-crea periódica, eternamente). Puedo repasar, recordar todo, absolutamente todo, coherentemente, en la forma en que en verdad sucedió, cronológicamente, con todos los detalles. Puedo recontar todo, otra vez más, por tercera vez. Es lo que estoy haciendo ahora mismo.

310

Dios, el Universo y la Especie Humana

Conexión a través del estado natural, el estado de sentirse bien, la felicidad

Muchos creen en Dios, en alguna interpretación racional y, o aproximación cultural de nuestro Origen, del origen de todo lo que existe, de todo lo que es. Otros no creen en ninguna de las versiones prevalentes en nuestra civilización.

No obstante, ya sea que creamos o no creamos, todos tenemos una curiosidad natural por el origen de todo, del universo y nuestras vidas, porque tenemos una conexión real con todo lo que existe, todo lo que es, aunque no hemos sabido reconocer adecuadamente esa conexión, mucho menos entenderla.

Vamos a considerar una manifestación en el ser humano de esa conexión real,

estado de sentirse bien, felicidad.

¿Es posible relacionar la felicidad en el ser humano con el universo por una parte, y con Dios por el otro?

Puesto de otra manera,

¿Es posible responder a la inquietud fundamental del ser humano, la felicidad, crea o no crea en Dios?

Después de todo, para los que creen en Dios, Dios no deja de amar incondicionalmente a todos, de manera que la felicidad de Sus hijos no debería considerarse condicionada a la relación entre Él y Sus hijos, ¿o sí?

Por otra parte, si la felicidad del ser humano depende de su relación con Dios, ¿por qué no la alcanzan muchos de aquéllos

---

311

que creen en Dios, y la alcanzan otros que no creen en Dios?
Veamos.

Consideremos la siguiente presentación para establecer la relación de gran importancia fundamental para todos, *la relación de la felicidad con el proceso existencial*, creamos en Dios o no, en el universo, en las fuerzas naturales o en lo que sea que reconozcamos como nuestro Origen, pues todos queremos ser felices.

Hay un estado natural del universo, de todo lo que es, todo lo que existe, que se ha reconocido como *estado natural de reposo*; es decir, *todo lo que existe está en su lugar que le corresponde, definiendo una unidad existencial, evolucionando de manera que todo lo que ocurre, en todo lugar y en todo momento, define a una unidad de proceso con todas sus partes en armonía entre sí.*

Unidad existencial es un conjunto de partes que se relacionan de alguna manera para definir a la unidad. Un conjunto de átomos de silicio (son las partes) unidos de una manera particular define una unidad existencial a la que llamamos roca.

Unidad de proceso define a una interacción entre las partes, componentes, por los que se intercambia energía, partículas, movimientos, e información, entre todas sus partes, *manteniendo la unidad existencial*. Los átomos de silicio definen la roca (la unidad), y todos los intercambios de energía y movimientos dentros de ellos y entre ellos, tienen lugar de modo que se mantenga la roca.

Igualmente en el universo.

Todo lo que hay dentro del universo define la *unidad existencial universo*, y todo dentro de ella se mueve, evoluciona, intercambia energía, información, sin afectar la unidad universo.

Armonía significa interactuar adecuadamente todas las partes existentes para definir y mantener la unidad existencial, aunque por períodos de tiempo, y en ciertos entornos, reine un caos aparente. Es como cuando vemos a la Tierra desde el espacio. La Tierra es una unidad existencial definida, pero en ciertos lugares de ella hay tormentas; son los "caos" partes del proceso que establece y define a la unidad existencial Tierra. Esos "caos" son necesarios para que con el resto continúe manteniendo la unidad; es decir, esos "caos" son parte de la armonía, de la relación por la que todas las partes definen a la unidad existencial, Tierra en este caso.

El estar en armonía con la unidad existencial hace que todo lo que se halle en ella esté en el *estado natural de reposo con respecto a la unidad existencial*, al proceso por el que se define y sustenta. El estado de armonía en el universo es compartido por toda la manifestación universal de vida vegetal y animal; es lo que en la especie humana, una vez consciente, conocemos como el estado de sentirse bien. *Sentirse bien es estar en armonía con el proceso existencial.* Que todo lo que existe busque en todo momento el estado natural indica que hay una verdadera conexión entre todo lo que existe, aunque no sepamos cuál es, energéticamente, esa conexión y cómo tiene lugar.

Por ahora no importa. Ahora sabemos que hay una conexión, aunque no la entendamos todavía. Continuemos entonces.

Todos queremos sentirnos bien,
y como seres conscientes, todos queremos disfrutar plenamente el proceso existencial, de la vida como decimos simplemente, y del ejercicio de nuestra capacidad creadora ilimitada inherente a la especie; y ser libres de todo lo que nos impida alcanzar nuestro estado natural permanente: la felicidad.

Sín embargo, a menudo pasamos por estados de infelicidad, de manera que regresar a ella, y mantenerla, es primero una necesidad, y luego una inquietud, ambas comunes a todos los seres humanos independientemente de cualquier consideración cultural por creencias, estado social, raza, desarrollo intelectual, u otra.

Ahora bien,

cuando frente a circunstancias de sufrimientos, infelicidades, o inquietudes que nos son necesarias resolverlas, se nos agotan los recursos para regresar al estado natural de felicidad, de sentirnos bien, ¿qué hacemos?

Los que creen en Dios acuden a Dios; piden a Dios por soluciones a los problemas, por sentirse bien nuevamente o por guías para ello, pero Su ayuda no les llega en todos los casos.

Muchos de los que no creen en Dios y hacen algo resuelven sus problemas sin pedir nada a un Dios que no reconocen, que no aceptan. Ellos dicen que resuelven las cosas por sí mísmos, y se atribuyen a sí mismos el resultado por sus esfuerzos, por creer en sí mismos y no en ningún Dios.

Los que creen en Dios no pueden dejarse de preguntar,

¿Acaso es Dios selectivo?

Si eso fuera verdad, entonces se contradice la interpretación de Dios como Creador u Origen Perfecto, de Su amor irrestricto e incondicional por la re-creación de Sí Mismo *a imagen y semejanza de Sí Mismo*, la especie humana.

"Creemos en Dios, pedimos a Dios, obedecemos a Dios, y no pasa nada", se dicen a sí mismos, y no pueden dejar de sentirse algo confundidos frente a otros que no creyendo en Dios pueden resolver sus problemas por ponerse a resolverlos, sin orar, sin pedir a Dios.

Entonces, ¿cuál es la verdad?

¿Acaso están, aquéllos que creen, dirigiéndose a otro Dios, a un Dios equivocado? ¿Están haciendo algo mal? ¿Están dejando de hacer algo que Dios espera?

¿Habrá algo que es común a Dios, al universo, al ser humano y que por no saberlo nos perdemos Su ayuda?

En el mundo no está la respuesta. Es obvio por el estado en el que se halla el mundo.

Entonces, ¿dónde está la respuesta?

En la interacción íntima, personal, particular con Dios, con el proceso existencial, *con el origen que reconocemos del que pro-*

venimos.

La solución que buscamos está en el proceso del que provenimos, del que somos una individualización, y con el que tenemos que interactuar en armonía, ¿dónde más?

Por otra parte, creer en sí mismo y ponerse a resolver es usar al universo, a la fuente, aunque no se le reconozca como nuestra fuente, pues *creer en el poder del ser humano y buscar hacer realidad ese poder* es acudir, aunque inconscientemente, a un atributo primordial común del ser humano y el universo, *el poder de creación,* y el universo, proceso existencial consciente de sí mismo, responde a eso que está en armonía con él.

El poder del ser humano está en su capacidad para interactuar con el universo, con Dios; no está en el mundo.

En el mundo está el campo de oportunidades para ejercer el poder de creación inherente al ser humano; para realizar las experiencias que desea, pero siempre por la interacción con el universo, con Dios, consciente o inconscientemente.

« ¿No os dije que sois dioses? ».

Decidir resolver por sí mismo es decidir ser el creador de la solución; es decidir comportarse como lo que se es, *creador, a imagen y semejanza* del Origen (se reconozca éste o no), y éste, el Origen, el universo, cosmos, o Dios, realimenta la decisión del individuo en armonía (consciente o inconsciente) con su Origen.

Sueños

La interacción consciente con Dios me ha permitido aprender a reconocer los sueños que provienen de Él, e interpretarlos.

Aprovecho uno de estos días en que la lluvia no nos deja trabajar, para continuar con el ordenamiento de las notas sueltas que he venido acumulando en todo este tiempo desde que comencé, una vez más y durante el trabajo diario, a apuntar todas mis reflexiones acerca de todo lo ocurrido.

En un sobre grande de papel madera rotulado con la leyenda "Sueños" voy poniendo las interpretaciones de los sueños que he venido teniendo después del 18 de Agosto, aquéllos que entiendo que son orientaciones de Dios. Puedo saber cuando un sueño proviene de Dios pues se produce algo muy íntimo al despertar. No son actividades aleatorias de mi mente. Nuestra mente se extiende sobre una interfase energética de conexión con la estructura de consciencia universal, de Dios, del proceso existencial. Hay una conexión directa real entre Dios y la especie humana, que no vemos, que nos permite la interacción entre ambos aunque seamos inconscientes de ello hasta ahora. Esta conexión se hace consciente cuando "borramos" el efecto de filtro de señales que generan los arreglos de memorias de procesos racionales y experiencias de vida que no están en armonía con la estructura de consciencia de Dios. Esas estructuras en desarmonía son las "nubes" o el "velo" que nos impiden percibir y reconocer actividad e información en el dominio primordial, espiritual, que nos llegan a

316

nuestra mente. Es un filtrado como cuando tenemos el cielo nublado en el que las nubes nos impiden ver el sol, la luz; al correrse las nubes, entonces vemos el sol. De igual manera, al regresar a la armonía con Dios dejamos de generar, en nuestro arreglo biológico que procesa la información existencial, a esas estructuras o "nubes" que nublan o impiden la recepción de las orientaciones que provienen de Dios.

Para Ciencia y Teología.

Los arreglos en desarmonía son arreglos, o constelaciones causa y efecto, que pulsan a una frecuencia diferente a la de la estructura primordial, y por ello interfieren con las constelaciones causa y efecto que están en armonía con la estructura primordial.

Dios fue enseñándome a interpretar los sueños que nos transmiten Sus orientaciones.

Tengo ya una profusa colección de ellos, de los que participaré dos ahora dado que deseo compartir este otro medio íntimo por el que Dios me orienta las reflexiones que son parte del proceso de entendimiento de lo ocurrido, de Su acción en mí, y de la relación consciente que crece día a día. Aquí va uno breve, en blanco y negro. Los mejores son, tal como las cosas en nuestro dominio, en colores.

Sueño.

Estoy en una parrillera cuidando el fuego, las brasas. Hay una fuente cuadrada en ella.

Alguien está conmigo a mi lado, a quién no veo pero yo sé que está ahí.

De repente, no veo más la fuente. Desapareció de mi vista.

- "Es cosa de brujos" - dice quien está conmigo.

Apenas me despierto me estremezco. Es un pequeño temblor, no de temor sino de sorpresa ante el mensaje que aparece inmediatamente en mi mente,

« No todo puede ser atribuído a Dios ».

Explicación.

Estando plenamente despierto, y luego de una confusa pelea entre mis pensamientos sobre si yo habría estado especulando erróneamente acerca de algo que no provenía de Dios, llego a la conclusión de que el mensaje es, precisamente,

« No todo puede ser atribuído a Dios; luego, inequívocamente, hay cosas que sí provienen de Él ».

Y de inmediato, Dios me confirma la conclusión.

Recuerdo ahora cuando por mi estado mental afecté a la computadora e hice "desaparecer" un sujeto en una fotografía que estaba en mi escritorio, en la noche del 2 de Julio, antes de la experiencia del infierno.

Otro sueño.

Me encontraba forcejeando para poder ir hacia donde sonaba la música.

Algo me retenía tomándome por el cuello. Me solté golpeándolo con algo de metal que tenía en mi mano; creo que era el pequeño crucifijo de plata. Logré liberarme.

Era el demonio, las fuerzas "opuestas", en desarmonía con Dios, que me tomaba del cuello y no me dejaba ir hacia la música, hacia donde Dios me llamaba.

Explicación.

Las fuerzas "opuestas" a Dios las generamos nosotros.

Dios las permite, temporalmente, como parte del proceso de experimentación de lo que no es Dios para saber Quién, Qué es Dios.

Nuestro Universo

Octubre y Noviembre de 2001

¿Por qué quiero explorar y entender al universo?

Porque es la Casa de Dios.

El hombre se siente parte y conectado de alguna manera con el universo más allá del espectro energético bajo el que se define la materia como una asociación de energía[*] en nuestro dominio. A esa manera no "real", no física, inmaterial, la define como una conexión mística o espiritual.

Hay una atracción natural entre el hombre y el universo, el cosmos, por su infinidad y sus misterios; y hay una inquietud por tener alguna comunicación con el universo, con el cosmos, con la vida en otros mundos, otras galaxias. Hay una comunicación continua, permanente, de la que el ser humano no es consciente, sin embargo, sin ella no podría "funcionar" como un ser consciente. La consciencia no reside en el ser humano sino en el universo.

Siendo el ser humano parte inseparable del proceso existencial en el que estamos inmersos, de alguna manera comenzamos a sentirnos así, parte del proceso, aunque no sepamos explicar lo que sentimos. *Sentimos* a un nivel del proceso energético que nos define, y *explicamos* a otro nivel, es decir, establecemos relaciones causa y efecto en otro nivel diferente del que sentimos.

¿Cómo no sentir esta atracción natural, primordial, en alguna medida? Estamos en la Casa de Dios, ¡inmersos en Dios!

La Unidad Existencial, que por ahora podemos limitar al universo, sustenta un proceso consciente de sí mismo y nosotros somos parte de él. Este proceso es Dios.

(*)
Debe revisarse esta interpretación. No es correcta. Referencia (1).

El estudio y observación del universo es una experiencia espiritual.

Comenzó como una curiosidad instintiva, natural, primordial, a partir del reconocimiento de la eternidad por la que el universo no muere. Luego, algo se fue despertando en mí.

Espiritualismo es la consciencia de infinidad por la eternidad; es una dimensión de la consciencia universal por la que se reconoce a la Unidad Existencial y se vive por ella: Somos Uno, eternamente.

Sólo por ahora, el universo material y todo lo que hay en él es la "Creación", es la Presencia Eterna, Dios. Pero, en realidad hay un Universo Absoluto, la Unidad Existencial, que es espiritual, es decir, es una presencia más allá de nuestros sentidos materiales; es el Universo en el que se halla inmerso el nuestro. Si tengo una mejor comprensión de nuestro universo, entonces puedo mejorar espiritual, primordialmente, y asomarme al universo espiritual. Lo creo. Hay algo más de lo que ciencia y religión dicen y creen.

¿Cómo puedo asomarme al otro Universo, al espiritual, desde ahora, desde aquí?

Pues, conforme a la analogía del pez.

"Saltando" a otra dimensión existencial.

"La capacidad de visualizar, globalmente, una configuración en otra dimensión espacial y temporal en armonía con Dios, con Sus orientaciones, me abrirá otras puertas que me conducirá al entendimiento de la magnificencia de nuestro universo; de su orden; sus escalas; su 'diseño' o configuración natural; sus leyes; sus fuerzas; sus fenómenos, todos, que son las manifestaciones de otra entidad en la que se halla inmerso", me dije a mí mismo.

Lo creí, y decidí hacer realidad lo que creí.

"Salté" a otra realidad existencial, y pude explorar otra dimensión energética diferente de la que estamos inmersos y a la que sólo llegamos con la mente, no con los sentidos materiales.

Tuve que atreverme a mirar las cosas diferente, más allá de las limitaciones de las referencias prevalentes en ciencia y teología. *Me hice libre del mundo.*

Exploré siguiendo a Dios, al proceso existencial que se manifestaba en mí, y entonces se abrieron las *"Puertas de la Unidad Existencial"*, del Universo Absoluto, para mí.

El Universo Absoluto es la *Casa de Dios.*

Acabé de completar el listado de los *super conocimientos* que había recibido antes de quemar los escritos (en más de una oportunidad) sobre todos ellos y las reflexiones; pero hoy lo tengo todo otra vez conmigo. Ver Apéndice III del Libro 1.

Algunas notas preliminares.
(Ordenadas a partir de mis apuntes diarios).

¿Puedo creer en lo que dicen los científicos, en que el universo va a desaparecer?

No. No lo creo; no lo creo. Es absurdo. Ni siquiera tengo que preguntármelo. Podrá transformarse, pero no es un evento de una sola vez; no es un evento único llamado a desaparecer. No tiene sentido. Va contra principios que los científicos dicen tener y por los que se ha desarrollado nuestro conocimiento actual; entre ellos, *la eternidad de la energía*. El universo es eterno; tiene sentido que evolucione y vaya transformándose; todo o parte "desaparece", se "pierde" como partículas primordiales, mientras otro nuevo u otra parte emerge por "coalescencia" de otras partículas primordiales por un mecanismo que está hoy a nuestro alcance. Es lo que observamos en las galaxias, ¿no? Hay una transformación permanente, eterna. Ahora nuestro universo se expande infinita, aceleradamente, *según nuestro concepto en nuestras limitadas dimensiones*, por lo que el universo no puede ser de otro modo para nosotros: insondable. Sin embargo, algo es diferente en lo que observamos e interpretamos, y no nos damos cuenta todavía; es porque vivimos en un espacio muy simple de solo tres dimensiones que no tiene fin frente a nuestros sentidos, y entonces la concepción de un espacio infinitamente abierto, expandiéndose sin fin, es la que se nos presenta y predomina en la mente.

Hay un universo físico, material, en el sentido que conocemos, que observamos, que alcanzamos con los sentidos materiales.

Hay un Universo Absoluto, que incluye al nuestro, con fuerzas, componentes, energía espiritual que no podemos ver, medir, detectar, excepto por medio de la FE, a través de manifestaciones energéticas que no hemos sabido interpretar o aceptar todavía. Sí; otra dimensión energética del universo, primordial, que llamamos espiritual, se manifiesta en nosotros constante, permanente, incesantemente, pero no sabemos reconocerle. *La información espiritual, primordial, se integra en todo el cuerpo; no entra por los sentidos materiales.*

El universo es un ente vivo, en el sentido que se mueve; nace, se transforma, "muere" solo para dar paso a otro. ¿Acaso no ocurre así en todas las infinitas formas de vida a las que tenemos acceso en la Tierra? Y con las galaxias mismas, ¿no emergen unas mientras que otras desaparecen poco a poco? Lo que nos confunde son las constantes de tiempo, las velocidades involucradas en los procesos energéticos en diferentes entornos del universo.

El Universo Absoluto, la Unidad Existencial, es consciente de sí mismo.

El universo es una forma de vida en la que las galaxias son sus células.

Las funciones del universo, todas, están en el ser humano, a otra escala. Llevamos el proceso existencial impreso en nuestro arreglo celular.

El universo está compuesto por otros elementos más complejos de lo que hemos sido capaces de visualizar hasta ahora.

Creo que nuestro asomo a la ciencia, al conocimiento, es muy pequeño. Creo que la ciencia, *bajo la actitud prevalente actual,* jamás será capaz ni suficiente para explicar el universo completamente. Hay fuerzas y componentes a los que sólo se llega por la FE (no la creencia religiosa sino el reconocimiento primordial), y en base a ella deducir: *lo que se observa en nuestro dominio material es efecto de algo en otro dominio existencial.*

El universo se expande en complejidad, a medida que descubrimos sus secretos, a medida que el hombre avanza científicamente. Es como si el hombre en su afanes de conocimientos naturales, expande su propio universo. No puede ser de otra forma; no es posible, científicamente, tener una idea acerca de la realidad del universo en cuanto a su dimensión y configuración global sin cambiar nuestra manera de pensar.

Para el que elige el camino de la FE el universo se contrae, se simplifica. Luego, una vez remodelado por la FE, volveremos a buscar entenderlo.

No es posible saber cómo comenzó el Universo Absoluto. ¿Por qué? Porque es eterno. En cambio, nuestro universo sí emergió de un evento descripto como Big Bang.

El desarrollo mental del hombre, aunque extraordinario, no es suficiente en el estado actual. *El desarrollo mental debe llevarse a cabo bajo un adecuado estado espiritual que le permita acceder al universo no físico (que es tan real como el nuestro, aunque en otra dimensión de realidad que es alcanzable, precisamente, por la mente)*. Que sea no físico sólo significa que está en otro dominio fuera de nuestros sentidos materiales, pero sigue siendo material en otra dimensión energética. No hay nunca nada inmaterial; todo es *sustancia primordial* y sus asociaciones.

« Tú y Yo estamos hechos del mismo polvo de estrellas ».

La armonía espiritual no es un estado religioso como se tiende a creer. Es un estado de consciencia de infinidad, eternidad, y de ser parte de la Unidad Existencial.

La espiritualidad nos lleva a una dimensión diferente, a la dimensión que nos hace falta para avanzar en la comprensión de nuestro universo y de su Origen Absoluto.

Con adecuado estado mental en armonía con Dios podemos llegar más lejos que la ciencia limitada al dominio material.

Las leyes que gobiernan la materia, los cuerpos y sus relaciones, son fijas, pero no son las versiones que observamos en el universo en el que estamos.

Con razonamientos puramente científicos, basados en la observación y prueba de los fenómenos físicos puramente asociados con un estado material, nunca vamos a dejar de enfrentarnos a un universo lejano, infinito, incomprensible. *Nuestras leyes físicas son modulaciones, versiones temporales de las Absolutas de las que ellas se derivan.*

**Ciencia se guía por lo que se observa, por los sentidos.
Teología se guía por lo que se cree, por el razonamiento.
Espiritualidad se guía por lo que se siente.**

La mente, mejor dicho, el raciocinio humano, debe desarrollarse de una manera natural siguiendo no al Creador sino a la Presencia Eterna.

La mente es el medio que tenemos para "saltar", trascender desde el mundo material, desde la realidad en nuestro dominio, a la otra, a la primordial.

Una vez conscientes del alcance de nuestra mente y relación con el "Creador", con la Presencia Eterna, veremos que tan lejos estamos hoy, en realidad, de actuar, de pensar en armonía con Dios y Su "Creación", Su Presencia Eterna.

El reconocimiento primordial (FE) de nuestra parte de vida que consideramos inmaterial debe ser incorporado como parte de la información existencial por la que desarrollamos relaciones causa y efecto del proceso existencial.

Debemos conciliar lo que sentimos en el alma con lo que experimentamos en el cuerpo. La conciliación la hacemos por el proceso racional en la mente, en la interfase del manto energético.

¿Quiere decir esto que debemos renunciar a la ciencia?

No. Esto quiere decir que no debemos distorsionar la verdadera ciencia, la que consolida la información existencial en ambos dominios de la existencia, material y espiritual (o primordial).

Tenemos que avanzar un paso más en el conocimiento científico, físico, de la materia y la energía, y sus relaciones.

Si la materia se convierte en energía, de acuerdo con la ciencia, entonces hay valores constantes del manto energético que señalan la frontera, el límite entre materia y energía, pues el manto es la referencia del proceso de paso de un estado a otro de lo que hay inmerso en él.

En realidad veremos que la materia es un estado particular del "plasma", no de energía. ("Plasma" se refiere a la sustancia primordial, no al plasma de la ciencia).

Hay un error conceptual en la energía.

Debemos buscar reconocer y redefinir lo que ahora es considerada como energía, para adecuarla a la realidad del universo que su presencia da lugar.

La luz es el efecto de un cambio entre dos dominios energéticos, que ocurre sobre el nivel de referencia del manto energético universal que hace que el cambio se propague por todo el universo. No podemos reconocer y entender este efecto hasta que se revise la estructura del universo en ambos dominios energéticos en el *Modelo Cosmológico Consolidado*.

El universo es un manto de energía; es lo que se dice.

Energía es la capacidad del manto universal de producir, liberar, absorber y, o transferir movimientos; es la realidad.

Entonces, ¿qué es el manto energético universal?

Es un manto de sustancia primordial de la que todo se genera y se re-crea, y sus asociaciones. No llegamos nunca a la sustancia primordial sino a través de sus efectos en las asociaciones de sí misma, la materia. Racionalmente tenemos acceso a esta sustancia primordial y a la generación de energía y de partículas.

Origen de los *Super Conocimientos*.

Protocolo de Comunicaciones Primordiales.
Recepción por "sintonización" con el proceso existencial.

El conocimiento está en el espacio, en el manto energético universal, en la intermodulación de la red espacio-tiempo, en el "trenzado" de sus señales, vibraciones, pulsaciones.

Cuando yo hice mi reconocimiento primordial de eternidad, mi mente entró en sintonía con el universo, con el cosmos, con Dios, con la *red de información existencial que se halla embebida en el manto energético universal*, y éste respondió con un "río", un flujo de información. Lo que ocurrió en realidad es que con mi acto de FE eliminé el efecto "filtro" de mi identidad temporal, cultural, al decidir no depender más de las limitaciones inducidas por el mundo e ir en busca de la Verdad por mí mismo interactuando con la Verdad.

Los seres humanos somos un sub-espectro de la mente universal, de la mente de Dios, con la que podemos "sintonizarnos".

Al "sintonizarnos", análogamente a como lo hacemos para sintonizar el canal de televisión que deseamos, la identidad temporal se "sintoniza" con Dios. Este proceso está sobre la trinidad del ser humano y su extensión a través del universo hasta la de Dios, por un mecanismo de interacción que está a nuestro alcance, y a la disposición de todos.

Tenemos una manera real práctica para "sintonizarnos", ponernos en armonía con Dios y llegar a Él, todos y cada uno de nosotros. Referencia (2), I.2.

Debemos superar un serio problema cultural que nos inhibe de reconocer realmente a Dios y de establecer una relación adecuada con Él.

Tenemos miedo.

Dependemos de nuestra realidad aparente dada por los sentidos materiales, y no hacemos uso de nuestra mente por la que podemos llegar a la Verdad si seguimos Sus orientaciones dentro nuestro.

"El universo es una Forma de Vida", me decía constantemente. Entonces, el universo es Dios. "Pero Dios es también Quién me habla y el universo no habla", agregaba para mí mismo. Luego recordé las señales de radio. Si no sabemos el código, o idioma, no vamos a establecer ninguna comunicación entendible entre el emisor y el receptor de las señales de radio. Pues, lo mismo tiene que pasarnos con el "ruido cósmico". No discriminamos las señales de Dios contenidas en el "ruido", pero ellas nos traen Su información y nosotros tenemos cómo leerlas dentro nuestro.

No tuve dudas.

El universo habla; nos habla. El universo es Dios.

Entonces, comencé a recibir otros *super conocimientos.*

Posteriormente entendería que nuestro universo es un entorno temporal de la Unidad Existencial, y entendería las bases del protocolo de comunicaciones personal con Dios que cada uno debe desarrollar por sí mismo en interacción íntima, directa con Dios, con el proceso existencial en el que estamos inmersos.

No llegué a la Verdad sino después de un intenso trabajo de interacción con Dios que me llevaría a otra dimensión de entendimiento, y no antes de otra acción de Dios: la *Segunda Manifestación de Dios* a Juan, algo más adelante (Libro 3).

« Creer no es suficiente ».
« Debes hacer algo para hacer realidad lo que crees ».

Me puse a explorar el universo con mi mente siguiendo las orientaciones primordiales dadas por Dios mismo. Llegué a los límites de sus dos dominios energéticos; y luego, a partir de allí, pude seguir sus re-distribuciones energéticas e interacciones que resultan en un sub-dominio temporal que es nuestro dominio material.

Podemos escudriñar, observar detalladamente cada punto del universo, de la Unidad Existencial, sin necesidad de instrumentos,
« Tú eres instrumento »,
llegando donde los instrumentos del hombre no podrán jamás,
« No necesitas nada material para llegar a Mí ».
Llegué al centro del universo.
"¿Al centro del universo? ¡El universo no tiene centro!", me dijo alguien muy versado intelectualmente en cosmología, repitiendo "El universo es infinito, no tiene centro".

Lo que esa persona no tuvo en cuenta es que nuestro universo, la Unidad Existencial en realidad, es un hiperespacio multidimensional, inmensurable pero finito, cerrado, cuya naturaleza es binaria, y el centro energético, no el centro geométrico, es una hiperesfera.

Ciencia. Religión. Espiritualidad

Ciencia.

Origen de la vida en la Tierra.

Efecto de la inducción desde la consciencia colectiva de la sociedad en mis reflexiones iniciales.

La inducción de la consciencia colectiva, a través de la comunidad científica en el área de estudio del universo, es la que influenció en mi equivocación racional por la que luego Dios, el proceso existencial, actuaría para estimularme a reconocerla.

La inducción desde la ciencia es la que tiene lugar en la estructura de mi identidad temporal cultural, de la que no soy consciente en el momento en que, buscando cómo "hacer" eterno al universo, pensé en su origen para que ello fuera posible, origen que nunca tuvo, precisamente porque si lo que es eterno no tiene fin, como ya lo había reconocido, ¡tampoco tiene un principio! Todavía no había madurado yo el concepto de eternidad, y por ello esta contradicción en mi teoría de un origen del universo, partiendo de la inducción desde la ciencia, el evento del Big Bang; ciencia de la que yo, por otra parte, ya había decidido liberarme al afirmar que había algo que ellos, los científicos, no sabían y que yo iba a buscar.

No se puede crear nada eterno que ya no lo sea. Así de simple. En otras palabras, no hay nada eterno excepto la sustancia primordial, y la Unidad Existencial y su consciencia de Sí Misma.

329

Hasta que no se reconozca que la orientación fundamental para el desarrollo del proceso racional de establecimiento de las relaciones causa y efecto de la fenomenología energética y de vida universal es la eternidad, no habrá conciliación entre ciencia y teología, entre los dos dominios de exploración racional del proceso existencial que tiene lugar por las interacciones entre los dos dominios energéticos de la Unidad Existencial.

Dios es eterno.

Dios no se creó a Sí mismo.

Entonces, donde vive Dios y todo lo que Le compone y define, es también eterno.

La consciencia, la vida consciente, es eterna, y todo lo que la permite y sustenta cambia permanentemente para eso.

La eternidad es una sucesión absolutamente infinita, interminable, de re-creaciones de la Unidad Existencial. La ciencia emplea la versión matemática de la eternidad y no se ha dado cuenta. Es la versión que da lugar a la herramienta racional *Transformación de Fourier*.

Los componentes temporales de Dios son todas las manifestaciones de vida, todas las estructuras de inteligencia del proceso existencial, y obviamente entre ellas, la especie humana.

Nuestra consciencia no reside en nuestro cuerpo.

La vida en la Tierra es resultado de un proceso de re-creación. Hoy tenemos a nuestro alcance el mecanismo de transferencia de la información de vida por la que llegó a la Tierra. Referencia (1).

¿Por qué no podemos creer, menos vivir conscientemente en la eternidad desde aquí, desde ahora, si estamos en un presente eterno que nunca dejamos, ni siquiera al morir?

Por temor.

Por nuestra exagerada dependencia de la experiencia dada por los sentidos materiales en este dominio material; experiencia a la que no debemos renunciar, no es lo que se espera por Dios, el proceso existencial, sino balancear con la experiencia en el dominio primordial, para alcanzar la realidad absoluta.

La muerte es el paso a otra manifestación temporal, en camino de regreso a Dios si así lo deseamos y hacemos realidad viviendo por lo que lo hace posible: la armonía con Dios a través del amor primordial. Si no lo deseamos, nos quedamos en este nivel de consciencia por tantas manifestaciones de vida como lo queramos. Es nuestra elección, no de Dios.

Religión.

El rito cultural de una versión limitada, condicionada, de Dios, no nos va a conducir a Dios, a la Realidad Absoluta, a la dimensión de consciencia universal a la que se espera que evolucionemos, y sólo por nuestra voluntad, a través de la interacción directa, íntima, personal con Dios.

Espiritualidad.

Es la consciencia de infinidad, de eternidad, de ser Todos Uno; y la vivencia por ella.

Ciencia se guía por lo que se observa, por los sentidos.
Teología se guía por lo que se cree, por el razonamiento.
Espiritualidad se guía por lo que se siente.

¿Queremos "saltar" a otra realidad existencial?

¿Queremos crecer a otra dimensión de consciencia?

Si la re-distribución energética de la Unidad Existencial evoluciona en cada período de re-creación, entonces ¿evoluciona Dios? Cabe la pregunta puesto que la Unidad Existencial es Dios.
Veamos.

Nuestras preguntas le indican al proceso existencial si estamos listos para crecer interactuando con él.

Para crecer en consciencia, antes que nada debemos dejar de temer. Temor es lo que nos impide asumir el control consciente de nuestro desarrollo racional hacia Dios, hacia la Realidad Absoluta.

Si deseamos crecer en nuestra consciencia, en el entendimiento de la vida, del proceso existencial o universo consciente de sí mismo, Unidad Existencial o Dios Único, entonces debemos concebir, imaginar, "crear" otra dimensión con nuestra mente y "saltar" a ella con nuestras acciones. En realidad, capturamos con nuestra intención a otra dimensión real, la "traemos" a nuestra mente, y comenzamos a reconocerla y describirla poco a poco con la exploración racional a la que da lugar la puesta en marcha de la intención. Parece un juego de palabras, pero se debe a que éste es un proceso que tiene lugar en diferentes niveles o en diferentes "capas" del arreglo que sustenta el proceso racional. Sin ser consciente el individuo, su intención pone en marcha un proceso de búsqueda en el universo, en su red espacio-tiempo, de la dimensión existencial que espera "crear"; la "encuentra", la accede, y la trae a su mente, a su sub-espectro de proceso, donde al recibirla el individuo cree que la ha "creado", y sobre esa imagen en la mente comienza a trabajar para describirla.

Para hacer esto debemos ejercitar la capacidad racional en armonía con el Espíritu de Vida.

Debemos evolucionar racionalmente hacia la consciencia espiritual, primordial.

Conciencia y Consciencia.

Para Ciencia y Teología.

Espíritu de Vida es la Conciencia, la componente eterna, absolutamente inmutable de la estructura primordial de causas y efectos que rige el proceso existencial.

Dios Único es la Consciencia, el reconocimiento con entendimiento de Sí Misma de esa estructura.

Espíritu de Vida y Dios son niveles de una estructura en "capas de cebolla", y cada "capa" se define por una frecuencia portadora de las pulsaciones en fase de todas las constelaciones de información y experiencias de vida en memoria que interactúan definiendo esa "capa".

Evolución.

Para Ciencia y Teología.

El universo es asiento de la vida que evoluciona con la evolución misma del universo. La evolución de la vida sigue a la del ambiente energético que la permite y sustenta, el universo.

Hay un plan supremo muy simple por el que se sustenta la vida

---

eterna consciente de sí misma. Pero este plan no es el plan de las religiones sino otro más real, energético. En realidad, es el mecanismo por el que se re-energizan las partículas cuyas evoluciones sustentan las estructuras de información y sus interacciones por las que el proceso se reconoce a sí mismo. El cambio de partículas entre los dos dominios energéticos de la Unidad Existencial hace necesaria una re-creación de las estructuras de vida, por un mecanismo de transferencia de la información primordial desde las viejas estructuras de vida que estimulan y orientan las asociaciones de las nuevas estructuras, constelaciones de vida.

Dios es el nivel de consciencia hacia el que evoluciona el ser humano.

Luego, evoluciona nuestra interpretación de Dios, y evoluciona la re-distribución energética, la re-energización del proceso existencial, Dios, manteniendo inmutable la consciencia del proceso. Esto es muy sencillo visualizarlo en la extensión de la *Transformación de Fourier.*

El Espíritu de Vida es inmutable.

Tenemos acceso a las orientaciones primordiales eternas que estimulan la evolución del ser humano hacia la realidad absoluta, Dios. Referencia (2), I.2.

La estructura de consciencia de Dios es el asiento de nuestra identidad espiritual; Dios y el ser humano comparten un sub-espectro: el alma.

Hay etapas definidas para la evolución del universo y la vida.

No podemos, con una estructura racional limitada, seguir evolucionando hacia el arreglo de consciencia, que es infinito para nosotros, viviendo en un espacio mental limitado por el arreglo biológico con el que llegamos. Debemos expander nuestro espacio mental, y para ello tenemos que "saltar" y abrirnos el paso a otras dimensiones existenciales a través de la imaginación. Debemos re-definir espacio y universo en términos de la energía que es absoluta e infinitamente re-creada sobre un espacio cerrado.

La expansión de consciencia tiene lugar por la interacción con Dios, por la vinculación de las estructuras de información en los dos dominios existenciales, material y primordial, en el arreglo de identidad de la trinidad que sustenta el proceso SER HUMANO.

Todos podemos alcanzar las respuestas que deseamos de nuestro universo y del Universo Absoluto, la *Casa de Dios*, y de la relación energética con todo lo que es, con todo lo que existe, por nosotros mismos. Sólo debemos regresar a la ciencia natural, a la contemplación del universo y la reflexión e interacción con Dios, y a la vivencia en armonía con las orientaciones primordiales que definen a Dios: *Amor Primordial, Felicidad (Estado de Sentirse Bien), Verdad (Eternidad)*. La vivencia en armonía con lo que define a Dios nos lleva al estado de pulsación que nos abre *"las Puertas del Cielo"*.

¿Dios Creador?

Dios no se creó a Sí Mismo ni creó la Unidad Existencial, aunque sí re-crea al universo, al que tampoco creó en primer lugar.

Dios es Presencia Eterna.

« Nada puede crearse de la nada ».

Tenemos un serio problema racional y cultural en la especie humana en la Tierra con Dios, con la interpretación del Origen Absoluto de la existencia, su reconocimiento de sí misma y su consciencia, entendimiento. Dios, Origen Absoluto, es mucho más extraordinario de todo lo que se nos haya dicho hasta ahora.

Dios es el proceso existencial consciente de sí mismo.

Para Ciencia y Teología.

Contradicción entre Ciencia y Teología, que buscando la Verdad bajo diferentes aproximaciones racionales se excluyen mutuamente.

¿Qué es el *Modelo Cosmológico Consolidado*?

Ciencia y Teología son dos disciplinas del raciocinio humano, del proceso consciente de sí mismo por el que se establecen las

---

336

relaciones causa y efecto de la experiencia de vida, del proceso existencial todo, universal.

Ciencia busca el origen y evolución del universo, y describirlo adecuadamente por un Modelo Cosmológico que lo represente energéticamente, al universo, al que todavía se le considera ser la Unidad Existencial, Todo Lo que Existe, Todo Lo Que Es. Dentro del universo busca el origen de la vida y del ser humano.

Teología trata de Dios, Origen inmaterial del ser humano, y la relación entre ambos.

Ambas áreas de interés del raciocinio humano buscan una misma Verdad: Origen del ser humano y la relación entre ambos.

Ciencia lo hace a través del proceso que dio lugar al universo y todo lo que éste contiene, incluyendo a la especie humana.

Teología lo hace a través de un Creador, Dios.

Sín embargo, ambas disciplinas racionales se excluyen mutuamente en sus áreas de competencia a pesar de que los dos Orígenes considerados, un Creador o un proceso, están ambos en, o establecen y definen la misma única Unidad Existencial que las dos disciplinas racionales ya reconocieron (o al menos, Ciencia y Teología trabajan racionalmente con el mismo atributo, *eternidad*, del Creador y energía, la "materia prima" del proceso existencial).

La Unidad Existencial es el contenedor de <u>energía</u>, que es eterna para la Ciencia (lo ha establecido en el *Principio de Conservación de la Energía: La energía no se crea ni se pierde, solo se transforma*); luego, si es eterna la energía, es eterno su contenedor, es cerrado absolutamente.

La Unidad Existencial es Dios para la Teología; es eterna, es "inmaterial", es <u>energía</u>.

Entonces, Ciencia y Teología reconocen una Unidad Existencial eterna, *Energía*, que contiene al Creador, o es el Creador y contiene al universo, a nuestro universo, al entorno de la Unidad Existencial que alcanzamos desde la Tierra. El universo es solo una re-distribución de energía a partir de una fuente, *de una presencia previa de energía*, tal como se describe por el evento del

---

337

Big Bang.

Si para la ciencia no existe nada más que nuestro universo, entonces el universo es la Unidad Existencial. Todo el universo es energía ya que de ella partió.

Para la teología la Unidad Existencial es Dios (Energía). Fuera de Dios, el Creador de Todo Lo Que Es, Todo Lo que Existe, nada más existe. La materia es asociación de energía; entonces, la materia, el dominio material, es parte de Dios.

Luego, Ciencia y Teología están tratando de la misma Única Unidad Existencial, lo que quiere decir que si Teología trata de un dominio energético de la Unidad Existencial, el dominio espiritual, primordial, inmaterial, y Ciencia trata del otro dominio, el material, entonces <u>los dos dominios energéticos constituyen</u>, <u>ambos inseparablemente</u>, <u>la Única Unidad Existencial que jamás puede ser descripta si un dominio energético se excluye en la descripción por una de las disciplinas racionales</u>. Fuera de la Unidad Existencial nada más hay, nada más existe, por lo que procede enfatizar que los dos dominios energéticos están contenidos en ella, son partes inseparables de ella, de la Única Unidad Existencial.

Por otra parte,

conforme a Teología, Dios, <u>energía</u>, es eterno; luego, Dios no se creó a Sí mismo;

conforme a Ciencia, si la Unidad Existencial, <u>energía</u>, es eterna, no hubo creación de la vida inteligente que precede a la re-distribución de la energía para que esa re-distribución resulte en inteligencia, pues *el resultado de un proceso energético tiene una imagen de la referencia*, del proceso que le precede. En otras palabras, el ser humano, inteligente y consciente, solo puede ser el resultado de un proceso inteligente y consciente. Si Ciencia cuestionara esta última afirmación, que es inherente a todo proceso energético, sería sólo porque no ha alcanzado a reconocer que el proceso racional humano es un sub-espectro del proceso racional universal consciente de sí mismo ¡que precede a todos y cualquier proceso temporal! Esta relación ya ha sido establecida matemáticamente en otro nivel del proceso universal, aunque no se ha reconocido aún, en la *Transformación de Fourier* cuya expansión a un espacio multidimensional nos permite alcanzar la transformación entre espacio y tiempo. La Unidad Existencial es cerrada absolutamente; todo proceso local interno es cerrado por un tiempo, y todo resultado de un sub-proceso es una imagen a otra escala del proceso que le precede.

La inteligencia de vida es inherente a la Unidad Existencial.

La Unidad Existencial es consciente de Sí misma.

No es necesario profundizar más en esta absurda separación entre las dos disciplinas del proceso racional humano, Ciencia y Teología, que cubren, precisamente, los dos dominios energéticos inseparables que conforman la Unidad Existencial.

El *Modelo Cosmológico Consolidado* es el modelo que describe a la Unidad Existencial con sus dos componentes cuya interacción resulta en el sub-dominio temporal, nuestro universo, entorno de la Unidad Existencial que alcanzamos desde la Tierra. Una introducción será presentada próximamente por el autor. Ver Apéndice II, referencia (2), II.4, vol. 1.

Todo evoluciona

Incluso nuestra interpretación de Dios
hacia el Origen Absoluto

¿Acaso en el principio los dioses no eran sino las fuerzas naturales, las que luego se consolidaron?

El ser humano evoluciona; evoluciona su consciencia, su entendimiento del proceso existencial, Dios; es decir, evolucionan su interpretación racional de Dios hacia la Verdad, hacia el Origen Absoluto, y las aproximaciones o prácticas culturales por las que trata de seguir o responder a la interpretación racional.

Quienes invalidan esto no ofrecen ninguna estructura racional coherente y consistente para apoyar su invalidación, excepto usar a las mismas interpretaciones limitadas como su verdad inviolable; y muchos, simplemente por temor, se rehúsan a revisar una estructura de información coherente y consistente que se les ofrece y les resuelve sus incoherencias e inconsistencias.

Lo que no cambia es el Espíritu de Vida.

El Espíritu de Vida es una componente absolutamente inmutable de la estructura de relaciones causa y efecto del proceso existencial que se reconoce a sí mismo, y que se manifiesta en la estructura de señales, vibraciones, que conforman el manto energético universal, la red espacio-tiempo. Se verá en la introducción al *Modelo Cosmológico Consolidado*. Referencia (1).

Analogías

Herramientas gráficas y racionales para introducir y entender nuevos elementos de información.

Las analogías son comparaciones entre cosas similares.

Estas comparaciones son un medio para entender algo oscuro, o que es inusual por estar en otra dimensión energética o de realidad existencial, pero que es similar a algo que ya se entiende o que se alcanza por los sentidos materiales.

Analogías para introducirnos en la trinidad energética que establece y sustenta el proceso SER HUMANO, y en algunos elementos del mismo con los que interactúa con el proceso existencial, con el universo, con Dios.

Con analogías no se pretende cubrir un aspecto tan complejo de nuestra estructura energética sino dar una orientación simple, que sea suficiente para introducirnos a nosotros mismos y a nuestra relación con el proceso del que provenimos y con el que interactuamos; orientación desde la que sea posible crecer luego por nuestra cuenta.

Fundamentalmente necesitamos tener una idea de qué es una trinidad energética (un arreglo energético en tres dimensiones o tres escalas de energía), y familiarizarnos con algunos términos y conceptos relacionados con ese arreglo; nada más.

Si las analogías muy simples que veremos de la gota de agua y los átomos resultan algo abstractas, entonces tenemos la de una flor.

En el caso de la analogía de la flor veremos más claramente cómo influye en una observación el atreverse a explorar con una actitud mental diferente, expandiendo la realidad aparente que alcanzamos con los sentidos.

¿Por qué necesitamos una idea de una estructura trinitaria?

Porque nuestra identidad se desarrolla sobre una estructura trinitaria.

Porque nuestra consciencia se alcanza por las interacciones dentro de esa estructura y <u>por las interacciones de ésta con la del proceso universal</u>; estas interacciones tienen que estar en armonía con el proceso existencial. Ni la mente ni la consciencia del ser humano residen en el cuerpo humano. Referencia (1).

Porque nuestra identidad tiene tres niveles o dimensiones de consciencia (que la ciencia y medicina de la mente llaman *subconsciente, consciente y super consciente*).

Porque, al igual que en el universo, las personalidades múltiples tienen lugar en diferentes "capas" de la estructura trinitaria de identidad. En el universo la estructura es en "capas de cebolla".

Por otra parte,

todos y cada uno de los seres humanos somos una individualización del proceso del que provenimos. Luego, el proceso del que provenimos y nosotros, somos simplemente versiones en diferentes escalas, o dicho de otra manera conocida, *somos imagen y semejanza del proceso del que provenimos.*

Si queremos entender las manifestaciones primordiales, entonces tenemos que tener en claro nuestra relación íntima con el proceso del que provienen las manifestaciones primordiales, que es el proceso del que también nosotros mismos provenimos.

Quiénes somos frente al proceso existencial se describe como nuestra *identidad primordial.*

Quiénes somos frente al mundo, a la sociedad humana en la que nos encontramos manifestados y experimentando la vida, se describe como nuestra *identidad temporal, cultural.*

Entonces, aunque no vamos a entrar en detalles, necesitamos tener una idea de la estructura con la que nos identificamos frente al mundo y al proceso existencial, al universo, y con la que interactuamos con todo lo que existe, con todo lo que es, incluyendo a Dios.

Vamos a comenzar con una analogía simple para introducirnos en la estructura de *identidad* del individuo de la especie humana; estructura que es un colosal arreglo de *relaciones causa y efecto*, de estímulos y reacciones. Cómo respondemos a todo lo que nos excita y estimula desde el proceso existencial conforma lo que llamamos *nuestra identidad, la individualización del proceso SER HUMANO* que desarrollamos en este mundo a partir de una *identidad primordial* con la que venimos a la vida, que ya traemos a este mundo y que nos es dada al ser concebidos. Referencia (2), II.4, vols. 1 y 2.

Veamos entonces,
Analogía de la <u>relación causa y efecto universal</u> en una gota de agua,
para visualizar esta relación y las diferentes dimensiones energéticas en las que tiene lugar, y luego iremos expandiéndola, y de esta manera, a la vez, iremos introduciendo algunos elementos de información que serían oscuros si no fuera por esta herramienta racional.

Tenemos agua en la atmósfera.
El agua está disociada en moléculas que no vemos.
De pronto, cambian las condiciones de temperatura y presión

en una parte de la atmósfera.

Algunas moléculas de agua se precipitan formando una gota, y esas gotas se asocian formando un charco de agua en el suelo, y allí comieza a congelarse el agua si la temperatura de la atmósfera es muy baja.

En el entorno espacial alrededor del charco tenemos agua en tres estados energéticos a los que llamamos: *sólido,* en el hielo; *líquido,* en el agua todavía no congelada en el charco; y *gaseoso,* en las moléculas libres en el aire inmediatamente alrededor del charco.

En el entorno del charco de agua tenemos agua en tres *dimensiones energéticas*, dimensiones que definen los estados que estamos acostumbrados a reconocer en la vida diaria.

Los *estados de la materia*, del agua en este caso, son *estados de asociación* de sus moléculas, estados dados, a su vez, por el *estado energético* de las moléculas de agua en la atmósfera. La atmósfera es el medio energético que permite, estimula y sustenta lo que ocurre con el agua. La atmósfera es el *manto energético* en el que el agua se halla presente e inmersa.

El estado energético de las moléculas de agua es dado por sus vibraciones, por las pulsaciones de los núcleos de sus átomos y las rapideces de las órbitas de sus electrones.

Por lo tanto, *el estado material*, siendo el estado de asociación de moléculas, *es el estado de asociación de pulsaciones y vibraciones en el mismo modo, en fase entre sí*, con lo que forman una cadena, una hebra, y éstas, una red cada vez más extensa, más visible: la materia, el sólido.

El cambio de presión y temperatura en la atmósfera converge hacia las moléculas de agua presente en ella. *Esa convergencia es lo que genera fuerzas* de la atmósfera hacia las moléculas de agua induciendo sus asociaciones en gotas, las que luego, por su peso, caen al suelo.

Los cambios de temperatura y presión en la atmósfera es la

causa que actúa sobre las moléculas, y la asociación de ellas en gotas es el *efecto*.

Energéticamente, una gota de agua se describe por una *relación causa y efecto*.

Así, la gota de agua es en sí misma una *relación causa y efecto*, contiene en sí misma una *relación causa y efecto*.

Esta *relación causa y efecto* es la *identidad energética* de la gota de agua.

La *relación causa y efecto* es el algoritmo de proceso entre el manto energético, la atmósfera en nuestro caso, y las moléculas de agua inmersas en el manto. Por este algoritmo de proceso es que tiene lugar el *efecto, las gotas de agua*, cuando ocurre una *causa, el cambio de presión* y, o temperatura en el manto, en la atmósfera.

Notemos que una vez formada la gota de agua, una versión de la *relación causa y efecto* permanece dentro de la gota, entre las moléculas de agua y el manto entre las moléculas; y todo formando la gota.

Decimos una versión porque la relación es algo diferente de la original; dentro de la gota de agua las condiciones del manto energético ya no son las mismas debido a la asociación de las moléculas de agua.

Entonces, tenemos que *relación causa y efecto, identidad, y algoritmo de proceso*, son simplemente diferentes palabras para expresar lo mismo en diferentes aplicaciones.

Algo más.

La molécula de agua es la *identidad primordial* de la gota de agua. La molécula de agua tiene la versión original de la *relación causa y efecto* entre agua (los átomos de hidrógeno y oxígeno) y el manto energético.

La molécula de agua es el *alma* de todo *cuerpo* de agua, de todo volumen de asociación de moléculas de agua.

La *identidad temporal* es dada por la magnitud de asociación de las moléculas de agua. Una gota de agua es una versión tem-

---

poral de agua; un charco es otra versión temporal de agua; un océano es la mayor versión de agua en estado líquido en el planeta, mientras que el polo norte tiene, quizás, la mayor versión en estado sólido (no sé cuál sea la cantidad de agua sólida en cada polo), y la mayor versión gaseosa está en la atmósfera, en otra *dimensión energética* que no vemos pero sentimos.

Notemos lo que dijimos al final.

El agua en la atmósfera está en una *dimensión energética* que no vemos, pero la sentimos, la experimentamos, pues afecta a la entidad biológica el contenido de humedad de la atmósfera. Es análogo a lo que ocurre en otro orden de magnitud con lo que recibimos del dominio primordial o espiritual.

A propósito de *dominios existenciales y energéticos*,

el polo es el lugar físico, es el *dominio espacial* del agua en *estado sólido*, y éste es definido por el *estado energético de las moléculas* de agua, estado permitido, a su vez, por el espectro de vaiaciones del manto energético, espectro que llamamos *dominio energético* del manto, de la atmósfera.

Para el pez que vive en el agua líquida, el dominio espacial de agua sólida es el *dominio energético* al que no puede entrar físicamente, y el dominio de agua gaseosa (vapor) en la atmósfera es el *dominio energético* que no alcanza con sus sentidos materiales.

La mente del ser humano penetra y se extiende a todo entorno de los dos dominios existenciales.

Veamos la analogía similar para un átomo.

Un átomo es una asociación de partículas primordiales.

Una partícula primordial es una asociación de sustancia natural (o primordial) de la que todo se genera y se re-crea.

Un manto energético, o un manto de partículas primordiales inmerso en otro manto absoluto de sustancia primordial, cambia su estado energético, cambia su presión y temperatura, y ese cambio converge a un entorno o punto del mismo en el que se "condensan" las partículas primordiales y forman electrones; y la presencia de electrones cambia el entorno del manto en el que otras partículas y núcleos se forman y, o se asocian. El resultado final son los átomos.

Consideremos un solo átomo.

Es un núcleo rodeado de electrones orbitales.

El átomo es, y contiene en sí mismo, a una *relación causa y efecto* entre el manto de partículas primordiales y <u>una de ellas</u>, a un nivel de asociación; y entre el manto y <u>un grupo de ellas</u>, a otro nivel de asociación.

Ya vimos el mecanismo universal en la gota de agua. No hay ninguna diferencia conceptual aquí sino de escalas energéticas y espaciales; en el átomo todo ocurre en espacios infinitesimales.

El átomo es una "gota" de otro material; digamos, por ejemplo, que es una "gota" de hierro. Este átomo es también una "célula" energética.

En el átomo de hierro, en la "célula energética" hierro, el *alma* es la partícula primordial; el núcleo es el dominio "sólido" de asociaciones de partículas primordiales, y los electrones conforman el dominio "líquido" de partículas primordiales, mientras que el dominio "gaseoso" de partículas primordiales está en el manto energético de partículas y sustancia primordial.

Una vez más, no hay nada diferente conceptualmente a lo antes visto para el agua, excepto las magnitudes de asociaciones y de las partículas que se asocian.

Tomemos ahora una asociación de átomos de hierro.

Esta asociación es un trozo de hierro.

El trozo de hierro, sea pequeño o grande, es una colosal asociación de átomos de hierro, una colosal asociación de *relaciones causa y efecto* que definen a todos y cada uno de los átomos de hierro.

Ahora agregamos átomos de carbono al trozo de hierro.

Tenemos un trozo de acero, otra versión de asociación, ahora más fuerte que la original. Todos los átomos, sean iguales o no, están en *armonía*.

El trozo de acero es una colosal asociación de átomos de hierro y carbono; una colosal asociación de dos *dominios de relaciones causa y efecto* que definen al material hierro y al material carbono, y que *interactuando entre ellos* definen al acero.

Si se quedan moléculas de agua, oxígeno u otras atrapadas en el trozo de acero, *se genera un entorno débil pues los enlaces entre átomos no están en armonía*, es decir, no interactúan recíprocamente, coordinadamente en magnitudes y frecuencias. Ante la aplicación de fuerzas externas la asociación puede colapsar y el material fracturarse. En ese entorno de presencia de las moléculas o átomos contaminantes hay una convergencia de fuerzas no naturales a esa asociación; esas fuerzas son "extrañas" u opuestas a la *asociación que establece y define al acero*. En este caso vemos que a una *asociación de relaciones causa y efecto*, a una *identidad, el acero*, se le opone una cantidad de *relaciones causa y efecto* "extrañas", las que definen la identidad del contaminante.

Regresemos a un solo átomo.

El átomo es el *cuerpo*, es el volumen de toda la asociación de partículas primordiales que le establecen y definen.

Como dijimos, una partícula primordial específica (que interactuando con el manto de partículas y sustancia primordial origina la asociación que llamamos átomo) es el *alma* de la asociación, del átomo. Alrededor de esa partícula específica se desarrolla el átomo.

Los electrones conforman la estructura de interacción del átomo, la *mente*. *La mente es el entorno de asociación del manto de partículas primordiales que interactúa con otros entornos similares de átomos para establecer las asociaciones entre ellos.*

348

El átomo específico, hierro en nuestro caso, se define por la a-sociación particular de las partículas primordiales. Ese *arreglo de asociación* particular es la *inteligencia energética* que da lugar al átomo de hierro, y es el *algoritmo* del proceso que sustenta al átomo de hierro, mientras que el átomo es el *cuerpo* sobre el que tiene lugar el proceso; y el arreglo de la "nube" de electrones es la *mente* del átomo de hierro que alberga la *identidad de interacción* frente a otros átomos.

¿Deseamos ir algo más adelante en la analogía?

Salvando la complejidad, como una analogía muy, muy simple para visualizar un poco más nuestra trinidad *alma-mente-cuerpo*, podemos establecer la siguiente correspondencia entre lo que a-cabamos de ver y el ser humano.

El átomo, cualquiera y todos, es el *cuerpo*, el resultado, efecto de un proceso de interacción entre manto de sustancia primordial y una asociación particular de ella que es una partícula primordial específica para cada átomo. Esa interacción, proceso, tiene lugar a través de la "nube" de electrones, la *identidad de interacción* de la nueva entidad, átomo.

El proceso SER HUMANO se sustenta en el *cuerpo*, en el arre-glo biológico, una colección de células cuyo ordenamiento está en la cadena genética. La interacción entre todas las células es el *al-goritmo del proceso* SER HUMANO; la <u>información de la colec-ción física, espacial de las cadenas genéticas, es el *alma*</u>, la iden-tidad *primordial* del ser humano, mientras que en la interacción con el universo, en un sub-espectro primordial, está la *inteligencia de vida*. El ser humano desarrolla su *identidad temporal* de inter-acción (con todo y todos en el universo y con Dios) como una *mo-dulación de su identidad primordial*, como una modulación de la función definida por toda la colección de las cadenas genéticas.

El proceso SER HUMANO es una fantástica colección de *relaciones causa y efecto primordiales* sobre la que nosotros, cada uno por sí mismo, "construímos" una versión temporal cultural de *relaciones causa y efecto* que conforman nuestra *identidad temporal*.

Nuestro proceso racional, el *algorimo consciente de sí mismo* del proceso SER HUMANO cuyo arreglo particular es la *identidad* de cada uno, modula el manto energético sobre el sub-sub-espectro asignado a cada individuo en el sub-espectro de la especie. Ese sub-sub-espectro individual es la *mente del individuo*.

Analogía de la Flor.

Estamos observando una planta.

Vemos una pequeña protuberancia donde va a desarrollarse una flor. La protuberancia contiene dentro de sí otra más pequeña, el brote de la flor.

El brote contiene toda la información para que se desarrolle la flor a partir de él. Todo lo que define a la flor ya está en ese brote.

El brote contiene toda la información para procesar todo lo que viene a través del tallo y llega a él, y con todo lo que proviene de la atmósfera en sus diferentes condiciones energéticas.

La estructura de información contenida en el brote es la estructura de *identidad primordial* de la flor.

La estructura de información contenida en la protuberancia, el bulbo externo que envuelve al brote, es la estructura de *identidad temporal* de la flor, y está para proteger al brote, a la estructura de *identidad primordial*.

La estructura de *identidad primordial* de la flor es la referencia del proceso que tiene lugar para que resulte en la flor; es la referencia del proceso FLOR. Todo lo que haga el bulbo debe seguir, "obedecer", estar en armonía con el brote pues es la referencia del *proceso* FLOR.

El bulbo, la *identidad temporal,* la estructura externa con sus pétalos verdes todavía cerrados protegiendo al brote, es un arreglo de interfase entre el brote y la atmósfera, una dimensión energética, y la tierra, otra dimensión energética.

La flor es el *cuerpo* del proceso FLOR.

El óvulo tiene al *alma*, la información en la semilla que dará lugar a una nueva vida, igual a la que dio lugar a ésta de la que la flor es su medio de reproducción. La flor evolucionará y su óvulo se convierte en el fruto que contiene la semilla o semillas con toda la información para dar lugar a una nueva planta.

La *mente* de la flor es el entorno del manto energético, del espacio dentro de la flor entre el ovario y los pétalos, la estructura de *identidad temporal* a la que ha evolucionado el brote. Este entorno se modula con la actividad energética entre lo que llega de tierra a la base de la flor y lo que llega a los pétalos por la luz y la atmósfera. Usualmente no tenemos en cuenta la actividad electromagnética en las flores de las plantas, y menos entre las flores y los insectos, aunque ya hay científicos prestando atención a esta actividad.

¿Cómo una flor estimula a todos?

Al ver una flor hay una resonancia en nuestra estructura energética trinitaria en el nivel primordial, el alma, por la armonía natural entre la esencia de la flor y la del ser humano.

Una flor sigue una estructura en "capas de cebolla" análoga a la estructura de la Unidad Existencial, a la de nuestro universo, y a la de la Tierra, aunque esta última no es visible estando en la Tierra.

351

Para Ciencia y Teología.

Analogías Universales.

Herramientas gráficas y racionales para introducir elementos de información de procesos y estructuras energéticas similares en diferentes dimensiones energéticas.

Todo en el universo sigue correspondencias.

La correspondencia universal es implícitamente expresada en la *función exponencial general* que rige la evolución de todo lo que existe, todo lo que es. Sólo hay versiones temporales de una única relación que rige la evolución universal. Referencia (1).

La Mente Humana

Para la Ciencia Médica, Cosmólogos y Teólogos

Una breve introducción para quienes desean explorar el cambio[*] **en la actitud racional que permite cruzar las fronteras del proceso racional y el pensamiento humano.**

Esta sección nos ayudará, más adelante, luego de la *Segunda Manifestación de Dios a Juan* a participar en el Libro 3, en el reconocimiento y desarrollo del *protocolo de comunicaciones primordiales* entre el ser humano y Dios, o el cosmos, universo, o proceso existencial consciente de sí mismo, como le llamemos a nuestro Origen; protocolo que se busca, quizás sin reconocerse de este modo, a través de diversas técnicas de meditación en diferentes culturas por quienes desean trascender a otra dimensión de realidad existencial, o para alcanzar el estado natural del ser humano (paz, felicidad interna) el que no dejará de ser transitorio sino hasta establecer una interacción consciente con Dios, con el proceso existencial del que somos parte inseparable. Esta interacción está, y desde siempre, a nuestro alcance, de todos.

El *protocolo de comunicaciones primordiales* tiene lugar a través del entorno de intermodulación del manto energético universal que comparte Dios con la especie humana para sus interacciones. Este protocolo se desarrolla por la interacción íntima con Dios, y sus características son particulares para cada uno de los seres humanos como una individualización de Dios.

Trastornos Mentales.

Distorsiones del proceso racional. Perturbaciones de la estructura de identidad temporal. Experiencias espirituales.

Vamos a adelantar parte de lo que hay que entender antes de poder discernir entre las experiencias de naturaleza espiritual y las generadas por distorsiones en la estructura de identidad y el proceso racional. Esas distorsiones incluyen los diversos trastornos mentales, casos sicóticos (distorsiones de la realidad, desorden y, o pérdida de la capacidad racional), traumas emocionales, depresiones, pensamientos suicidas, y otros.

Más adelante sabremos que todas las experiencias mentales, tanto las espirituales como los trastornos mentales, son en realidad espirituales, es decir, tienen lugar en el dominio energético no material, pero tienen características en armonía o en desarmonía con el proceso existencial, Dios, por lo que en el primer caso les llamamos espirituales, y en el segundo, trastornos mentales, a los que ya redefiniremos.

No es el propósito de esta sección el profundizar en estos aspectos sino dar una idea de lo que fue posible alcanzar luego de esta extraordinaria experiencia espiritual que nos ocupa, y de las limitaciones bajo las que se desarrollan la ciencia en la medicina mental, por una parte, y la teología, por otra. Estos aspectos se cubren en Otros Libros que se listan en el Apéndice I.

Se sugiere reflexionar sobre lo que se adelanta aquí como estímulo a revisar nuevamente la experiencia de Juan, con una mentalidad abierta a la realidad existencial que se define por información que proviene desde los dos dominios del proceso existencial, material y espiritual, y no solo por la que alcanzamos con los cinco sentidos materiales (vista, oído, olfato, gusto y tacto).

Nuestros cinco sentidos materiales definen nuestro sub-espectro existencial al que le llamamos dominio material (en realidad es un sub-dominio del dominio existencial).

Dominio existencial es todo el espectro, la inmensa colección de señales de energía que componen el universo, cuyas asociaciones forman la materia, y las que no llegan a asociarse conforman lo que llamamos dominio no visible, o mejor dicho, no material sino primordial, o espiritual. Debemos ponernos en claro qué es lo que definimos como espiritual pues la radiación cósmica no es visible, no es material, y no se considera espiritual a pesar que lo es. Además, algo que no cubriremos aquí, es que no hay nada inmaterial sino indiscriminable por nuestros cinco sentidos materiales. Todo es *"polvo de estrellas"*, sustancia primordial, y energía es la capacidad de ese "polvo" de generar movimiento debido a la rotación de sus elementos que jamás se detectan físicamente sino por sus asociaciones: las partículas primordiales, los átomos, y las demás.

Fuera del dominio material hay manifestaciones existenciales a las que no sensamos con nuestros sentidos materiales pero sí experimentamos sus efectos en nuestro ser. A esas experiencias les llamamos espirituales. Por lo tanto, las manifestaciones materiales y espirituales son simplemente dos sub-espectros de las manifestaciones existenciales.

Experiencias.

En nuestros diccionarios de la lengua se define *experiencia* como *el contacto práctico y la observación de hechos y eventos.*
Otras fuentes amplían como sigue.
El contacto práctico ocurre por los cinco sentidos materiales (vista, oído, gusto, olfato y tacto) y la "observación" incluye a la mente, al proceso racional y el intelecto, la facultad de entender, de hacerse consciente de la experiencia, lo que decimos *hacerla*

real en nuestra dimensión, en nuestro entorno existencial.

Ahora bien.

Por compleja que sea la definición, en todo caso *experiencia es algo que ocurre por lo que nos hacemos conscientes de una realidad existencial*, obviamente en el dominio de los sentidos, en el dominio existencial que se alcanza por los sentidos. Es decir que, en realidad, la *experiencia es lo que resulta de lo que ocurre*, del contacto con los sentidos y del proceso de la información traída al proceso racional a través de los sentidos luego del contacto. El resultado de un proceso racional que sigue al contacto con los sentidos, <u>proceso del que no somos consciente</u>, es la consciencia a nivel básico, es el *reconocimiento* de lo ocurrido; luego viene otro proceso consciente que nos conduce al *entendimiento del reconocimiento* de lo que ha ocurrido, a lo que llamamos realmente la consciencia del contacto realizado con los sentidos.

Por ejemplo, observamos, contactamos las nubes con la vista: tenemos consciencia de la presencia de las nubles, reconocemos que hay nubes por un proceso que tiene lugar inconscientemente debido a un desarrollo que ya tuvimos cuando fuimos niños; pero no somos conscientes de por qué están allí, o en este momento, sino hasta después de un proceso que realizamos, ahora conscientemente, por el que entendemos, es decir, por el que nos hacemos conscientes de la razón por la que están presentes las nubes.

Reconocimiento y entendimiento tienen lugar en diferentes niveles de la estructura trinitaria que sustenta el proceso SER HUMANO. Hay un proceso de comparación para reconocer, del que ahora no somos conscientes sino del resultado, el reconocimiento.

El aspecto fundamental de la *experiencia*, tal como se definió, es que la información que excita el proceso racional proviene del dominio existencial que se detecta por alguno de los cinco sentidos materiales (vista, oído, olfato, gusto y tacto); luego, a esa experiencia es que se le considera como experiencia normal, real, en nuestro dominio existencial.

Pero, hay un error, una seria omisión.

La piel, toda, la superficie del cuerpo, detecta e incorpora información desde el dominio espiritual, no solo del material.

Nosotros tenemos cinco sentidos materiales, sí, para detectar y discriminar información en un sub-espectro de señales de información existencial; en un sub-espectro de energía o vibraciones. No obstante, el dominio de consciencia no se define solamente en el sub-espectro de señales materiales sino que incluye parte del espectro espiritual. La información espiritual está modulada y codificada en sub-espectros que no se detectan por nuestros sentidos materiales, pero sí son reconocidos e interpretados o decodificados por los arreglos de moléculas de vida, de moléculas ADN, cuando se integran sobre toda la superficie corporal.

Detección de información en el sub-espectro primordial.

La información específica espiritual no puede detectarse por instrumentos, sino y sólo por el cuerpo humano. La instrumentación detecta cierta presencia, campos magnéticos y vibraciones a baja frecuencia. La intermodulación del manto energético contiene información que se detecta como ruido por los instrumentos.

El cuerpo humano es un receptor-emisor integrador y demodulador de radiación espiritual a través de su estructura de resonancia de vibración de las moléculas de vida ADN.

Hay una razón simple por la que los instrumentos no pueden discriminar la información espiritual. Se requiere un arreglo inteligente (componente humano) con una lógica primordial en armonía con el arreglo con el que interactúa (componente primordial, espiritual), y la ciencia no ha atinado a entenderlo a pesar de contar con la herramienta racional para ello; herramienta que, dicho sea de paso, es vital para diseñar todos los equipos e instrumentación para generar y procesar la vasta extraordinaria información electromagnética que caracteriza a nuestra civilización. *Esa herramienta es la extensión de la Transformación de Fourier.*

Por lo tanto,

en relación a las experiencias humanas en diferentes entornos o dimensiones de la realidad existencial,

quienes son susceptibles a demodular, a decodificar la información existencial que está contenida en el sub-espectro no material, son los que tienen experiencias "anormales" y que no son sino experiencias resultados de contactos con otro sub-espectro existencial al que se le denomina espiritual. Esos individuos son, en todo caso, más conscientes de la realidad existencial que se extiende sobre los dos dominios, no solo el material.

Por otra parte,

las experiencias reales de *distorsiones del proceso racional*, definidas incorrectamente como *problemas mentales* como veremos enseguida, se deben a distorsiones reales en el arreglo biológico de la estructura trinitaria del ser humano (*alma, mente y cuerpo*). Todo el arreglo biológico, el cuerpo, sustenta el proceso racional. El proceso racional no está limitado solamente al cerebro. Las distorsiones biológicas son generadas por lo que se ingiere (incluso algunas medicinas que inhiben y, o afectan las redistribuciones en la estructura de identidad, en el arreglo de relaciones causa y efecto), y también por las distorsiones genéticas. El arreglo biológico incluye las vinculaciones celulares que tienen lugar durante el proceso de establecimiento de las relaciones causa y efecto que determinan la estructura de identidad del individuo. Esas vinculaciones celulares no son solamente de carácter físico sino por estados de pulsaciones, o vibraciones, ¡que no se detectan, no se discriminan por instrumentos! Luego, las distorsiones del proceso racional son causadas por perturbaciones en el arreglo de identidad, y éste genera distorsiones en el proceso racional frente a otros eventos en diferentes circunstancias de vida o de parámetros del ambiente de interacción, las que dan lugar a reacciones diversas incluyendo violencia, manifestaciones demoníacas, y en otros casos a las depresiones, tendencias suicidas, y eventualmente a un colapso de la función racional.

Subrayemos lo que acabamos de decir.

El arreglo biológico incluye las vinculaciones celulares que resultan del proceso racional de establecimiento de las relaciones causa y efecto que definen el arreglo de identidad, y estas relaciones no se limitan al dominio material sino que incluyen las manifestaciones desde el dominio espiritual frente a las que hay también un proceso racional sobre la misma y única estructura biológica. Como simple ejemplo para ilustrar lo dicho, los pensamientos conducen a vinculaciones celulares, a constelaciones de palabras y, o imágenes que constituyen el pensamiento, y esas constelaciones pueden fijarse, vincularse, o no, al arreglo de identidad o sólo a la estructura de memoria.

Ambos procesos para las experiencias materiales y espirituales tienen que tener lugar en armonía, *regidos por la misma referencia, una que incluya a los dos dominios*, no como lo hacemos ahora que separamos los dos dominios existenciales. Dentro del sistema biológico los dos dominios existenciales no se separan sino que forman parte de la misma unidad de proceso energético que no sabe nada de esta separación. Referencia (2), II.4 vol. 1.

Separar los dominios existenciales como lo hacemos ahora es lo que conduce eventualmente a conflictos entre las estructuras de identidades que responden a uno u otro dominio. Esto es algo que la ciencia no reconoce adecuadamente. Está a nuestro alcance introducirnos en este proceso universal, natural, más allá de nuestra versión actual prevalente.

Una separación típica de dominios de desarrollo racional en nuestra civilización se pone en evidencia en los sistemas legales que no están en armonía con el proceso primordial.

Experiencia Espiritual. Milagros.

Una experiencia espiritual es resultado del reconocimiento y procesamiento de información existencial fuera de nuestro sub-espectro de los sentidos. La información espiritual, en el sub-espectro espiritual, puede provenir desde el exterior o desde la estructura dentro del arreglo biológico que almacena en ese sub-espectro. Por ello es que "sín ninguna razón aparente", sin información real captable con nuestros sentidos, tenemos alguna experiencia espiritual; incluso por solo pensar, ya que el pensamiento invoca y atrae información desde afuera, desde el mundo y, o el universo, o desde dentro de la trinidad energética del ser humano.

Por ello, dicho sea de paso,

creer, cuando lo que se cree está en armonía con el proceso existencial, hace cambiar el estado de vibración, de pulsación del cuerpo humano, y nos permite generar experiencias espirituales, contactos con el otro dominio existencial, y provocar acciones que definimos como milagros.

La mente humana no es lo que se afecta, se corrompe o distorsiona, sino el arreglo, la estructura de identidad, que tiene lugar en la mente.

La estructura de identidad es un arreglo de relaciones causa y efecto del proceso existencial SER HUMANO, del proceso que tiene lugar y se experimenta en la *trinidad energética que establece y sustenta las interacciones que definen al ser humano.*

La estructura de identidad es susceptible a las distorsiones del arreglo biológico que es parte de la trinidad que sustenta el proceso racional de establecimiento de las relaciones causa y efecto.

El proceso racional o las interacciones que tienen lugar entre arreglos en dos dimensiones energéticas de la trinidad, *cuerpo y alma*, modulan el manto energético entre *cuerpo y alma,* en otra dimensión energética. Esta modulación define a la *identidad* del proceso, de la interacción, sobre una dimensión energética particular del manto universal en el que todo se halla inmerso; dimensión que llamamos *mente*. La modulación que define a la *identidad* tiene una pulsación o vibración "portadora" natural que identifica a cada ser humano frente al proceso existencial.

La mente es un entorno del manto energético universal que es incorruptible.

Se corrompe la identidad temporal.

El arreglo biológico responde a lo que se ingiere y a las estimulaciones en ambos dominios existenciales (a las interacciones en el dominio material por los cinco *sentidos materiales,* vista, oído, olfato, gusto y tacto, y en el otro dominio, espiritual, por el *sentido de percepción* que es dado por el arreglo trinitario del ser humano en el nivel primordial al que le llamamos alma). Ésta, el alma, es un arreglo o "módulo" de interacciones (de la trinidad con la Fuente de la que proviene el ser humano) a través de la mente, de la red espacio-tiempo del manto energético universal, en un dominio de su estructura fuera del sub-dominio o sub-espectro material definido por los cinco sentidos materiales.

La mente de la especie humana es un sub-espectro de la mente universal, y cada ser humano es un sub-espectro del de la especie.

La estructura de identidad individual de cada ser humano es un sub-espectro de la estructura de identidad colectiva de la especie humana en la Tierra, y ésta es un sub-espectro de la estructura universal. Luego, si deseamos entender lo que ocurre en la mente humana, lo que ocurre en el *sub-espectro de operaciones de la mente universal asignado a nuestra identidad*, tendremos que revisar la estructura de identidad universal y su relación con el proceso existencial, Dios, y la Trinidad Primordial. Esta estructura es parte del *Modelo Cosmológico Consolidado*.

De modo que,

todo lo que ocurre en la mente humana es permitido y soportado energéticamente por el proceso del que ella proviene y le sustenta.

La mente de la trinidad humana, de la trinidad energética que establece y sustenta el proceso SER HUMANO, es parte interactiva e inseparable de la mente de Dios, de la mente del proceso consciente de sí mismo del que proviene el ser humano.

¿Por qué podría ocurrir entonces, que la mente humana pueda ser afectada hasta llegar a desquiciarse, si el proceso existencial es perfecto, conforme reconocemos a Dios?

¿Acaso es imperfecto el proceso existencial del que provenimos? ¿Hay alguna manera de resolver este frágil aspecto de la mente humana? (Recordar que no es fragilidad de la <u>mente</u> sino de la <u>identidad temporal</u>, pero mantenemos a la mente en estas preguntas para facilitar esta introducción frente al uso actual).

¿Hay alguna manera de discernir entre manifestaciones espirituales y casos sicóticos en la mente humana?

Sí, la hay.

Para entender el comportamiento frágil de la mente humana tenemos que entender la estructura energética trinitaria *alma-mente-cuerpo*, que establece y sustenta el proceso SER HUMANO, y la relación con la estructura energética trinitaria del universo, para los que consideran al universo como el proceso origen del ser humano, o la de Dios, para los que el origen es algo más que el universo. De todas maneras, finalmente contamos con la relación entre Dios, universo, y ser humano. Por ahora, hablar de universo o Dios es lo mismo como fuente, origen, del ser humano; es cuestión de una escala energética y complejidad, pero en ambos casos son análogos, uno es imagen del otro en diferentes escalas. Si Dios creó al ser humano *a Su imagen y semejanza*, por una parte, y por otra, si el universo es el origen energético del cuerpo del ser humano, entonces el universo es también imagen y semejanza de Dios, Unidad Existencial, Universo Absoluto.

Dios es la dimensión que alcanzamos de la realidad existencial, o de consciencia del Origen Absoluto, del proceso existencial consciente de sí mismo.

La relación entre Dios, universo y ser humano, se participa en el *Modelo Cosmológico Consolidado*.

Para todos, al alcance de todos.

El proceso SER HUMANO es un proceso consciente de sí mismo que es parte interactiva e inseparable del proceso existencial del que proviene, de su Origen, al que llamamos Dios, Proceso Existencial Consciente de Sí Mismo, conforme es explorado en el *Modelo Cosmológico Consolidado* cuyas bases fueron resumidas en la sección ya vista de Contradicción en Ciencia y Teología.

Para Ciencia y Teología.

El ser humano, no importa por ahora que sea el resultado de una Creación particular o de la evolución de una re-distribución energética, *de todas maneras proviene de una fuente inteligente consciente de sí misma*, ya que ningún proceso, tal como saben las disciplinas racionales de Ciencia y Teología, puede arrojar como resultado una imagen más evolucionada que la referencia que le guía al proceso para resultar en el sub-proceso SER HUMANO, ni más evolucionado que el algoritmo que supervisa al proceso.

(*)
Este proceso se cubre en detalles, al alcance de todos, en la referencia (2), I.1 a I.3, y energéticamente en la referencia (2), II.4, vol. 1.

Primavera de 2002

Hacia la Segunda Acción de Dios

Entrando a la primavera de 2002, todo estaba yendo muy bien.

Nuestra compañía BCHS tenía más trabajo que antes de los eventos que me condujeron a mi encuentro con Dios, y aunque poco a poco, yo iba entendiendo cada más. Me sentía tranquilo en cuanto a las perturbaciones. Éstas habían cesado totalmente una vez reconocida la causa, mi falta de armonía con Dios, y en progreso mi re-creación siguiendo las orientaciones de Dios; y ya había entendido lo suficiente como para dejar atrás los temores remanentes asociados con la desvastadora experiencia del infierno. Obviamente, al ir entendiendo, al ir haciéndome consciente de todo lo ocurrido, fue cesando el temor y su efecto en el arreglo de mi identidad temporal, cultural.

Norma se sentía más tranquila con respecto al curso del trabajo, aunque todavía no habíamos podido restablecer nuestra relación personal, de confianza íntima inespeculada como antes de mi experiencia con Dios. Norma había sufrido muchísimo con mis "locuras" luego de mi encuentro con Dios el 4 de Julio, y todavía llevaba abierta su herida en sus sentimientos. Esa herida no podía cerrarse porque ella no podía entender nada todavía, y no la convencía mi retorno al ritmo normal de trabajo que para ella podría, quizás, haber sido la indicación más significativa de que yo iría dejando atrás mi experiencia. Mi experiencia fue muy traumática para Norma, sin duda alguna, y muy extraña, "una cosa de locos", para quienes ella la compartía esperando un apoyo que tanto necesitaba y no encontraba. El mundo tampoco entiende de estas experiencias cosmológicas, espirituales.

Por otra parte, conforme yo entendía más la relación de mi experiencia con Dios, crecía mi deseo por tener tiempo para compartirla. "Esta experiencia es algo extraordinario que yo no puedo guardármelo para mí solo", le decía a Norma al principio, pero ella no compartía esa grandiosidad que yo deseaba, de alguna manera, extenderle. Dejé de hacerlo con ella; cada intento mío le hacía revivir su experiencia de terror frente a mis reacciones en aquellos días de perturbaciones, pero continuaba haciéndolo con los clientes, cuando se me presentaba la oportunidad en el curso del trabajo.

Tanto mis acciones por compartir mi experiencia a los clientes como mi dedicación a reflexionar y anotar mis reflexiones, eran las cosas que le hacían sospechar a Norma de mi aparente regreso a la normalidad que ella esperaba y a la que estaba acostumbrada junto a mí.

Esa dedicación hacia el entendimiento de mi relación con Dios con la que ella no me conoció, le producía un fuerte efecto desconfortante. Era porque el Dios de Quién yo le hablaba era otro Dios, uno que ella no conocía, y que no aceptaba porque era la "causa" de sus sufrimientos por los efectos en mí del encuentro con Él, y por los efectos en ella que le causaba mi transformación; "una transformación en otro hombre con el que no me casé", como todavía continúa diciéndolo, experimentándolo.

Era obvio.

Mi dedicación afectaba nuestro tiempo juntos, como también los "proyectos del mundo" por los que yo ya no tenía interés, aunque nunca hablé de renunciar a las cosas buenas de la vida sino a dedicar tiempo a entender, y luego "re-diseñar" nuestra experiencia de vida. Pero cualquier y todo re-diseño se basaba en mi experiencia de un Dios que "la hizo sufrir a ella, y continuaba haciéndolo", según su manera de experimentar y entender lo ocurrido y las consecuencias para ambos.

A pesar de los aspectos personales, íntimos, el trabajo estaba marchando bien, por lo tanto, las consecuencias negativas posibles en el aspecto económico ya habían sido superadas.

"Vamos a darle una oportunidad al tiempo", me dijo Norma en una ocasión, aunque no entusiasmada.

Sí. Yo había retomado mi plena capacidad de trabajar; en apariencias, pues íntimamente deseaba tener tiempo para compartir a Dios, además de continuar entendiéndole. Quizás mucho más que antes, yo deseaba intensamente un cambio y me esforzaba en trabajar para mantener el flujo de dinero que se necesitaría para hacer realidad ese cambio. Junto a mis reflexiones me daba tiempo para buscar un cambio en mi mente. Buscaba cómo ir hacia otra experiencia de vida para ambos, Norma y yo. Para Norma, para que dejara ese trabajo y se dedicara a lo que tanto le gusta: su casa, sus animalitos, sus plantas. Para mí, para poder dedicarme a mis reflexiones para entender toda la experiencia de mi encuentro con Dios, y entender el mecanismo energético a que da lugar la Presencia Eterna del Universo, de la Unidad Existencial; y luego escribir para compartir todo junto a la experiencia de Dios en mí.

Sin saberlo, con mi gran deseo yo ya estaba creando un cambio, y Dios, el proceso existencial, respondería.

Fiel a Su promesa eterna, Dios volvería a actuar,

« Tú Me llamas, y Yo respondo ».

"Sí, eso dirá Dios, pero yo Le llamo y no me responde. ¿Qué pasa entonces, con Dios? ¿No me escucha a mí?", me dicen muchos cuando les digo que Dios siempre nos responde.

Les contesto con la respuesta de Dios,

« Hijo Mío, Yo siempre te respondo, pero si tú estás sintonizado en otro canal no puedes reconocerme ».

Ahora bien.

Si para la primavera de 2002 yo me sentía en armonía con

Dios,

¿Por qué volvería Dios a actuar en mí de una manera tan particular como lo hizo hacia fines de Abril de 2002, casi diez meses después de la primera oportunidad?

Había algo sumamente importante, que yo todavía no había podido reconocer, que necesitaba ser rectificado para completar la re-creación de mí mismo en armonía con Dios para la que yo ya estaba listo; y además, había otras razones.

Por una parte, yo había entendido claramente la acción de Dios el 4 de Julio por la que no permitió que nadie me viera desnudo intentando trepar la cerca de metal en la esquina más concurrida del área, tal como hizo con Moisés en relación a las aguas del Mar Rojo. Sólo Dios sabía y vigilaba todos los movimientos y actuaba para que se diera la "coincidencia" de la que hablan quienes no pueden entender la Presencia de Dios, de la consciencia de sí mismo del proceso existencial. Sólo Dios sabía en qué momento se separarían las aguas del Mar Rojo; sólo Dios sabía en qué momento no habría nadie en esa esquina de Sugar Land.

Por otra parte, yo no había entendido otra razón en la insistencia de Dios en mí con las experiencias de Abraham, además de la que entendí con respecto a su hijo Isaac, a pesar de que yo me pregunté en varias ocasiones "¿por qué la insistencia de Dios con Abraham?". Lo sabría luego de la Segunda Manifestación de Dios a Juan.

Les invito a continuar en el Libro 3, *El Proyecto de Dios y Juan*, donde revisaremos juntos la Segunda Manifestación de Dios a mí por la que confirmó mi reconocimiento de la información que nos conduce a la estructura de la Trinidad Primordial; por la que me orientó para completar mi re-creación de mí mismo; y por la que me hizo la invitación a llevar adelante nuestro proyecto: *poner al alcance de todos el proceso existencial consciente de sí mismo, y el camino para establecer una interacción consciente con Él, todos.*

Notas de Cierre

Había una razón particular por la que Dios, luego de mi reconocimiento íntimo frente a la eternidad, me hacía objeto de Su atención aparentemente preferencial frente a otros muchos seres humanos que han buscado, y buscan, el origen de nuestro universo, del entorno temporal de la Unidad Existencial que se alcanza desde la Tierra, y de la manifestación de vida que permite y sustenta.

Encontré la razón, que ya participé en este libro.

Si queremos crecer en consciencia del proceso existencial, tenemos que "saltar" a otra dimensión de realidad existencial. Lo hice y abrí *"las Puertas del Cielo"* para mí.

También, en muchas oportunidades me pregunté por qué Dios había empleado ese medio de la experiencia del infierno para hacerme consciente de mi error racional.

Dios podría habérmelo dicho, tal como otros han tenido la experiencia de la comunicación con Él para otras informaciones primordiales. Por otra parte, yo me hubiera librado de los desvastadores efectos iniciales, y de las consecuencias para Norma.

"Yo sé que hay algo más que Dios quiere que yo entienda a través de esa experiencia en particular, la del infierno. Lo sé. Lo sé. Pero, ¿qué es?", me dije y pregunté una y otra vez.

Tuve la respuesta de Dios.

Dios dejó que yo tuviera la experiencia de re-crear el proceso de conscientización universal en mí, ahora al alcance de todos sin necesidad de pasar por lo mismo. Referencia (1).

Si Dios me hubiera dicho lo que yo buscaba, yo no habría podido experimentar el proceso de conscientización universal.

Dios vio que yo estaba listo para re-crear la Unidad Existencial, y dejó que pasara por todos los pasos necesarios, incluyendo: el reconocimiento de la Presencia del Espíritu de Vida por la experiencia ilusoria de la falta de Él; la experiencia de reconocer Sus Orientaciones Eternas dejando que pasaran por el efecto "filtro" de mi identidad temporal; y seguir Sus estimulaciones a interpretarlas por la interacción directa, íntima con Él, y así *desarrollar nuestro protocolo de comunicaciones primordiales.*

Dios dejó que me experimentara como el creador de la realidad a la que estaba buscando pasar, búsqueda con la que yo expresaba que estaba listo.

Somos creadores de nuestra realidad.

Todos podemos reconocernos creadores en cualquier instante.

¿Cómo?

Si alguien trata de limitarnos, nos sentimos mal.

Es nuestra naturaleza que nos indica que no tenemos límites para lo que deseamos experimentar pues ¡somos creadores!

¡Gracias Dios mío!

"Todo será muy lindo para vos", me dice Norma, y agrega, "pero ¿por qué a expensas de las consecuencias en mí?".

Lo dije también, en este mismo libro, y volveremos a insistir en ello en el Libro 3.

Acabamos de introducirnos a las interacciones entre el proceso ORIGEN y el proceso SER HUMANO, entre las mentes de Dios y de la especie humana.

En el Libro 3 veremos mi reconocimiento, y la confirmación de Dios, que me condujo a la Estructura Energética Trinitaria Primordial del proceso consciente de sí mismo que hoy nos permite introducirnos, finalmente, en la relación íntima entre las mentes de Dios y de la especie humana.

Apéndice I

Advertencia, Promesa, Invitación y Orientaciones de Dios para iniciar la Re-Creación de mí mismo.
Resumen.

Advertencia.
Experiencia en el Infierno.
2 de Julio de 2001.

Encuentro con la Luz.
Confirmación de Dios a mi reconocimiento de Su presencia e intervención en la experiencia del infierno.
4 de Julio de 2001.
« La Verdad no puede ser ocultada (negada) ».
« Anticristo ».

La Promesa de Dios.
« El Fuego no destruirá la Verdad ».

Donde hay armonía se recibe a Dios.
« En esta casa sí reciben a Dios ».
(Pelota, esfera blanca).

El Llamado de Dios.
Tiembla la Tierra.

Donde no hay armonía no se recibe a Dios.
« En esta casa no reciben a Dios ».
(Pelota gris, esfera sucia).

El Reconocimiento del Llamado, de la Invitación de Dios.
« Es la Señal ».

La Respuesta al Llamado, a la Invitación de Dios.
Dejo todo. *Te sigo.*

Las Orientaciones, Sugerencias de Dios.
« De los árboles toma los frutos más altos ».
« No comas de los frutos bajos, del nivel del suelo (tierra); saben amargos ».
« No lo pruebes. Si lo pruebas, te "mojas" ».
« Detente, siéntate, observa, cruza. Luego vuelve a bajar la cabeza ».
« En el verde está la vida. El verde es vida. Aquí tienes todo lo que necesitas. Incluso agua. Si no quieres que te duela la cabeza, toma agua ».
« Es suficiente. Una gota basta ».
« Siempre caminarás por el verde ».
« Si no puedes evitar pisar el verde, pásale por encima ».
« Siempre vas a caminar por el borde, entre el verde y concreto ».
« Te serán dadas indicaciones (señales) ».
« Busca las grietas. Si no las hay, usa las líneas blancas ».
« Tendrás falsas señales ».
« No debes tentarte ».
« Siempre tomarás el camino más difícil ».
« Es suficiente ».
« No puedes subir así. No has de llevar nada ».
« Aquí comienza el aliento de vida. Con este jadeo ».
« Estás listo. Puedes irte ».
« Antes, reflexiona ».
« Cúbrete. El hombre siempre debe cuidar su pudor ».
« Debajo del sol siempre debes mostrar respeto ».
« No necesitas instrumentos ».
« No necesitas nada material ».
« Vete en paz ».

« Sabrás ».

Después de la Confirmación de Dios del 4 de Julio.

1. Me paso una luz roja y decido no manejar.

2. Me siento cansado. Tengo los pies pesados. Camino lento.

3. Me cae mal la hamburguesa que comí.

4. En la camioneta creo estar en una cápsula de tiempo. Veo a uno de mis empleados, viejo, como en el futuro.

5. En una oportunidad me parece que soy una pieza o marioneta.

6. Recibo un mensaje "lejano" de un tal Ricchie.

7. En el taller, mientras espero por mi hermano, agarro una lata de refrescos, llena. Pareciera estar magnetizada.

8. Norma me llama cuando estoy hablando con mi hermano. No respondo al teléfono. Luego escucho la grabación. Suena lejano, distante, como desde otro mundo.

9. Esperando por mi hermano, sentado en el banco del taller, veo mis pies, con dos huecos en forma de estrella. Viene a mi mente el concepto de Apocalipsis.

10. Sentado, aún esperando, "veo" llegar a Norma y presencio su accidente en frente del taller.

11. Una tarde me esfuerzo en encontrar la "llave" que me lleva al conocimiento. Pienso en la llave, *Amor,* que *abre las puertas del Corazón.*

12. Mato una víbora de coral. La entierro a paladas.

13. Veo ojos de víbora en los ojos de una señora que me pide un estimado.

14. Una noche "resucito" a Norma en el sofá aspirando por su cabeza.

15. Casi me arrojo de cabeza por las escaleras de casa.

16. Tuve que sacar el crucifijo grande, pesado, de hierro cromado, de nuestra habitación. La presencia del material, la gran masa de metal, me perturbaba.

17. Acostado junto a Norma, a través de su cabeza veo un feto en su vientre. Podía ver a través de ella, de todo su cuerpo, y allí dentro veo cómo una partícula puede pasar de un medio material a otro, por un fenómeno parecido a la ósmosis.

18. Huelo a azufre en mi habitación.

19. Durmiendo, o semidormido, tengo el espontáneo pensamiento de que, como el sueño de cada noche y despertar al día siguiente, nuestra muerte no es sino una interfase, el paso de una manifestación de vida a otra, de un "día de la eternidad al otro".

20. Voy a dormir a la habitación de Omar. En la pared, cubriéndola, se me presentan imágenes de la evolución en la Tierra; sucesión de pececillos de mayor a menor; veo los dinosaurios y los reptiles.

21. Una noche soy Dios, en mi casa. Tomo decisiones para lograr que el objetivo de reunirnos en una familia eterna se pueda cumplir.

22. Tengo que dejar todo. Una fuerza me impulsa. No puedo es-

tar en mi casa. Estoy muy perturbado.

23. Norma decide acompañarme, a pesar de su dolor, de no entender nada.

24. Me siento extraño viajando a San Antonio.

25. Me siento bien cuando pasamos el límite de entrada a la ciudad de San Antonio. Dejaba atrás lo que causaba mi perturbación.

26. En la noche tengo una visión. ¿Eran esos números algo de las *Tablas de los Mandamientos?* Creo haber visto otros elementos, números.

27. Tengo ciertas manifestaciones, "señales" en el cuerpo. Siguiendo esas señales sabría que tenía que regresar a mi trabajo, días después.

28. Comienzo a leer la Biblia, por primera vez en mi vida.

29. Me canso mucho al leer la Biblia. Tengo que hacer un gran esfuerzo. No sé por qué me siento así. Creo que Dios hizo algún cambio en mí cuando me golpeó la cabeza el 4 de Julio.

Apéndice II

Modelo Cosmológico Consolidado

¿Por qué interesarnos en revisar conceptualmente el *Modelo Cosmológico Consolidado?*

La estructura de identidad individual de cada ser humano es un sub-espectro de la estructura de identidad colectiva de la especie humana en la Tierra, y ésta es un sub-espectro de la estructura universal. Luego, si deseamos entender lo que ocurre en la mente humana, lo que ocurre en el *sub-espectro de operaciones de la mente universal asignado a nuestra identidad*, tendremos que revisar la estructura de identidad universal y su relación con el proceso existencial, Dios, y la Trinidad Primordial.

El *Modelo Cosmológico Consolidado* es el modelo que describe a la Unidad Existencial con sus dos componentes o sub-dominios energéticos cuyas interacciones resultan en el sub-dominio temporal, material, en el que se encuentra nuestro universo, el entorno de la Unidad Existencial que alcanzamos desde la Tierra.

Los dominios energéticos se definen por la asociación de sustancia primordial de la que todo se genera y se re-crea.

El proceso existencial que tiene lugar dentro de la Unidad Existencial es consciente de sí mismo.

A este modelo es al que "evolucionó" la colección de *super conocimientos* recibidos a partir del 19 de Junio de 2001 cuando me reconocí frente a la *eternidad*. La "evolución" de mi entendimiento fue el resultado inevitable de la interacción con Dios, Fuente Eterna de los *super conocimientos y las Orientaciones Primordiales*.

El *Modelo Cosmológico Consolidado* es el resultado de la integración coherente y consistente de la información existencial en ambos dominios del proceso existencial, *material y primordial (o espiritual)*. El dominio material se halla inmerso en el primordial. Una analogía simple de estos dos dominios es el agua de mar; el agua es el dominio primordial, e inmerso en el agua se halla la sal; el material cloruro de sodio (y otras sales) es el dominio material del océano. El dominio material es un sub-espectro de asociaciones del dominio total de asociaciones posibles que toma la sustancia primordial. También, un sub-espectro es un rango particular de todo el espectro de valores posibles que toman las variables existenciales que definen a la *energía, a la capacidad de la sustancia primordial de generar movimientos* y asociaciones de ella en diferentes ambientes de la Unidad Existencial y en diferentes constantes de tiempo. La variable mecánica absoluta es la rotación, la "carga" (análoga a la carga eléctrica) de las partículas primordiales, de las asociaciones de sustancia primordial cuyas siguientes asociaciones, a su vez, generan la materia por un proceso que hoy está a nuestro alcance. Incluso el proceso de recarga de las partículas absolutas está a nuestro alcance.

Veamos una versión resumida del *Modelo Cosmológico Consolidado*.

Para la Ciencia.

El Principio de Todo Lo Que Es, Todo Lo Que Existe, es una presencia eterna, la Unidad Existencial.

« La Verdad no puede ser ocultada ».

« El Espíritu de Vida Eterno no puede ser negado ».

"Nada puede ser creado de la nada".

La eternidad de la presencia a la que llamamos energía ha sido reconocida por Ciencia y Teología.

Llamamos Dios a la Consciencia de la Presencia Eterna; y Origen Absoluto al proceso existencial universal que esa Presencia establece y permite, por el que se sustenta la consciencia de Sí Misma de la Presencia Eterna.

El proceso existencial es una re-distribución de energía, de pulsación existencial y sus asociaciones (pulsación cuyo origen ya tenemos), y de interacciones entre constelaciones de información, o constelaciones de *relaciones causa y efecto*, que se comparan en diferentes constantes de tiempo frente a una *estructura de relaciones causa y efecto eterna, inmutable*. Esta última, *la estructura inmutable, es la referencia absoluta del proceso existencial que en Teología se reconoce como Espíritu Santo*.

La eternidad es una sucesión absolutamente infinita, interminable, de re-creaciones de la Unidad Existencial. La ciencia emplea la versión matemática de la eternidad y no se ha dado cuenta. Es la versión que da lugar a la herramienta racional *Transformación de Fourier*.

Los componentes temporales de Dios son todas las manifestaciones de vida, todas las estructuras de inteligencia del proceso existencial, y obviamente entre ellas, la especie humana.

Algo más específicamente,
todos <u>parte de la presencia eterna de la sustancia primordial</u> de la que todo se genera y se re-crea, y cuyo volumen y configuración es la Unidad Existencial.

"No hay nada inmaterial (insustancial)".

« Tú y Yo estamos hechos del mismo polvo de estrellas, (de sustancia primordial) ».

Energía es la capacidad de generar movimientos.

Energía es el efecto de la "carga", de la hiperrrotación de la sustancia primordial sobre sus asociaciones de sí misma, las partículas primordiales y las siguientes asociaciones de éstas.

Tenemos el origen mecánico de la hiperrotación de la sustancia primordial, de la re-energización de las partículas primordiales.

La Energía no se crea ni se pierde, sólo se transforma.

Luego, la energía contenida en la Unidad Existencial es eterna, por lo que la Unidad Existencial es cerrada absolutamente.

Fuera de la Unidad Existencial que contiene Todo Lo Que Es, Todo Lo Que Existe, nada se define, nada existe.

Tenemos el origen de la fuerza primordial de la que se deriva la gravitación universal.

Tenemos la distribución espacial de la hebras de la estructura de gravitación universal.

Tenemos el proceso de adquisición de masa de las partículas primordiales y todas sus asociaciones siguientes.

Nuestro universo es el entorno temporal de la Unidad Existencial que alcanzamos desde la Tierra.

La Unidad Existencial es un hiperespacio multidimensional de naturaleza binaria, es decir, conformado por dos sub-dominios de asociación de sustancia primordial cuyas interacciones establecen, definen y sustentan una interfase entre ambos: nuestro dominio material.

La presencia eterna, Unidad Existencial absolutamente cerrada, hace que el proceso que tiene lugar dentro de ella sea uno solo, único, y se re-crea a sí mismo puesto que la energía es eterna, el movimiento contenido es eterno.

Todo lo que se re-distribuye dentro de la Unidad Existencial ocurre de una manera que se define como la característica primordial de *armonía* del proceso de re-distribución e interacciones internas.

Armonía es el Principio de Interacción que da lugar a las Leyes Universales.

La interacción entre los dos sub-dominios de asociaciones de la sustancia primordial convergiendo o divergiendo de una *hipersuperficie de convergencia* (o de divergencia) inmutable, generan una interfase alrededor de ella que es el dominio material en el que nos encontramos, y que se comporta inversamente a la convergencia o la divergencia de los dos sub-dominios primordiales.
Tenemos la expresión racional que describe esta interacción.

El dominio material es un entorno a ambos lados de la *hipersuperficie de convergencia,* y ésta es una esfera dentro de una hiperesfera energética multidimensional de naturaleza binaria cuya estructura es en *"capas de cebolla",* en hiperesferas concéntricas de diferentes densidades de energía.

"La luz es el efecto resultante de un fenómeno de resonancia universal que tiene lugar en la hipersuperficie de convergencia. Nuestro sentido de visión es la experiencia de esta

resonancia universal".

Tenemos la estructura binaria *Alfa y Omega* bajo la que se conforma internamente la Unidad Existencial sobre la *hipersuperficie de convergencia.*

« *Yo Soy, Alfa y Omega, Principio y Fin* ».

Tenemos el mecanismo de transferencia de la información de vida entre las hiper galaxias *Alfa y Omega.*

La hipersuperficie de convergencia y los dos sub-dominios energéticos a ambos lados de ella, dentro y fuera de ella, conforman la *Estructura Energética Trinitaria Primordial.*

La pulsación existencial que anima todo el proceso interno es generada por las reacciones de la sustancia primordial, y sus asociaciones, en las dos hipersuperficies límites de la Unidad Existencial.

Nuestro universo temporal surgió de un evento que hemos reconocido limitadamente y al que llamamos Big Bang.

Tenemos toda la información energética para re-crear mecánicamente y entender este evento que resulta de la interacción entre las hiper galaxias *Alfa y Omega.*

La analogía de este evento en nuestro dominio es la interacción entre varón y hembra en las especies de vida, entre las manifestaciones locales y temporales del proceso primordial.

El proceso existencial que tiene lugar dentro de la Unidad Existencial es consciente de sí mismo; es Dios. Es consciente la interacción entre los dos componentes *Alfa y Omega,* entre las dimensiones *Padre e Hijo* del proceso existencial, entre las dimensiones de consciencia universal cuya referencia es el Espíritu Santo, la estructura inmutable de referencia de todo el proceso existencial.

El ser humano es una imagen del proceso existencial, una re-creación a *imagen y semejanza* de Dios, en otra escala.

La información del proceso existencial, proceso ORIGEN cuya Identidad Consciente de Sí Misma es Dios, está en la estructura trinitaria del proceso SER HUMANO.

El proceso existencial es el proceso racional de la Unidad Existencial, de Dios.

El proceso racional en el proceso SER HUMANO es estimulado por el proceso ORIGEN en el que se halla inmerso y del que es parte inseparable. El proceso SER HUMANO es un sub-espectro del proceso ORIGEN y por lo tanto la mente del ser humano es un sub-espectro de la mente de Dios.

La mente es la intermodulación del manto energético universal.

Espíritus son estructuras de intermodulación conscientes de sí mismas.

Para Teología.

El *Modelo Cosmológico Consolidado* explica la Estructura Energética de la Trinidad Primordial que la Teología Cristiana reconoce como *Padre, Hijo y Espíritu Santo*.

En la Trinidad Primordial tienen lugar las interacciones por las que se sustenta la Consciencia Universal. A esta consciencia acceden las manifestaciones temporales dependiendo de sus desarrollos racionales en armonía con el proceso existencial.

1. Padre e Hijo son dominios (dimensiones) de la Consciencia Universal.

La dimensión de consciencia universal "Padre" orienta el desarrollo de la dimensión de consciencia "Hijo" siguiendo la referencia del Espíritu Santo (de Vida).

2. Espíritu Santo (Espíritu de Vida) es la componente absolutamente eterna, inmutable, de la Consciencia Universal.

   La ciencia maneja una herramienta racional, *Transformación de Fourier*, que permite describir y entender esta componente que es la suma de las infinitas componentes temporales en todo y cualquier instante dentro de la Unidad Existencial.

3. La trinidad de la especie humana *[alma-mente-cuerpo]* es un sub-espectro de la Trinidad Primordial.

4. Dios y la Especie Humana Universal son los dos componentes de la Estructura Binaria de Interacciones Consciente de Sí Misma. Dios y Especie Humana son inseparables.

   Somos una sub-estructura de la estructura de Consciencia Universal, Dios, en un nivel que está en desarrollo hacia el nivel que nos dio origen, ¡hacia Dios mismo!

   Si una individualización, una parte de la mente de Dios, se desvía del Todo, de la Unidad, el resto le llama la atención.

5. Dios se re-crea a través del ser humano.

6. Somos co-creadores con Dios, con el proceso existencial.

7. El ser humano reconoce a Dios en los sentimientos, y Le experimenta en las emociones que son aspectos de Él.

8. Emociones son fenómenos de resonancia de la estructura trinitaria que sustenta el proceso SER HUMANO.

9. Tenemos las *Orientaciones Eternas* que estimulan el desarrollo de consciencia en armonía con el proceso existencial.

10. Tenemos las *Actitudes Primordiales* que nos orientan hacia la experiencia de vida libre de sufrimientos e infelicidades.

Espíritu de Vida.

El Espíritu de Vida es el nivel de consciencia eternamente inmutable de Dios, proceso existencial que se reconoce a sí mismo. Es la referencia de Dios, del proceso existencial, del proceso ORIGEN.

Espíritu de Vida es la componente inmutable de la estructura de pulsación de la Unidad Existencial.

Espíritu de Vida es el componente constante del *arreglo de relaciones causa y efecto* definido por las estructuras de las constelaciones de información dentro de la Unidad Existencial, Dios, cuyas interacciones y comparaciones en diferentes constantes de tiempo resultan en su reconocimiento y entendimiento de sí mismo de esas interacciones y comparaciones. Estas interacciones y comparaciones, junto con la re-distribución energética de la pulsación primordial originada en las hipersuperficies límites de la Unidad Existencial, definen el proceso existencial.

El Espíritu de Vida es la componente absoluta, eterna, permanentemente inmutable de la convergencia de un sistema de infinitas estructuras de información en permanente re-distribución en la Unidad Existencial, que se entiende al extender la herramienta racional de la *Transformación de Fourier* a un hiperespacio multidimensional cuya naturaleza es binaria.

Esta componente eterna es la suma de todas las componentes temporales que conforman la Unidad Existencial, en cualquier y todo instante del proceso existencial.

Energéticamente es el componente eterno, inmutable, de la estructura de pulsación o de vibración de la Unidad Existencial, que rige todas las re-distribuciones energéticas e interacciones temporales que componen y definen al proceso existencial y a los entornos o sub-espectros de sus individualizaciones que nos definen a nosotros, a los seres humanos, en nuestra experiencia temporal, relativa, en nuestro entorno material.

Re-Creación de una Presencia Eterna, no Creación, y evolución de la Re-Creación.

El ser humano, no importa por ahora que sea el resultado de una Creación particular o de la evolución de una re-distribución energética, *de todas maneras proviene de una fuente inteligente consciente de sí misma*, ya que ningún proceso, tal como saben las disciplinas racionales de Ciencia y Teología, puede arrojar como resultado una imagen más evolucionada que la referencia que le guía al proceso para resultar en el sub-proceso SER HUMANO, ni más evolucionado que el algoritmo que supervisa al proceso.

Conforme a Ciencia, si la Unidad Existencial, <u>energía</u>, es eterna, no hubo creación de la vida inteligente que precede a la re-distribución de la energía para que esa re-distribución resulte en inteligencia, pues *el resultado de un proceso energético tiene una imagen de la referencia*, del proceso que le precede. En otras palabras, el ser humano, inteligente y consciente, solo puede ser el resultado de un proceso inteligente y consciente. Si Ciencia cuestionara esta última afirmación, que es inherente a todo proceso energético, sería sólo porque no ha alcanzado a reconocer que el proceso racional humano es un sub-espectro del proceso racional universal consciente de sí mismo ¡que precede a todos y cualquier proceso temporal! Esta relación ya ha sido establecida matemáticamente en otro nivel del proceso universal, aunque no se ha reconocido aún, en la *Transformación de Fourier* cuya expansión a un espacio multidimensional nos permite alcanzar la transformación entre espacio y tiempo. La Unidad Existencial es cerrada absolutamente; todo proceso local interno es cerrado por un tiempo, y todo resultado de un sub-proceso es una imagen a otra escala del proceso que le precede.

Referencia (2)

Otros Libros

Los otros libros de la Serie,
Hechos,
La Manifestación de Dios Tal Como Sucedió,
son los siguientes,
Libro 1, *¿Qué le Sucedió a Juan?*
Libro 3, *El Proyecto de Dios y Juan.*

El autor puede ser contactado a través de e-mail,
jcmartino47@gmail.com

Próximamente se iniciará a través de las redes sociales una acción de interacción sobre estos libros y sus tópicos, y la participación del *Modelo Cosmológico Consolidado* al alcance de todos.

Los interesados tendrán información de acciones, eventos y publicaciones en Youtube,
https://www.youtube.com/channel/UCVoAjWGLbdDMw7s6 4bqOYjA

En este momento, en Youtube hay algunos videos sobre el calentamiento global que fueron publicados en mi primera etapa de participaciones, antes de la preparación de los libros.

También podrán acceder al website,
www.juancarlosmartino.com

que será re-diseñado para apoyar todas las acciones referentes al *Proyecto de Dios y Juan.* El re-diseño de este website se espera ser llevado a cabo hacia fines de este año 2015. Si el re-diseño no estuviese listo, al menos habrá una nueva primera página en español para canalizar la información referente al Proyecto y todas las publicaciones.

Los otros libros del autor listados a continuación se encuentran en versiones de trabajo [doc.] y copias en formato PDF 8.5"x11" en proceso de revisión. La revisión se reasumirá una vez que se hayan publicado los tres libros de la Serie *Hechos, La Manifestación de Dios Tal Como Sucedió*. Posteriormente serán preparados en los formatos 6"x9" para publicación.

Se espera tener los libros del apartado (I) listos y a disposición de los lectores a finales de este año 2015.

Los libros del apartado (II),

¡*Yo Soy Feliz!*

***Bioelectrónica de las Emociones,* vols. 1 y 2,**

debido a sus extensiones, serán revisados a principios del próximo año y publicados en una primera versión en formato 8.5"x11" para ponerlos pronto a disposición de los lectores. Una segunda versión en formato 6"x9" se preparará y publicará más adelante.

(I)
Al alcance de todos.

1.

Diosiño, Dos Mil Años Después.

Alcanzando por ti mismo las respuestas que el mundo no puede darle a tu corazón de niño.

2.

El Celular Biológico,
Ciencia y Espiritualidad de la Interacción Consciente con Dios.

Una guía práctica de introducción a la operación de nuestro celular biológico, nuestra trinidad *alma, mente y cuerpo*, para "sintonizarnos" con Dios y establecer y cultivar una interacción consciente íntima, particular.

3.
Dios,
Origen del Concepto Dios en la Especie Humana en la Tierra.

(II)
Más avanzado, que incluye una introducción al *Modelo Cosmológico Consolidado,*

4.
¡Yo Soy Feliz!
Bioelectrónica de las Emociones,
Vols. 1 y 2.

Ciencia y Espiritualidad de las Emociones,
Al alcance de todos, para todos los intereses del quehacer humano.

Dios, proceso existencial consciente de sí mismo, ¡es real dentro nuestro!
Hoy podemos explorar la inseparable presencia de Dios en la trinidad energética que nos define y el proceso existencial que está codificado en la estructura ADN de la especie humana.

Origen de las emociones en los arreglos biológicos de la especie humana y su función en el control por sí mismo, de sí mismo del ser humano, para el desarrollo de su consciencia, de entendimiento del proceso existencial, la vida, para experimentar, sana y felizmente, la realización de sus deseos y creaciones; y
una motivación íntima, personal, individual, particular, a explorar el proceso existencial del que provenimos, y del que somos partes inseparables, para entender nuestra función y propósitos, individual y colectivo, en él, a través de él, frente a cualquier y todas las circunstancias de vida por las que nos toque pasar.

Volumen 1.
El Ser Humano es una Individualización del Proceso Existencial del que proviene a *imagen y semejanza*.

Volumen 2.
¡Yo Soy!
El Creador de Mi Realidad.

Oración

Mi Dios, yo no sé orar, solo sé hablarte y actuar en armonía con Tu presencia en mí.

« Tu mejor oración son tus actos en armonía Conmigo ».

Deseo entender para luego mostrarte a todos por mi vivencia por Tu presencia en mí.

Tu presencia implica una gran responsabilidad por mi nueva consciencia. Frente a los demás, vivir por Tu presencia parece una vida de sacrificios y renunciamientos porque ellos no están en capacidad de entender sino hasta que se reconozcan frente a Ti. No hay sufrimientos sino regocijo en esta nueva realidad existencial por la que soy libre de los límites del mundo. Tu Presencia es liberación total. Gracias Dios mío. Por eso es que constituímos un problema para muchos; amenazamos su tranquilidad basada en su dependencia de la estructura material en que se apoyan sus vidas. Yo lo siento por ellos, por los demás. Soy feliz contigo Dios mío, no puedo ocultarlo. ¿Por qué habría de ocultar mi felicidad? Parecemos fríos frente al mundo, a los nuestros. Sin embargo, soy un niño frente a Ti Madre mía. Nunca dejamos de tener alma de niños. Junto a Dios no tenemos edad. Es lo que realmente siento frente a Dios. ¿Cómo habríamos de tener edad siendo eternos? No obstante, sin consciencia nos avergüenza reconocerlo frente al mundo, tenemos miedo de qué dirán los otros. Somos inducidos a suprimir nuestras manifestaciones sentimentales como debilidades nuestras en vez de esgrimirlas como fortaleza espiritual. Hemos sido enseñados a controlar, incluso suprimir, ese genuino, inocente, espiritual sentimiento tan puro frente a Dios. Somos entrenados, educados a dejar de ser espirituales apartando ese sentimiento tan noble, la consciencia primordial. Ya no nos sorprenden las cosas puras, simples; es tomado como un signo de debilidad frente a la sociedad que se envanece de sí misma en su distorsionado sentido de los valores. Queremos ser adultos cuando frente a Dios no podemos serlo. No nos damos cuenta que no somos nada, excepto en Dios. Cuando Le necesitamos, acudimos a Él, para hipócritamente olvidarnos tan pronto salimos de nuestro problema.

Cuando yo creo que he sido dejado solo por Dios, no debo olvidar que Dios permanece a mi lado observando, esperando. Si se me cruzara la idea de que pudiera olvidarse de mí, mejor desecho la idea de una vez. No debo permitir que pensamientos erráticos interfieran con mi estado de interacción consciente con Dios dentro de mí. Quizás no pueda evitar que pensamientos indeseados quieran ingresar a mi identidad, pero sí puedo decidir no hacerlos parte de mi identidad.

Debo aprender a sentirme con Dios en todos y estos momentos. Debo reforzar mi FE. Debo tener paciencia. No debo dar paso a las tentaciones que se originan en mi propia mente como resultado de nuestras propias debilidades. Después de todo, Dios me dijo que espere, que tenga paciencia. De manera que debo recordar eso. Deseo mantener siempre a Dios junto a mí, y lo hago con mis actos en armonía con mi reconocimiento de Él, de Su presencia en mí.

Creer no es suficiente.
Tienes que hacer realidad lo que crees.
Búscame, estoy dentro de ti. Yo te mostraré el camino para hacer realidad lo que crees como la mejor versión de ti.

Yo Soy,
Dios,
Tu Señor, Tu Guía,
Quién te liberará de la esclavitud,
del temor y la ignorancia (falta de consciencia, de entendimiento).